Jakobswege
in Deutschland

Anno dni m° rr° hat man
die tafel von nuwem vßgericht
Anno m° d°fff° z wider abe=
brochen ⁊ ff f wider vßgericht

Jürgen Kaiser

# Jakobswege
# in Deutschland

**THEISS**

Frontispiz: Winnenden, Hochaltar der
Schlosskirche von 1520. Der hl. Jakobus
in Pilgerkleidung setzt zwei betenden
Wallfahrern die Krone des Ewigen
Lebens auf (Kronen leider nicht mehr
vorhanden).

Rechte Seite: Holzschnitt von Hans
Burgkmair (1508). Zwei Pilger in typischer Tracht tauschen hier unterwegs
ihre Erfahrungen aus. Einer trägt
als Santiago-Pilger Jakobsmuscheln
an seinem Hut, während der andere
durch die gekreuzten Schlüssel als
Romfahrer erkennbar ist. Frau und
Kind sind gemeinsam mit einem der
Pilger unterwegs.

Bibliografische Information Der Deutschen Bibliothek
Die Deutsche Bibliothek verzeichnet diese Publikation in der
Deutschen Nationalbibliografie; detaillierte bibliografische Daten
sind im Internet über http://dnb.ddb.de abrufbar.

Umschlaggestaltung: Stefan Schmid, Stuttgart, unter Verwendung
von Abbildungen aus dem Band (Rückseite: S. 67, 106) sowie von
Joachim Feist, Pliezhausen (Wurmlinger Kapelle), Ulrich Kneise,
Eisenach (Jakobusfigur Tilman Riemenschneiders) und Thomas
Bachmann, Bamberg (Stadtansicht Würzburg)

Die Herausgabe des Werkes wurde durch die Vereinsmitglieder
der WBG ermöglicht.
Lektorat: Nicole Janke, Stuttgart
Kartografie: Peter Palm, Berlin
Satz und Gestaltung: DOPPELPUNKT Auch&Grätzbach GbR, Leonberg
Druck und Bindung: Druckerei Himmer, Augsburg
ISBN-13: 978-3-8062-1965-4
ISBN-10: 3-8062-1965-6

# Vorwort

Die Begeisterung moderner Pilger für die wieder entdeckten Wege nach Santiago de Compostela hält unvermindert an. Doch nicht nur die Strecken durch Frankreich und Spanien, sondern auch die Pilgerwege vor der eigenen Haustür gewinnen Jahr für Jahr an Bedeutung. Zahlreiche Etappen sind schon markiert und mit Führern erschlossen. Leider gibt es keine mittelalterlichen Pilger-Berichte, die die deutschen Jakobswege benennen. Daher müssen Indizien wie Fernhandelswege, Hospitäler, Klöster und Patrozinien herangezogen werden.

Das vorliegende Buch ist kein Wanderführer wie die zahlreichen neuen, lokalen Jakobswege-Beschreibungen, sondern versucht der mittelalterlichen Tradition zu folgen. Es begibt sich auf die Spuren der Wallfahrer des Mittelalters, die wie im *Liber Sancti Jacobi*, dem um 1130 entstandenen ältesten Pilgerführer nach Santiago, unterwegs möglichst viele bedeutende Heiligengräber besuchten. Ganz im Sinne einer Heilsmaximierung gewannen sie so besonders viele Fürsprecher für ihre aktuellen Sorgen und die Endabrechnung ihres Sündenkontos beim Jüngsten Gericht.

Mittelalterliche Pilger sind die direkten Vorfahren heutiger Touristen. Sie waren aber auch schon mit Unannehmlichkeiten konfrontiert, wie sie der moderne Massentourismus kennt. Schlepper fingen sie bereits vor der Stadt ab, um sie in miese Massenquartiere zu locken, wo sie mit schlechtem Essen und gepanschtem Wein abgefertigt wurden. Fliegende Händler drehten ihnen an den Wallfahrtsorten überteuerte Andenken an. Sprach- und Geldwechselprobleme führten oft zu Missverständnissen. In den Pilgerberichten sind die Anfänge unserer Reiseführer zu sehen. Daher sind uns die mittelalterlichen Jakobspilger mit ihrer Neugierde und dem Zug in die lockende Ferne gar nicht so fremd, auch wenn der religiöse Aspekt heutiger Nachfolger stark in den Hintergrund getreten ist.

Beim Verfassen des Buches zeigte sich schnell, dass eine katalogmäßige Auflistung aller möglichen deut

schen Jakobswege nicht geleistet werden kann und soll. Innerhalb eines noch lesbaren Umfangs werden daher in erster Linie die wichtigsten Hauptstrecken beschrieben. Da Santiago de Compostela nun einmal im Westen Europas liegt ergibt sich zwangsläufig eine Konzentration der deutschen Pilgerwege im Westen und Süden unseres Landes.

Ich wünsche allen Lesern viel Freude beim Entdecken dieser deutschen „Wege zum Seelenheil". Bekanntes und Unbekanntes, Kunst und Kult, Geschichte und Geschichten sind hier in vertrauter Umgebung zu erleben. Tauchen Sie ein in einen ganz zentralen Aspekt des gar nicht so finsteren Mittelalters!

*Dr. Jürgen Kaiser*

Jakobswege
(im Buch beschrieben)

Andere wichtige Pilger-
und Handelswege

# INHALT

## Heilige am Hellweg

# Von Paderborn nach Köln

### Paderborn

Als Ausgangspunkt des zum Rhein führenden Hellweges, einer wichtigen Handels- und Pilgerstraße, besaß Paderborn besondere Bedeutung. Hier mündete unter anderem eine von Magdeburg über Braunschweig und Hildesheim führende Fernstraße ein. Schon Karl der Große hatte diese günstige Lage erkannt und in Paderborn im Zuge seiner Sachsenkriege eine Pfalz gegründet. 799 wurde dort die welthistorische Vereinbarung zwischen ihm und Papst Leo III. getroffen, die Karl und seinen Nachfolgern die weströmische Kaiserkrone sicherte. Gleichzeitig gründete Karl das Missionsbistum Paderborn, für dessen neue Kathedrale er einige Haare Mariens aus seinem Aachener Heiltumsschatz abzweigte. Um die größtenteils noch heidnischen Sachsen wirklich zu beeindrucken und zu bekehren, ließ Karls Nachfolger, Kaiser Ludwig der Fromme, 836 aus Le Mans die Gebeine des hl. Bischofs Liborius holen. Um ihn entwickelte sich ein wichtiger Kult, der bis heute Bestand hat.

### Stadt des hl. Liborius

Damit im Mittelalter die Gläubigen sowohl den Liborius-Schrein als auch den reichen Reliquienschatz der Kathedrale verehren konnten, ließ das Domkapitel Mitte des 15. Jh. als Hochaltar ein steinernes Reliquienretabel errichten. Der hohe, maßwerkgeschmückte Aufbau enthält zahlreiche vergitterte Nischen zur Aufnahme der Schaugefäße und schmückt noch heute den Chor. Weit vor die Wand gerückt konnte er von den Pilgern umschritten werden. Verehrung galt auch der von Bischof Imad im 11. Jh. in Auftrag gegebenen hölzernen Marienfigur, die sich heute im benachbarten Diözesanmuseum befindet. Die ursprüngliche Verkleidung mit Goldblech und im Innern der Figur eingeschlossene Reliquien gaben dem Bildwerk in den Augen mittelalterlicher Men-

schen einen geradezu „himmlischen" Realitätsgrad. Der Dom entstand zusammen mit dem wuchtigen Turm um 1220–1270. Die frühgotische Architektur des Hallenlanghauses weist deutliche Anklänge an die Kathedrale von Poitiers auf. Auch das aufwendige Hauptportal des Domes, das zu den frühesten Figurenportalen in der deutschen Architektur zählt, ist französisch geprägt. Unter den sechs Aposteln des Gewändes ist Jakobus dank seiner Muschel gut zu

◀ Essen, Münster. Der Westchor ist eine getreue Kopie des Aachener Münsters.

▼ Am reich geschmückten Hauptportal des Paderborner Domes ist auch eine Figur des hl. Jakobus zu finden.

▲ Der Paderborner Dom ist bis heute eine bedeutende Kultstätte des hl. Liborius.

erkennen. In der Vorhalle, die einst doppelt so lang war und zu Gerichtszwecken diente, konnten auch Pilger übernachten.

### MEINWERKS KIRCHENKREUZ

Der bedeutendste Bischof Paderborns, Meinwerk (1009–1036), plante, seinen Dom mit vier Kirchen in Kreuzform zu umgeben. Allerdings konnte er sein Vorhaben nur zur Hälfte ausführen. 1016 begann er westlich des Domes nach glücklicher Heimkehr von einem Rom-Aufenthalt die Abdinghofkirche, die mit ihrem Patrozinium St. Peter und Paul die Ewige Stadt im Paderborner Stadtgrundriss symbolisieren sollte. Hier ließ sich Meinwerk beerdigen und wurde später in einem gotischen Hochgrab als Heiliger verehrt. Vom späten 15. Jh. an ist seitlich des Chores eine Jako-bus-Kapelle bezeugt, die im 17. Jh. verschwand. Nördlich der Abteikirche erinnert die barocke Kapelle des

stadtrömischen Pilger-Heiligen Alexius an das einst hier von den Mönchen betreute Hospital.

Kurz vor seinem Tod ließ Meinwerk östlich des Domes 1036 die Busdorf-Kirche errichten, die als Nachbau der Grabeskirche in Jerusalem ein achteckiger Zentralbau mit vier Kreuzarmen war. Meinwerk schickte zuvor einen Abt ins Heilige Land, damit dieser Maße und Gestalt des Vorbildes erforschte sowie Reliquien mitbrachte. Leider wurde diese interessante Kirche im 13. Jh. durch einen Neubau ersetzt. 1408 wird hier eine Jakobus-Kapelle genannt.

Über Salzkotten, eine wichtige mittelalterliche Salzstadt, erreichten die Pilger auf dem Hellweg die Hansestadt **Geseke**. Deren Keimzelle war ein 946 gegründetes hochadeliges Damenstift, das sich dank hoch verehrter Reliquien zu einem bedeutenden Kultort des hl. Nothelfers Cyriakus entwickelte. Geborgen waren sie in einem repräsentativen Schrein. Geseke bildete lange Zeit einen Zankapfel zwischen den Hochstiften Köln und Paderborn. Nachdem der hl. Cyriakus Anfang des 15. Jh. selbst in den Kampf eingegriffen und Geseke befreit hatte, so die Legende, wuchs seine Verehrung nochmals stark an. Daher wird er hier nicht als Diakon, sondern als wehrhafter Ritter dargestellt in Angleichung an die Stadtpatrone von Soest, Dortmund und Neuss. Im nördlichen Querhaus des imposanten Kirchenbaus aus dem 12. und 13. Jh. ruhen die Cyriakus-Gebeine in einem barocken Reliquienschrein, nachdem der mittelalterliche Vorgänger 1591 geraubt worden war. Im Spätmittelalter gab es vor den Mauern ein Armen- und Siechenhaus mit einer Jakobus-Kapelle, die eine gleichnamige Bruderschaft betreute.

In **Erwitte** versetzte die durchziehenden Pilger der für eine Dorfkirche völlig überdimensionierte, reich gegliederte spätromanische Kirchturm in Erstaunen. Dieser folgt dem Vorbild von St. Patroklus in Soest. Wer Zeit fand, das Innere zu betreten, sah mit den Reliefs auf Leitern herabsteigender Engel (Jakobs Traum von der Engelleiter Gen 28) an den beiden Chorbogensäulen eine in Deutschland einzigartige Darstellung. Im Ort fand eine von Minden über Herford, Bielefeld und Lippstadt führende Handelsstraße Anschluss an den Hellweg, die ebenfalls stark von Pilgern genutzt wurde.

standen ist er ein gutes Beispiel für die auch in Deutschland beliebten Antwerpener Schnitzaltäre, die zu wahren Exportschlagern dieser Handelsmetropole wurden.

Südwestlich der Petrikirche befand sich das 1178 gegründete Hohe Hospital. Es ging aus einer um 1000 errichteten Pfalz des Kölner Erzbischofs hervor, deren Gebäude, vor allem der beeindruckende Wohnturm, bis zum Abriss im frühen 19. Jh. weiterverwendet wurden. 1304 löste eine neue Stiftung das Hohe Hospital, das sich zum Pfrundhaus für vornehme Frauen gewandelt hatte, ab.

▼ Machtvoll ragt über den Dächern von Soest als Wahrzeichen der romanische Turm des Patroklus-Münsters auf.

## 🐚 SOEST

Bald wurde mit Soest die bedeutendste Stadt am Hellweg erreicht. Trotz großer Schäden im Zweiten Weltkrieg vermittelt sie durch ihre einzigartigen Baudenkmäler den einstigen hohen Rang der Hansestadt. Bis zur Mitte des 15. Jh. bildete Soest die wichtigste Stadt des Kölner Kurfürsten in Westfalen. Mittelpunkt ist das beeindruckende Ensemble aus Stiftskirche St. Patroklus und Pfarrkirche St. Peter, beides ungewöhnliche und aufwendige Bauwerke der Romanik. St. Peter, eine der zwölf Urpfarreien zwischen Rhein und Weser aus der Zeit der Christianisierung im 8. Jh., birgt eine schöne Jakobus-Darstellung. Sie befindet sich auf den Außenflügeln des Klepping-Altars im südlichen Nebenchor, wo Jakobus als persönlicher Patron der Stifterin erscheint. Vor 1524 ent-

## Warum nach Santiago?

Vom 11. bis zum frühen 16. Jh. war Santiago de Compostela neben Jerusalem und Rom der bedeutendste mittelalterliche Wallfahrtsort. Die Legende berichtet, Jakobus der Ältere, einer der ersten Jünger Jesu, habe in Spanien ergebnislos missioniert und sei nach Jerusalem zurückgekehrt, wo ihn 44 n. Chr. Herodes als ersten Apostel hinrichten ließ. Mit einem Schiff, in das einige Jünger seinen Leichnam gelegt haben sollen, gelangte er durch Gottes Hilfe zurück nach Spanien. Seine Verehrung begann um 830, als man ihm die in einem Grab entdeckten Gebeine zuschrieb. Dies geschah aus taktischen Gründen, um einen Rückhalt im Kampf des christlichen Asturiens gegen die muslimische Invasion Spaniens zu haben. Europäische Bedeutung erhielt der Jakobus-Kult im 12. Jh. vor allem durch Diego Gelmírez, Bischof von Compostela

(1100–1140). Dieser versuchte energisch, seine Kathedrale zum kirchlichen Mittelpunkt Spaniens aufzuwerten. Um 1130 ließ er das *Liber Sancti Jacobi* verfassen, den ersten Pilgerführer zum Jakobus-Grab. Diese mittelalterliche Werbe-Schrift, die auch die zahlreichen Wunder auflistet, trug nicht unwesentlich zur Popularität dieser Fernwallfahrt bei. Kein Geringerer als Karl der Große soll demnach das Grab des Jakobus auf dessen Geheiß gefunden, von den Mauren befreit und zugänglich gemacht haben. Die prachtvolle romanische Kathedrale machte die überragende Bedeutung des Heiligen für alle sichtbar. Viele Pilger gingen von Santiago aus noch die kurze Strecke zum Kap Finisterre, um das westliche Ende der damals bekannten Welt zu sehen, ein sicher unvergessliches Erlebnis.

### WEHRHAFTER STADTPATRON

Die benachbarte Stiftskirche St. Patroklus wurde 954 von Erzbischof Bruno, Bruder Kaiser Ottos I., als Hauptstütze der Kölner Kirche in Westfalen gegründet. Da Bruno zugleich das Amt des lothringischen Herzogs innehatte, belagerte er erfolgreich die Stadt Troyes, in der sich ein Feind seines Bruders verschanzt hatte. Seine Hilfe ließ sich der Erzbischof nicht in Gold, sondern mit den Gebeinen des in Troyes begrabenen Märtyrers Patroklus bezahlen. Diese schickte er nach Köln, von wo er sie 964 nach Soest übertragen ließ. Dort werteten sie zum einen das im Aufbau befindliche Stift auf, zum anderen war damit gleichsam ein himmlischer Wächter über die nicht unerheblichen Interessen der Kölner Kirche installiert. Die Verehrung der Gebeine sicherte zudem zusätzliche Einkünfte.

Mit dem im Mittelalter stark wachsenden Reichtum und Selbstbewusstsein der Stadt Soest geht auch ein deutlicher Wandel des hl. Patroklus vom Kirchen- zum Stadtpatron einher. Die Hansestadt versuchte im Spätmittelalter hartnäckig, ihren erzbischöflichen Stadtherrn abzuschütteln, was ihr in der Soester Fehde 1444–49 schließlich gelang. Da die

Bevölkerung den entscheidenden Sieg der Hilfe „ihres" Heiligen zusprach (die Gebeine klapperten wundersam in ihrem Schrein!), steigerte sich dessen Verehrung und Bekanntheitsgrad nochmals, ähnlich dem hl. Quirinus in Neuss. In Angleichung an die norddeutschen Rolands-Figuren als Personifikation städtischer Macht und Freiheit wurde Patroklus nun als wehrhafter Ritter dargestellt. Im Innern des romanischen Münsters steht auf einer Säule vor dem mächtigen Westwerk, dem städtischen Teil der Kirche, eine solche Patroklus-Figur des 14. Jh. mit erhobenem Schwert, in deren Kopf Reliquien eingelassen waren. Während der gotische Schrein im 19. Jh. zum Einschmelzen nach Berlin verkauft, dort aber als Museumsstück bis zur Zerstörung im Zweiten Weltkrieg gerettet werden konnte, hat sich vor Ort noch die um 1500 entstandene gekrönte Büste für das Haupt des Heiligen erhalten. Eine weitere Pilger-Attraktion, der Große Gott von Soest, ein wundertätiges Kreuz, wurde 1770 gestohlen.

Östlich des Patroklus-Münsters erhebt sich mit der Nikolaus-Kapelle ein Kleinod westfälischer Romanik, das die bis in den Ostseeraum reisenden Kaufleute der Stadt ihrem Patron errichteten. Auf dem Altar befindet sich noch immer die um 1400 durch Conrad von Soest geschaffene Tafel des thronenden Heiligen, zu seinen Füßen die durch ihn geretteten drei Jungfrauen und drei Scholaren. Als Reisepatron suchten ihn hier sicherlich auch Jakobs-Pilger auf.

## KATHEDRALE DER BÜRGER

Ihren Heiligen konnten die Santiago-Wallfahrer in der nahen Kirche St. Maria zur Wiese verehren, wo ihm und unter anderem auch dem hl. Jodokus seit 1376 ein Altar geweiht war. Der um 1420 im Umkreis des Conrad von Soest entstandene dreiteilige Aufsatz dient heute als Hochaltar und zeigt auf der Werktagsseite auch Jakobus im Pilgergewand als Bewohner der Himmelsstadt. Der spätgotische Sippenaltar im nördlichen Nebenchor präsentiert die hl. Anna mit ihren drei Ehemännern, von denen sie jeweils eine Tochter mit Namen Maria bekam. Ein Sohn der Maria Salomas war Jakobus, der hier als Kind mit Pilgerutensilien dargestellt ist. Demnach war Jakobus ein Cousin Jesu und durch dieses völlig legendäre Verwandtschaftsverhältnis schon per se geheiligt.

Die Wiesenkirche, eine der schönsten gotischen Kirchen Norddeutschlands, wurde von der Stadt ab 1313 als bürgerlicher Gegenbau zum erzbischöflichen Patroklus-Münster errichtet. Demonstrativ aufwendig wurde diese Marienkirche geplant und prächtig mit Glasmalereien und Altären ausgestattet, darunter das Fenster mit dem Westfälischen Abendmahl und seinem berühmten Schinken. Die Turmfreigeschosse wurden allerdings erst ab 1846 hinzugefügt, nachdem sich durch den vier Jahre zuvor begonnenen Weiterbau des Kölner Doms eine unglaubliche Gotik-Begeisterung in Deutschland entzündet hatte.

Das Gnadenbild der Wiesenkirche, eine thronende romanische Muttergottesfigur, die viele Pilger in das Marienheiligtum zog, war seit Einführung der Reformation 1531 außer Funktion. Reaktiviert wurde es durch die katholische Stadt Werl, die sich die Figur als Sühneleistung für einen Jagdfrevel ausliefern ließ. In der nördlichen Turmhalle der Wiesenkirche erhebt sich ein 8,50 Meter hoher Aufbau in Gestalt einer gotischen Turmspitze. Er war einst ein Reliquientabernakel, das auf beeindruckende Weise eine silberne Walburga-Figur mit einem Partikel der Heiligen barg. Als kultisches Zentrum und Pilgerziel befand er sich

bis ins frühe 19. Jh. in der Kirche des Soester Augustiner-Chorfrauenstiftes St. Walburgis. Dieses war ein wichtiges Pilgerziel, da der Gründer, Erzbischof Rainald von Dassel, um 1164 hierher auch die Häupter der hll. Märtyrer Felix und Nabor brachte, die er in Mailand als Kriegsbeute erhalten hatte.

## STADTTOR MIT INHALT

Eine wichtige Anlaufstelle für Santiago-Wallfahrer war das von einer Jakobusbruderschaft betreute Pilgrimhaus nahe dem Jakobitor der Stadtmauer. Die heutige Jakobistraße erinnert an das mittelalterliche Stadttor, das im Obergeschoss eine romanische Kapelle des Heiligen enthielt. Sie besaß einen umfangreichen Reliquienschatz, der die Pilger gleichsam

▼ Blick in das Gewölbe der Wiesenkirche in Soest, einem der bedeutendsten Sakralbauten deutscher Gotik.

segnete, wenn sie durch das Tor die Stadt in Richtung Westen verließen. Im Hof zwischen Stadttor und Vorwerk gab es einen von starken Quellen gespeisten Jakobsbrunnen, wo die Pilger ihre Flaschen für den Weiterweg auffüllen konnten. Heute erinnert ein moderner Brunnen mit der Figur des Heiligen an den besonderen Ort. Um 1300 stiftete ein Soester Patrizier das nach ihm benannte Wulfhard-Spital, wo Beginen wirkten. Die Kapelle war Jakobus geweiht und wurde im frühen 19. Jh. abgebrochen.

Im nächsten Etappenziel **Werl** zog in der Stadtpfarrkirche aus dem späten 14. Jh. ein wundertätiges Kreuz Pilger an, das sich samt einem prächtigen spätgotischen Baldachin-Altar im südlichen Seitenschiff erhalten hat. Bei Grabungen innerhalb der Kirche wurden auch Bestattungen ehemaliger Jakobspilger entdeckt, kenntlich an der ihnen beigegebenen Muschel. Noch im frühen 17. Jh. werden Ausgaben der Stadtkasse zur Unterstützung durchziehender Jakobspilger erwähnt. Die neugotische Wallfahrtskirche der Stadt entstand für das ehemalige Gnadenbild der Soester Wiesenkirche, das sich seit 1661 im katholisch gebliebenen Werl befindet und höchste Verehrung genoss.

## DORTMUND

Über Unna erreichten die Pilger die Hansestadt Dortmund. Hier führte eine wichtige Handelsstraße von Bremen über Osnabrück und Münster nach Köln auch zahlreiche Wallfahrer zum Hellweg aus dem Norden herbei. Beide Strecken kreuzten sich im Herzen der Freien Reichsstadt unmittelbar vor dem mächtigen spätgotischen Turm der Reinoldi-Kirche, der bis zu seinem Einsturz 1661 mit fast 120 Meter Höhe als Wahrzeichen schon von weitem sichtbar war und Orientierung bot.

### MÄRTYRER ODER SAGENGESTALT?

Ein Besuch des Hauptheiligtums der Stadt wird für jeden durchreisenden Pilger obligatorisch gewesen sein, barg es doch Reliquien eines Mannes, der als sagenhafter Held und Märtyrer galt. Die Legende des Reinoldus wuchs aus zwei völlig unterschiedlichen Überlieferungssträngen zusammen. Teil 1 berichtet von einem Büßer, der für Gotteslohn rastlos am Kölner Dombau mitarbeitet und damit den Zorn einiger Kollegen reizt, die ihn kurzerhand mit einem Hammer erschlagen und seine Leiche in den Rhein werfen. Da es sich hier aber um einen Heiligen handelt, tragen Fische seinen Körper ans Ufer, wo er geborgen und von den Kölnern dank Engelsgesangs bemerkt wird. Diese legen ihn auf einen Karren, der sich wie in der Jakobus-Legende selbstständig in Bewegung setzt. Erst in Dortmund bleibt er am 7. Januar 811 stehen. Da alle Glocken ohne menschliches Zutun bei seiner Ankunft zu läuten beginnen, wird auch den Bürgern klar, dass ihnen Gott ein besonderes Geschenk gemacht hat.

Vielleicht schon im 13. Jh. wird diese Legende, die an sich schon abenteuerlich genug ist, mit einer französischen Sagenfigur verknüpft. Demnach war Reinoldus, bevor er nach Köln kam, einer der vier Haimonskinder, die sich gegen Karl den Großen auflehnten. Reinold ermordete wegen einer Beleidigung den Thronfolger und konnte dank seines Zauberpferdes Bayart mit seinen Brüdern fliehen. Nach allerlei Verwicklungen kam es schließlich zur Versöhnung. Reinold gab sein Zauberpferd ab und machte eine Pilgerfahrt ins Heilige Land. Noch bis ins 20. Jh. hinein wurden in der Sakristei riesige Knochen und ein überdimensionales Hufeisen als Überreste Bayarts gezeigt.

### HIMMLISCHER HELFER DER HANSESTADT

Vermutlich war es Erzbischof Anno II. von Köln, der nach der Mitte des 11. Jh. im Tausch gegen Dortmunder Pantaleons-Reliquien, die er der gleichnamigen Kölner Abtei schenkte, von dort die Reinoldus-Gebeine erhielt. In Dortmund wurde Reinoldus nicht als Mönch, sondern als Ritter dargestellt, da ihm als Stadtpatron besondere Schutzfunktion zukam. Er bewährte sich mehrmals bei feindlichen Überfällen der Grafen von Mark und Berg im 14. Jh., die die Freiheit der Reichsstadt existenziell bedrohten. So weckte er einmal rechtzeitig die Stadtwächter oder stand auf der Stadtmauer und schlug mit seinem Schwert die feindlichen Geschütze zurück. Dies steigerte die Reinoldus Verehrung im Spätmittelalter besonders.

Beim Besuch Kaiser Karls IV. 1377 zogen ihm alle Kleriker, Mönche und Nonnen der Stadt mit dem gesamten Reliquienschatz entgegen, darunter als Hauptstück der Schrein und das Kopfreliquiar des Reinoldus, das der Kaiser zur Begrüßung küsste. Der passionierte Reliquiensammler Karl durfte sich übrigens als Gegenleistung zur Bestätigung aller städtischen Freiheiten etwas von den Gebeinen des Stadtpatrons aussuchen, wobei der Kaiser sich zielsicher den größten Knochen griff. Während der Schrein in der Reformationszeit verschwand, blieb die überaus kostbare Silberbüste noch bis 1792 erhalten, ehe sie in Einzelteilen versteigert wurde, um eine Kirchenreparatur zu bezahlen. Eine Öffnung ermöglichte den Pilgern einen Blick auf das Loch, das die Mörder in den Schädel geschlagen hatten. Die Fernhandelskaufleute brachten die Reinoldus-Verehrung bis in den Ostseeraum.

1421–1450 ließ der Rat der Stadt an das spätromanische Langhaus der Reinoldi-Kirche einen prachtvollen spätgotischen Chor errichten, der dem Vorbild des wenige Jahre zuvor vollendeten Chores des Aachener Münsters folgt. Damit ehrte man zum einen Karl den Großen, der als Gründer von Stadt und Kirche galt, zum anderen schuf man wie dort einen riesigen gläsernen Reliquienschrein. Im Innern stehen sich am Triumphbogen unter hohen Baldachinen die überlebensgroßen Holzfiguren Karls und Reinoldus gegenüber. In Konkurrenz zum Soester Patroklus ist auch der Dortmunder Stadtpatron als wehrhafter Ritter mit gezogenem Schwert dargestellt. Auf der Nordseite des Chores erhebt sich gegenüber dem ähnlich gestalteten Sakramentshaus ein großes steinernes Reliquiengehäuse, das einst Schrein und Büste des Heiligen barg. Nur die Ratsherren, nicht die Kleriker, hatten die Schlüssel dazu. Auch das spätgotische Chorgestühl auf dieser Seite war den Ratsherren vorbehalten, die so neben ihrem Patron Platz nehmen konnten.

Aufgrund des großen Pilgerverkehrs bemühten sich auch die anderen Klöster der Stadt um Reliquien. Ebenfalls direkt am Hellweg gelegen, war in der Reinoldus gegenüberliegenden Marienkirche eine thronende romanische Muttergottes das Kultbild, das durch Reliquien in ihrem Innern besondere Wirkungskraft erhielt. Nach dem Besuch Dortmunds verließen die Pilger auf dem Hellweg durch das Wes-

tentor die Stadt. Hier konnten sie an der 1292 erstmals genannten Jakobus-Kapelle noch den Segen ihres Heiligen erbitten, dem die Dortmunder topografisch richtig am nach Santiago weisenden Ende ihrer Stadt ein Heiligtum errichtet hatten.

 **ESSEN**

Nächstes Etappenziel am Hellweg war Essen. Inmitten der modernen Großstadt verweist allein die heutige Dom- und frühere Damenstiftskirche auf eine glanzvolle mittelalterliche Geschichte (Abb. S. 8).

▲ Der spätgotische Chor der Dortmunder Reinoldi-Kirche umfasste wie ein gläserner Reliquienschrein die Gebeine des Stadtpatrons.

## HIMMLISCHE SCHÄTZE KAISERLICHER DAMEN

Kurz vor der Mitte des 9. Jh. gegründet, erreichte das hochadelige Damenstift seine größte Bedeutung unter drei Äbtissinnen aus dem ottonischen Kaiserhaus: Mathilde (971–1011), Sophia (1011–1039) und Theophanu (1039–1058). Wohl unter Theophanu entstand als großartiger Abschluss des Neubaus der Stiftskirche der noch erhaltene Westchor. Er verweist in für mittelalterliche Verhältnisse seltener Eindeutigkeit auf das Vorbild der Aachener Pfalzkapelle Karls des Großen. Damit demonstrierte die Bauherrin zu einer Zeit als schon die Nachfolgedynastie der Salier an der Macht war die Bedeutung ihrer Familie. Auch ihre Schwester Ida, Äbtissin des Kölner Damenstiftes St. Maria im Kapitol, ließ beim Neubau dieser Kirche ein solches Aachen-Zitat an ihrer Westempore anbringen. Mit Ausnahme des Westchores wurde das Essener Münster nach einem Brand 1275 als frühe gotische Hallenkirche neu errichtet.

Das Essener Damenstift war durch seine Reichsfreiheit, den Fürstinnenrang der Äbtissinnen und seine Hochadelsexklusivität eine der seltenen Stätten weltlicher und geistlicher Macht in Frauenhand. Seine Bedeutung dokumentiert sich auch im reichen Reliquienbesitz. Trotz empfindlicher Verluste gehört die leider noch viel zu wenig bekannte Schatzkammer zu den bedeutendsten in Europa. Besonders die drei genannten ottonischen Äbtissinnen besaßen die nötigen Verbindungen und Finanzmittel, um kostbare Reliquien zu erwerben und sie mit prachtvollen Fassungen zu versehen.

An erster Stelle ist hier das tausendjährige Kultbild der „Goldenen Madonna" zu nennen, das Äbtissin Mathilde herstellen ließ. Es ist die älteste erhaltene vollplastische Marienfigur überhaupt. Mit ihren weit aufgerissenen, ins Unendliche blickenden Emaille-Augen dürfte die mit Goldblech überzogene Darstellung der thronenden Himmelskönigin auch auf die mittelalterlichen Pilger ihren Eindruck nicht verfehlt haben. Am Fest Mariä Lichtmess wurde das Marienbild alljährlich in einer feierlichen Prozession durch die Stadt geführt und vor der Pfarrkirche St. Johann gekrönt. Hierfür verwendeten die Stiftsdamen die noch erhaltene Kinderkrone Ottos III., die dieser seiner Cousine Mathilde übergab. Gleichzeitig schenkte er seiner Verwandten wohl auch das ebenfalls erhaltene ottonische Prunkschwert, das nur noch in den heute in der Wiener Hofburg verwahrten Krönungsinsignien der deutschen Könige ein Pendant hat. Mathilde ließ neben dem siebenarmigen Leuchter, dem ältesten Beispiel dieser Art und Symbol der Kirche als Tempel des Neuen Bundes sowie des Pfingstgeschehens, noch drei Prozessionskreuze herstellen. Äbtissin Theophanu fügte dem Stiftsschatz zwei Passionsreliquien (Holzsplitter vom Kreuz und Kreuznagel) bei, für die sie ein weiteres Vortragekreuz bzw. Tragereliquiar beschaffte. Die Schatzkammer prunkt zudem mit einer Fülle gotischer Turmreliquiare, da nun die geistlichen Schätze hinter Kristall für die Gläubigen sichtbar sein sollten und die von Kathedraltürmen abgeleitete architektonische Gestalt auf die Heiligen als Bewohner der Himmelsstadt verweist. Auch eine Kollektion an Arm- bzw. Büstenreliquiaren und Reliquienkästchen ist vorhanden.

Diese Vielzahl an kleinen Reliquienbehältern wurde mit Ausnahme bestimmter Festtage in der romanischen Schatzkammer aufbewahrt, die sich an das Querhaus der Kirche anschließt. Sie wurde in die moderne Schatzkammer miteinbezogen und erfüllt damit noch immer ihre Funktion. Unter ihr führt eine romanische Vorhalle in die Kirche. So konnten die Pilger wie unter einem steinernen Heiltumsstuhl hindurchgehen und auf diese Weise am hier vorhandenen Heil teilhaftig werden. Zudem fanden in der Vorhalle zur Stiftszeit Gerichtssitzungen statt, die durch die darüber gelagerten Reliquien unter besonderer „himmlischer" Aufsicht standen. Permanent für die Gläubigen zugänglich waren zwei innerhalb der Kirche aufgestellte, aber leider nicht mehr erhaltene ottonische Schreine. Sie gehörten zu den ältesten Beispielen dieser vor allem im 12. Jh. so populären Art der Reliquienverehrung. In ihnen befanden sich die Gebeine des aus Frankreich importierten hl. Marsus und der aus Köln herbeigeführten hl. Pinnosa, die ursprünglich anstelle der hl. Ursula als Anführerin der Elftausend Jungfrauen galt. Neben Maria und Christus war die Stiftskirche dem hl. Ärztepaar Cosmas und Damian geweiht. Ein Teil ihrer Gebeine beschaffte wohl schon der Gründer des Stiftes, Altfried, anlässlich einer Romreise. Da die beiden Heiligen ihr Martyrium durch Enthauptung erlitten, machte die spätmittelalterliche Stiftstradition das ottonische Zeremonialschwert zum Richtschwert der beiden und damit zu einer hochrangigen Reliquie.

Auf die Bedeutung Essens als Station auf dem Weg nach Santiago verweist der Jakobusaltar, der sich ehemals in der Krypta aus der Mitte des 11. Jh. befand. Unterkunft fanden die Pilger im Hospital zum Heiligen Geist, aber auch in den beiden Prämonstratenser-Chorfrauenstiften Stoppenberg und Rellinghausen mit ihren Hospizen. Stoppenberg war dem Reisepatron Nikolaus, die Kirche in Rellinghausen neben Lambertus dem hl. Jakobus geweiht.

## MISSIONAR UND WANDERBISCHOF

Über eine Brücke, die schon 1065 erwähnt wird und zumindest im Spätmittelalter aus Stein errichtet war, überquerten die nach Köln ziehenden Pilger die Ruhr und gelangten zur nahe gelegenen Abteistadt **Werden**. Hier war nicht nur für Unterbringung und leibliches Wohl im Hospital der Mönche gesorgt, sondern auch für das Seelenheil gab es reichlich Nahrung in Gestalt eines berühmten Heiligengrabes. Der hl. Liudger gründete hier wohl 799 eine Benediktinerabtei als Stützpunkt für die Sachsenmission. Bei den Rodungsarbeiten griff der Legende nach Gott persönlich ein und schickte ein Unwetter, das alle Bäume bis auf einen fällte. Letzteren bestimmte der Heilige zum Ort seines Begräbnisses.

Liudger gehört neben Bonifatius (Fulda) und Willibrord (Echternach) zu den großen Missionaren der Karolingerzeit. Um 742 bei Utrecht geboren, studierte er an der Domschule in York unter dem berühmten Universalgelehrten Alkuin. Nach seiner Rückkehr auf das Festland wurde Liudger mit der Friesenmission betraut, die er aber nach einem Aufstand 784 abbrechen musste. Anschließend lebte er knapp drei Jahre in Rom, wo er zahlreiche Reliquien erwarb, und in Monte Cassino. In diesem benediktinischen Urkloster lernte Liudger das Mönchsleben in seiner Vollkommenheit kennen. Nach einem weiteren Missionsfehlschlag bei den Friesen vertraute ihm Karl der Große die Bekehrung der westlichen Sachsen an. Liudgers Stützpunkt wurde Münster, wo er sich 805 zum ersten Bischof weihen ließ. Als er 809 starb, sorgte Kaiser Karl persönlich dafür, dass sein Leichnam in seine Gründung Werden überführt wurde. Rasch setzte seine Verehrung ein.

Die Werdener Abteikirche kann als Musterbeispiel für den Wandel der Reliquienverehrung von karolin-

◂ Die Goldene Madonna ist die älteste erhaltene vollplastische Darstellung der Gottesmutter. Als Kultbild steht die mit Goldblech verzierte Figur heute im Essener Dom.

gischer Zeit bis zum Barock gelten. Schon der zweite Kirchenbau bezog im 9. Jh. das Heiligengrab ein und erschloss es für den Pilgerverkehr durch eine Krypta, die unter dem Hochaltar lag. Im Einbahnsystem konnten die Gläubigen durch einen Gang (Ringkrypta) an der Grabstätte des Heiligen vorbeiziehen. Bis heute ist im Fußboden des Chores zudem eine Öffnung eingelassen (lat. fenestella), die den Bereich der Mönche mit dem Liudger-Grab demonstrativ verbindet. Kurz nach der Mitte des 11. Jh. wurde an die Ring- eine Außenkrypta als dreischiffige Halle eingefügt. Hier ließen die Mönche den Bruder und vier Neffen des Gründers neu bestatten, um so auch sie, die frühe Bischöfe von Münster und Halberstadt sowie Äbte von Werden waren, der Verehrung besser zugänglich zu machen.

Abt Adalwig (um 1065–1080) trug den sich ändernden Gewohnheiten der Reliquienverehrung Rechnung, indem er die Gebeine Liudgers erheben und in einem kostbaren Schrein auf zwei Kalksinter-

säulen hinter dem Hochaltar aufstellen ließ. Während der mittelalterliche Schrein verloren ist und 1984 durch das fantasievolle Werk von Gernot Rumpf ersetzt wurde, befinden sich die beiden Säulen in der Schatzkammer der Basilika. Sie tragen an bronzenen Ringen die Stifterinschrift Adalwigs, der sich einen Platz unter den lebendigen Steinen der Himmelsstadt wünscht. Im frühen 18. Jh. bezogen die Mönche die Gründerreliquien in eine barocke Inszenierung ein. Das Altarbild des damals neu geschaffenen Hochaltars kann wie in einem Theatrum sacrum nach oben gekurbelt werden, wodurch in einem Bühnenraum die Figur des hl. Liudger in seiner himmlischen Glorie enthüllt wird. Die Figur kniet auf einem barocken Sarkophag, der seine Reliquien enthält. Der Heilige wird noch heute in Werden hoch verehrt. Höhepunkt verschiedener Feste ist die Reliquienprozession am ersten Sonntag im September, die 1128 entstand und damit eine der ältesten Umgänge dieser Art in Deutschland ist.

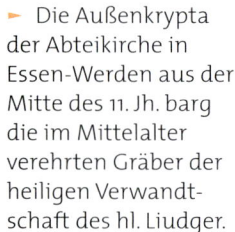

► Die Außenkrypta der Abteikirche in Essen-Werden aus der Mitte des 11. Jh. barg die im Mittelalter verehrten Gräber der heiligen Verwandtschaft des hl. Liudger.

Auch die moderne Schatzkammer in einem Trakt der barocken Abteigebäude bewahrt wichtige Erinnerungsstücke an Liudger auf. Neben einem kleinen Kelch, der aber wohl erst im 10. Jh. entstand, finden sich hier einige mittelalterliche Textilien, die mit ihm in Zusammenhang gebracht werden. Sein Ledergürtel, der mit Pferdehaaren gefüllt ist, wurde im Mittelalter schwangeren Frauen umgelegt, um ihre Leibesfrucht vor bösen Kräften zu schützen und für eine leichte Geburt zu sorgen. Dieser Gürtel-Kult findet sich bei einigen Heiligen. Interessant ist auch die silberne Schüssel des 13. Jh., die unter anderem auch Blut Liudgers enthielt. Die Napfform deutet darauf hin, dass man daraus wie an anderen Kultstätten (z. B. Neuss) den Heiligen mit einem Minnetrank daraus ehrte und mit Rotwein auch augenfällig an die Blutreliquie anknüpfte.

Neben der Krypta mit dem Heiligengrab werden die Jakobspilger sicherlich die Stephan und Jakobus geweihte Kapelle zwischen Kirche und Abteigebäuden besucht haben, die im frühen 9. Jh. entstand und im Zuge der barocken Neubaumaßnahmen verschwand. Sie diente wohl als Reliquienkapelle. Ein Verzeichnis von 1512 nennt 120 Heiltümer.

## KAISERSWERTH

In Kaiserswerth, heute die Perle unter den Düsseldorfer Stadtteilen, erreichten die Pilger auf der viel befahrenen Handelsstraße von Essen über Ratingen den Rhein. Hier bestand eine uralte Fährverbindung hinüber auf das linksrheinische Ufer und damit zur Römerstraße zwischen Neuss und Xanten. Doch auch Kaiserswerth bot selbst für den eiligsten Wallfahrer einen besonderen Anziehungspunkt, das Grab des hl. Suitbert. Dieser war wie sein Gefährte, der hl. Willibrord, ein angelsächsischer Missionsbischof, den der merowingische Hausmeier Pippin der Mittlere und seine Gattin Plektrudis förderten. Als Missionsstützpunkt übergaben sie ihm Ende des 7. Jh. eine Rheininsel, auf der Suitbert ein Benediktinerkloster errichtete. Schon bald nach seinem Tod 713 setzte seine Verehrung ein. Im Zuge des Ausbaus zur Kaiserpfalz unter Heinrich III. ließ dieser die Abtei in ein Kollegiatstift umwandeln, da er die Kleriker als Beamte be-

nötigte. Noch heute hat sich rund um die 1237 geweihte Kirche der stille Stiftsbezirk mit den Häusern der Kanoniker erhalten, darunter eines aus der Romanik. Der schöne frühgotische Chor, der mit Essen-Werden, Gerresheim und Linz verwandt ist, bewahrt auf seiner Südseite eine auch vom südlichen Nebenchor aus einsehbare, vergitterte Nische für den Suitbert-Schrein, der so von den Pilgern verehrt werden konnte, ohne dass sie den Chor der Stiftsherren betreten mussten. Heute befindet sich in ihm der moderne Schrein des Heiligen, der neu geschaffen wurde, um ihn bei der jährlichen Reliquienprozession mitzutragen. Der 1264 vollendete mittelalterliche Schrein ist nun in einer Panzervitrine im Chor aufgestellt. Er steht am Ende der reichen rheinisch-maasländischen Tradition aufwendiger Reliquienschreine. Suitbert thront als Bischof an der Stirnseite des Schreins, be-

Durch alle Jahrhunderte erhalten blieb in Kaiserswerth der spätromanische Prachtschrein des hl. Suitbert.

gleitet von den auch als heilig verehrten Stiftern Pippin und Plektrudis. Mit seinen getriebenen Figuren, reliefierten Dachschrägen, Edelstein- und Emailleschmuck, gegossenen Dachkämmen und aufwendigen Knäufen steht der Suitbert-Schrein seinen Kölner und Aachener Verwandten in nichts nach. Das Innere des Eichenholzkerns ist zweigeteilt, da ursprünglich nicht nur die Gebeine des hl. Suitbert, sondern auch die seines Mitarbeiters Willeicus hierin geborgen waren. 1393 ließ Herzog Wilhelm I. von Berg als Landesherr Letztere entnehmen, um damit den Schatz der Stiftskirche St. Lambertus in seiner neuen Residenzstadt Düsseldorf aufzuwerten. Ende des 15. Jh. bauten die Stiftsherren in die Nordwand des Chores einen dreiteiligen Sakraments- und Reliquienschrank mit reichem Maßwerkschmuck, Heiligenfiguren und kunstvollem Eisengitter ein. Hier werden noch immer Teile des einst viel reicheren Heiltumsschatzes des Stiftes verwahrt.

Die besondere strategische Bedeutung des Kaiserswerther Rheinübergangs zeigt sich noch heute an der Ruine der unter Kaiser Friedrich I. Barbarossa errichteten Kaiserpfalz, nachdem er 1174 Kaiserswerth zur Reichszollstätte erklärt hatte. Die Stauferpfalz löste die unter dem Salier Heinrich III. errichtete Pfalzanlage des 11. Jh. ab. Zahlreiche deutsche Könige nahmen hier im hohen Mittelalter ihren Aufenthalt.

Entweder setzten die Pilger hier über den Rhein oder im etwas weiter südlich gelegenen Düsseldorf, das Ende des 14. Jh. durch das Engagement der Herzöge von Berg einen umfangreichen Reliquienschatz erhielt und Wallfahrer anlockte. Auf jeden Fall bildete die kurkölnische Landesstadt Neuss auf dem linken Rheinufer das wichtigste Etappenziel vor Erreichen Kölns.

## NEUSS

Noch immer wacht das Standbild des hl. Märtyrers und römischen Tribuns Quirinus auf der Vierungskuppel des Münsters über die Stadt. Neuss hat sich bis heute eine sehr starke Identifikation mit „seinem" Stadtpatron bewahrt. Doch nicht nur als Lokalheiliger war Quirinus von Bedeutung, sondern auch als Anziehungspunkt für eine der bedeutendsten Wallfahrten im Rheinland. Betreut und gefördert wurde der Kult von den adeligen Mitgliedern des Damenstiftes. Der Nürnberger Patrizier Gabriel Tetzel kam als Begleiter des böhmischen Hochadeligen Leo von Rozmital auf einer europäischen Pilgerreise, die mehr einer Kavalierstour glich, 1465 auch nach Neuss. Er berichtet mit sicherem Kennerblick „das ich all mein tag so vil hübscher weiber in einem kloster nit gesehen hab". Trotz dieser Ablenkung erwähnt er auch den kostbaren Reliquienschrein und das Haupt des hl. Quirinus, aus dem den Pilgern Wasser gereicht wurde. Vermutlich war es nicht die Hirnschale, die als Trinkgefäß diente, sondern ein Pokal, in den eine Kopfreliquie eingearbeitet war. Das Wasser wurde vorher in einem Becken, das als Sarkophag des Heiligen gedeutet wurde, im Chor der Kirche aufbewahrt. Gerade die Quirinus-Verehrung, die an vielen Orten Deutschlands gepflegt wurde, ist immer mit einem Brunnen und dem Ausschenken von Wasser verbunden. Zusätzlich wurde es auch dem Nutzvieh, vor allem aber den Pferden gereicht, die zumindest in der Neusser Umgebung am 30. April, dem Festtag des Heiligen, arbeitsfrei hatten.

Äbtissin Sophia, die 1209 den großartigen Neubau der Stifts-, Pfarr- und Wallfahrtskirche initiierte (Grundstein im südlichen Seitenschiff), gab einen prachtvollen Schrein in Auftrag. Vermutlich wurden Neubau und Schrein überwiegend aus den reichlich fließenden Pilgergaben finanziert. Das einzige figürliche Kapitell der Kirche an einer südlichen Emporenöffnung zeigt daher auf Krücken gestützte kranke Wallfahrer, die hier Heilung suchten. Zumindest für das 15. Jh. ist belegt, dass der Opferstock jährlich beachtliche 2000 Goldgulden einbrachte. Diese Einnahmen musste die Äbtissin hartnäckig gegen die Ansprüche der Stadt, aber auch der Stiftsherren verteidigen, die ihre Messen gerne in die Länge zogen, weil die Pilgergaben in dieser Zeit ihnen zustanden. Neusser Pilgerzeichen haben sich dank ihrer Verwendung als Schutzsymbole an mittelalterlichen Glocken bis hin nach Gotland erhalten.

Ein Ereignis verbreitete den Ruhm des hl. Quirinus gar in ganz Europa. Denn 1475 musste Karl der Kühne seine mehrmonatige Belagerung der Stadt Neuss abbrechen, nachdem die Neusser Bevölkerung den Sturm des Rheintors durch Herbeiholung der Gebeine ihres Stadtpatrons abwehren konnte.

Der burgundische Herzog und seine Söldner kamen nach Einstellung der Kampfhandlungen in das Münster, um diesen so augenscheinlich wirkmächtigen Heiligen zu verehren. Über einhundert Jahre später ging die große Zeit von Neuss gewaltsam zu Ende. 1585 eroberten im Truchsessischen Krieg, den der evangelisch gewordene Kölner Erzbischof Gebhard Truchsess von Waldburg gegen seine Absetzung führte, die truchsessischen Truppen die Stadt, zerstörten die gesamte mittelalterliche Kirchenausstattung und ließen den Kirchenschatz einschmelzen. Die Rückeroberung durch katholische Truppen

◄ Das Münster des Neusser Damenstiftes gehört zu den überragenden Bauleistungen rheinischer Spätromanik. Vom Vierungsturm aus wacht der hl. Quirinus über seine Stadt.

im Folgejahr löste einen Großbrand aus, dem die mittelalterliche Stadt zum Opfer fiel. 1597 stiftete die Äbtissin für die teilweise geretteten Reliquien einen neuen, wenn auch schlichten Schrein (heute Clemens-Sels-Museum). Erst 1900 wurde er im Zuge der Gesamtrestaurierung des Münsters durch einen neuromanischen Prachtschrein ersetzt.

In der Hoch-Zeit mittelalterlichen Pilgerwesens wurde 1478 an einem Pfeiler des Münsterlanghauses ein Jakobus-Altar gestiftet. Als Unterkunft der Pilger

▼ Das Innere des Neusser Quirinus-Münsters konnte dank seiner Emporen an den Wallfahrtstagen große Pilgermengen fassen.

entstand im frühen 15. Jh. ein neues Hospital, nachdem das alte Heilig-Geist-Hospital des Damenstiftes immer mehr unter städtische Verwaltung geraten war und sich daraufhin zum Alten- und Pflegeheim für Neusser Bürger entwickelte.

Auf dem kurzen Weg nach Köln bildete das Prämonstratenser-Chorherrenstift **Knechtsteden** eine willkommene Rast- und Verpflegungsstation. Um 1130 entstand es als eines der ältesten Klöster dieses 1121 von Norbert von Xanten in Prémontré bei Laon gegründeten Seelsorge-Ordens.

## FÜR EILIGE PILGER: ABKÜRZUNG DORTMUND–KÖLN

Wer von Dortmund aus nicht dem Hellweg weiter nach Westen folgen wollte, sondern direkt auf die Metropole Köln zustrebte, verließ die Hansestadt nach Süden. In Herdecke mit seinem seit karolingischer Zeit bestehenden Damenstift überquerten die Pilger die Ruhr und schlugen den Weg in Richtung **Gevelsberg** ein. Hier wurde 1225 der Kölner Erzbischof und Reichsverweser Engelbert I. von Berg aus politischen Gründen von seinem Neffen ermordet. Dieses unerhörte Ereignis brachte dem Opfer rasch den Ruf eines Märtyrers ein. Auch nach Übertragung der Gebeine in den Kölner Dom blieb der Tatort Wallfahrtsstätte. Eines der Klöster, die zur Sühne von der Tätersippe errichtet werden mussten, war Gevelsberg. Leider wurde die Kirche der Zisterzienserinnenabtei im frühen 19. Jh. abgerissen, sodass allein das Denkmal von 1925 die Erinnerung an dieses Ereignis festhält.

Von Gevelsberg aus bestand für die Pilger die Möglichkeit, nicht über Köln, sondern gleich über Aachen zu ziehen. Dazu mussten sie der alten Straßenverbindung von Wuppertal-Elberfeld über die Damenstifte Gräfrath und Gerresheim nach Düsseldorf (alle drei Orte mit großen Reliquienschätzen) folgen und hier dann den Rhein nach Neuss überqueren. Von dort zog die Strecke über Mönchengladbach, das ebenfalls mit bedeutenden Heiltümern aufwartete.

Die Hauptroute nach Köln führte von Gevelsberg hinein ins Bergische Land nach **Beyenburg**, heute ein

## Reliquien

Wer nach Santiago de Compostela zog, verehrte nicht erst am Ziel die Gebeine des hl. Jakobus, sondern versuchte im Sinne einer Heilsmaximierung möglichst viele himmlische Fürsprecher zu gewinnen. Daher besuchten Pilger schon unterwegs möglichst viele Heiligengräber auf ihrem langen Weg oder verehrten Reliquien, d. h. Gebeine von Heiligen oder Gegenstände und Textilien, die diese benutzt hatten. Dem mittelalterlichen Glauben nach waren die Heiligen aufgrund ihres Lebenswandels und ihrer Verdienste schon bei Gott. Mit ihren Gebeinen hier auf der Erde standen sie aber immer noch in direkter Verbindung. Daher gingen Gebete, die vor diesen Reliquien gesprochen wurden, wie bei einem Roten Telefon unmittelbar zu ihnen. Die Chance, erhört zu werden, erhöhte sich also beträchtlich. Da die gesamte Kraft des Heiligen auch im kleinsten Teil von ihm steckte, konnten Reliquien unbedenklich geteilt werden. Ihre Wirksamkeit verringerte sich dadurch nicht. Die meisten Heiltumsschätze bestanden daher aus einer immensen Zahl oft kleinster Partikel. Um als Wallfahrtsort attraktiv zu bleiben, wurden die Heiltumsschätze unter hohem Konkurrenzdruck bis ins späte Mittelalter immer mehr erweitert.

Stadtteil von Wuppertal, wo die Wallfahrer auf einer schon im 14. Jh. erwähnten Brücke die Wupper überqueren konnten. Zur Betreuung des Pilgerverkehrs übergaben die Grafen von Berg den Kreuzbrüdern aus Huy an der Maas 1298 ihren Herrenhof Steinhaus. Dort bestand wohl schon seit langem eine Herberge. Ende des 15. Jh. verlegten die Kreuzherren ihr Kloster auf einen nahen, im engen Bogen von der Wupper umflossenen Geländerücken. Dieser alte Kern von Beyenburg gehört mit seiner gotischen Kirche und den am Hang gestaffelten, verschieferten Fachwerkhäusern zu den reizvollsten Ortsbildern im Bergischen Land. Die der Pilgerheiligen Maria Magdalena geweihte Kirche ist ein hoher, einschiffiger Raum der Spätgotik. Innerhalb der barocken Ausstattung gehören die am Chorgestühl wieder verwendeten Figuren noch der Erbauungszeit der Kirche an.

Eine andere Variante des Weges führte von Herdecke nicht über Gevelsberg, sondern über die Hansestadt **Breckerfeld**, die schon durch ihre imposante Hügellage beeindruckte. Stahl- und Messerschmiede produzierten für den Fernhandel und brachten einigen Wohlstand hierher. Inmitten der Altstadt liegt die dem hl. Jakobus geweihte Pfarrkirche aus dem 14. Jh., heute evangelisch. Von großer Schönheit ist der um 1520 entstandene Schnitzaltar, der ursprünglich farbig gefasst war. Er zeigt im Schrein die Gottesmutter, begleitet von den Reise- und Pilgerpatronen Jakobus und Christophorus. Auch der Schlussstein im Vierungsgewölbe zeigt den Kirchen- und Stadtpatron. Vom Gewölbe hing einst ein Seil herunter, an das Santiago-Pilger nach glücklicher Heimkehr eine Hälfte ihres Erkennungszeichens, der Muschel, hefteten. 1845 konnte die wachsende katholische Gemeinde die barocke Kirche der Calvinisten übernehmen, die sie ebenfalls Jakobus weihte. Seit 1985 sprudelt im Ort ein Jakobus-Brunnen.

Beide Strecken trafen sich in der einstigen Tuchmacher- und Hansestadt **Lennep**. Inmitten der gut erhaltenen Altstadt erhebt sich die Jakobskirche. Ursprünglich dem hl. Nikolaus geweiht, erfolgte Anfang des 13. Jh. ein Patroziniumswechsel, der sicherlich durch das gestiegene Pilgeraufkommen auf dieser Strecke ausgelöst wurde. 1746 brannten Kirche und Altstadt ab. Nachfolgend entstand St. Jakob vollständig neu als evangelischer Predigtsaal. Im Ortskern erinnert allein noch die Pilgergasse an die einstige Funktion als Etappenziel auf dem Weg nach Santiago.

**Altenberg**, im wald- und wasserreichen Tal der Dhünn gelegen, ist heute beliebtes Ausflugsziel für das nahe Köln. Im Mittelalter wird es hier noch belebter zugegangen sein, da sich das Zisterzienserkloster zur reliquienreichsten Pilgeretappe dieses Fernhandelsweges entwickelte. Gründer war Graf Eberhard von Berg, der auf dem Rückweg seiner Wallfahrt nach Santiago im Zisterzienserkloster Morimond Station machte. Das strenge Leben des noch jungen benedik-

Die ab 1259 neu errichtete Kirche der Zisterzienserabtei Altenberg folgt deutlich dem Vorbild des nahen Kölner Domes.

tinischen Reformordens beeindruckte ihn derart, dass er dort eintrat. Morimond, eine der vier Hauptabteien des Ordens, war gerade bei deutschen Adeligen beliebt. Am bekanntesten ist wohl Otto, Halbbruder Kaiser Friedrich I. Barbarossas und späterer Bischof von Freising, der dort Mönch wurde. Von Morimond aus wurden auch die meisten Gründungskonvente in deutsche Zisterzienserklöster entsandt. 1133 übergaben die Grafen Eberhard und Adolf von Berg ihrem Bruder die alte Burg Berge oberhalb des Dhünntals zur Gründung eines Zisterzienserklosters, das zur Familiengrablege bestimmt wurde. Die alte Burganlage diente nur so lange als provisorische Unterkunft, bis die Klosterbauten entsprechend den Ordensgewohnheiten im Tal errichtet worden waren.

1259 begannen die Mönche mit der Errichtung einer neuen Abteikirche anstelle eines romanischen Vorgängerbaus. Die Altenberger Abteikirche, die vereinfachend in den Formen der französischen Kathe-

dralgotik Kölner Prägung erbaut wurde, gehört mit ihren großartigen Glasmalereien und Gräbern der Grafen und Herzöge von Berg zu den bedeutendsten deutschen Sakralbauten der Gotik. Die mittelalterlichen Pilger waren nicht nur von der Erhabenheit dieser Mönchskathedrale beeindruckt, sondern vor allem vom fast überquellenden Reliquienreichtum. Auf den 26 Altären der Kirche waren Hunderte von Schädeln und Gebeinen aus der Schar der Elftausend Jungfrauen ausgestellt! Der große Kölner Stadthof der Abtei befand sich noch auf dem römischen Gräberfeld im Norden der Stadt, wo in der zweiten Hälfte des 12. Jh. ausgehend vom Damenstift St. Ursula Tausende von Skeletten der angeblichen Märtyrerinnen geborgen wurden. Daher konnten auch die Altenberger Mönche einen gewaltigen Reliquienschatz heben, der gleichsam zu ihren Füßen lag. Cäsarius von Heisterbach, der große Wunder-Berichterstatter des Ordens im frühen 13. Jh., überliefert auch das Unbehagen der Altenberger Mönche, ob nicht doch Gebeine normaler Sterblicher zwischen die Märtyrerinnen geraten sein könnten. Auf Abt Goswins Gebet hin stießen auf wunderbare Weise die heiligen Knochen ein unwürdiges Gebein von selbst aus ihrer Mitte.

Die Mönche konnten nicht alle Knochen kostbar fassen, sondern verwahrten diese in Sammelbehältern im Chor. Die Zisterzienserabtei konnte daher auch ihre Tochtergründungen Marienthal bei Helmstedt, Zinna, Haina und die beiden polnischen Klöster Lekno und Lond großzügig mit Heiltümern versorgen. Jungfrauen-Knochen waren im ganzen Land heiß begehrt, sodass Altenberg diese als Tauschobjekte gegen andere Reliquien einsetzen konnte. Dadurch verschaffte es sich einen ganzen Heiligenhimmel, darunter natürlich auch mehrere Partikel des hl. Jakobus. 1302 stiftete Abt Heinrich III. eine vergoldete Schautafel mit 80 Partikeln, die in Art einer Allerheiligen-Litanei angeordnet war. Für sie und die vielen Altäre erlangte Altenberg reiche Ablässe, die den Pilgern gewährt werden konnten. Anscheinend war das Kloster im späten 15. Jh. auch am skandalösen Verkauf vieler Reliquien in die Niederlande beteiligt, der von mehreren rheinischen Abteien betrieben wurde. 1489 verbot das Generalkapitel des Zisterzienserordens Altenberg die weitere Abgabe von Reliquien. Beim Verlassen der Kirche glühte über den Pilgern ein goldener Heiligenhimmel in den Glasmalereien der vollständig als Fenster geöffneten Westwand auf. Ende des 14. Jh. entstand das monumentale Westfenster als repräsentative Stiftung der gerade in den Herzogsrang aufgestiegenen Grafen von Berg. Es gehört zu den größten und schönsten mittelalterlichen Glasfenstern Deutschlands. Den Pilgern stand es lockend als glanzvolle Verherrlichung des himmlischen Jerusalem vor Augen, Endziel des als ewige Pilgerschaft gedeuteten Erdenlebens.

Durch den Reliquienschatz seelisch und das Gästehaus der Abtei körperlich gestärkt zogen die Jakobspilger über Odenthal nach **Dünnwald** mit

In der Schatzkammer von Neu-St.-Heribert in Köln-Deutz werden bedeutende Reste des Schatzes der ehemaligen Benediktinerabtei verwahrt, darunter der Stab des hl. Heribert.

seinem Prämonstratenser-Chorfrauenstift. Über Mühlheim erreichten die Wallfahrer **Deutz**, das unmittelbar der Altstadt von Köln mit ihrer imposanten Silhouette gegenüberliegt. In den Ruinen des unter Kaiser Konstantin dem Großen errichteten spätrömischen Brückenkastells stiftete der Kölner Erzbischof Heribert 1002/03 aufgrund eines gemeinsamen Gelübdes mit Kaiser Otto III. eine Benediktinerabtei. Nach dem Tod Heriberts 1021 wurde seine Grabstätte in Deutz bald von Pilgern verehrt.

1147 ließen die Mönche seine Gebeine erheben und unmittelbar mit der Herstellung eines kostbaren Schreins beginnen. Heute ist er in der neuromanischen Kirche Neu-St.-Heribert aufgestellt und gehört zu den schönsten rheinisch-maasländischen Schreinen überhaupt. Besonders die ungewöhnliche Fülle wunderbarer Emaillearbeiten am vergoldeten Schrein wird sicherlich auch die Schaufreude mittelalterlicher Pilger in Entzücken versetzt haben. Die moderne Schatzkammer in Neu-St.-Heribert bewahrt als Erbe der 1802 aufgelösten Abtei unter anderem Messgewand, Stab und Schale des Heiligen, die aufgrund ihrer Verehrung als Berührungsreliquien erhalten blieben. Vor dem Übersetzen auf die Kölner Rheinseite konnten die Pilger im Klosterhospital übernachten.

Im Rom des Nordens

# KÖLN – ZENTRUM DEUTSCHEN RELIQUIENKULTES

Köln, in der Römerzeit Hauptstadt der Provinz Niedergermanien, entwickelte sich ohne größere Brüche zur bedeutendsten hochmittelalterlichen Handelsstadt in Deutschland. Das Stapelrecht, das alle Rheinschiffe zwang, auf der Durchreise in Köln ihre Waren anzubieten, sicherte einen erstaunlichen Reichtum. Im Fernhandel besaß die Stadt für den Englandhandel größte Bedeutung, da die Koggen rheinaufwärts bis Köln fahren konnten. Zudem war sie ein wichtiges Mitglied der Hanse. Der Bau der gewaltigen Stadtmauer Ende des 12. Jh. markiert das Selbstbewusst-

sein der reichen Bürger, denen es in der Schlacht von Worringen 1288 endgültig gelang, den erzbischöflichen Stadtherrn abzuschütteln.

Wohlstand und Bedeutung Kölns zeigten sich in einer erstaunlich hohen Zahl an Stifts-, Kloster- und Pfarrkirchen sowie Kapellen. Nach der Auflösung und Enteignung aller geistlichen Gemeinschaften durch die Säkularisation 1803 künden allein noch die zwölf großen romanischen Kirchen von der mittelalterlichen Glanzzeit. Sie alle umringen die Kathedrale im Herzen der Stadt, die nicht nur für die heutigen

LIX AGRIPPINA NOBILIS ROMANORVM COLONIA

Der Holzschnitt von Anton Woensam (1531) zeigt die prachtvolle Kölner Rheinfront mit den darüber schwebenden Stadtheiligen.

Touristenströme, sondern auch für den mittelalterlichen Jakobspilger der erste Anlaufpunkt war. Auch wenn der 1248 begonnene gotische Riesenbau, der in seiner Perfektion die Vorbilder der französischen Kathedralen von Amiens und Beauvais noch übertreffen wollte, seit dem frühen 16. Jh. halb vollendet liegen blieb, war die gesamte Fläche provisorisch unter Dach und kirchlich nutzbar. Erst der Weiterbau auf Initiative der neuen preußischen Landesherrn 1842–1880 brachte die Vollendung, nun allerdings im Sinne eines deutschen Nationaldenkmals. Der Chor war als einziger Bauteil bis zur Weihe 1322 vollständig vollendet und überragte wirkungsvoll die Stadt.

## POLITIK MIT KNOCHEN

1164 brachte Erzbischof Rainald von Dassel die Gebeine der Heiligen Drei Könige als Kriegsbeute von Mailand nach Köln, nachdem er als Kanzler von Italien am siegreichen Feldzug Kaiser Friedrich I. Barbarossas gegen die aufständischen norditalienischen Städte teilgenommen hatte. Rainald verfolgte mit dem neu installierten Heiligenkult ganz handfeste Zwecke. Für ihn war dieser ein wirkungsvolles Propagandamittel im Kampf Barbarossas gegen den päpstlichen Machtanspruch. Denn so wie die Heiligen Drei Könige ja von Christus selbst eingesetzt worden waren, indem er ihre Geschenke annahm, so sollte mit

dem neuen Kult deutlich gemacht werden, dass auch der deutsche Kaiser direkt von Gott bestimmt ist und daher über dem Papst steht. Mit dem Besitz dieser kostbaren Gebeine untermauerte Rainald von Dassel zudem auch den Anspruch des Kölner Erzbischofs auf das Krönungsrecht in Aachen, das ihm der Mainzer Amts-„bruder" strittig machte. Nach seiner Krönung zog der neue Herrscher zuerst nach Köln, um die Heiligen Drei Könige als erste christliche Herrscher und Vorbilder zu verehren und ihnen Gaben darzubringen. Dass sie nur im Matthäus-Evangelium und dort zudem als Magier erwähnt werden, trat zugunsten einer äußerst fantasievoll ausgeschmückten Legende zurück.

Köln wurde als Pilgerstadt durch die kostbaren Gebeine enorm aufgewertet. Den weitesten Weg legten wohl die Ungarnpilger zurück, die jahrhundertelang in großer Zahl hierher, nach Aachen und oft anschließend nach Santiago wallfahrten. Als exotische Gruppe erregten sie auch in der Weltstadt Köln Aufsehen, zumal mit ihnen meist ein Tross aus Musikern und Gauklern mit Tanzbären zog. Erst durch das Verbot der Fernwallfahrten unter Kaiser Joseph II. endete im späten 18. Jh. diese beeindruckende Tradition. Der Stellenwert, den die Heiligen Drei Könige innerhalb Kölns einnahmen, zeigt sich am anschaulichsten im Wappen der Stadt, das seit dem Mittelalter mit ihren drei Kronen geziert ist. Für Jakobspilger

Bis heute ist die Kölner Rheinfront die Schokoladenseite der Stadt geblieben. Inmitten der modernen Großstadt ragt als Mittelpunkt der 1248 begonnene gotische Dom auf.

► Stirnseite des spät-
romanischen Dreikö-
nigeschreins im Kölner
Dom. Der Mittelteil
kann abgenommen
werden, damit Pilger
die drei gekrönten
Schädel der Heiligen
Drei Könige sehen
konnten.

war die Verehrung dieser Gebeine schon deshalb von besonderer Wichtigkeit, da die Drei Könige als erste Wallfahrer überhaupt galten und somit zu den Pilgerpatronen schlechthin avancierten.

## VERPACKUNG MIT SYMBOLGEHALT

Im Mittelalter stand der Dreikönigeschrein nicht wie heute entrückt hinter dem Hochaltar, sondern in Augenhöhe in der Scheitelkapelle des Chorumgangs. Dort sahen die Pilger hinter einem geöffneten Gitter die aus purem Gold getriebene Stirnseite mit der Hauptszene der Anbetung. Sicher ist auch den mittelalterlichen Wallfahrern schon aufgefallen, dass sich den Drei Königen ein vierter Herrscher anschließt. Hier ließ sich um 1200 der Welfe Otto IV. nicht nur als Stifter der goldenen Stirnseite zum ewigen Angedenken darstellen, sondern untermauerte so auch auf elegante Weise seinen damaligen Thronanspruch als Gegenkönig zu Philipp von Schwaben, wobei ihn der Kölner Erzbischof unterstützte. Die Pracht dieses Hauptwerkes mittelalterlicher Goldschmiedekunst, das mit bunten Emailles, Edelsteinen und Gemmen überzogen ist, war nicht Selbstzweck, sondern Abbild der Himmelsstadt.

Der zwischen 1180 und 1230 hergestellte Dreikönigeschrein ist der größte unter den zahlreichen prachtvollen Schreinen der Rhein-Maas-Region. Die Hausform symbolisiert die Bundeslade des Alten Testaments und das Zelt Gottes unter den Menschen, da die Heiligen als Bewohner der Himmelsstadt die alte Verheißung erfüllen. Der Eichenholzkern, der die in kostbare Seidenstoffe gehüllten Gebeine birgt, ist vollständig mit vergoldetem Kupferblech überzogen. Der Schrein war nicht nur als wichtigstes Ausstattungsstück der Kathedrale strahlender Mittelpunkt des Kirchenraums, sondern führte in Notzeiten die Spitze einer Bittprozession durch die Stadt an. Hierbei begleiteten ihn alle goldglänzenden Schreine Kölns, um Gott durch die in ihnen ruhenden Heiligen barmherzig zu stimmen.

Ein Teil der Stirnseite des Dreikönigeschreins wurde mehrmals die Woche abgenommen, sodass die Pilger die drei gekrönten Schädel der Könige sehen konnten (heute nur noch am 6. Januar). Domherren bzw. Küster nahmen von den Wallfahrern Rosenkränze, Tüchlein oder Bildchen entgegen, die sie mit einer silbernen Zange an die Häupter hielten, damit die Kraft der Heiligen sich auf den Gegenstand übertrug. Mit diesem „Reiseschutz" versehen zogen die Pilger weiter. Die Santiagopilger werden sicherlich ihren Patron in der Jakobuskapelle verehrt haben, der zweiten Kapelle im nördlichen Chorumgang (heute Maternuskapelle). Dort erinnert noch das Glasfenster aus dem frühen 14. Jh. mit der Darstellung seiner Missionstätigkeit, Verurteilung und Hinrichtung an das einstige Patrozinium. Auch der spätgotische Altar, der sich heute in der Kapelle befindet, zeigt oben auf dem rechten Flügel Jakobus. Hier an dieser Kapelle hatte sich 1406 eine exklusive Jakobus-Bruderschaft gebildet, die nur Männer der städtischen Oberschicht aufnahm, die eine Wallfahrt nach Santiago durchgeführt hatten. Die Bruderschaft diente allein der Jakobus-Verehrung, dessen Fest mit einem besonderen Gottesdienst und einem gemeinsamen Mahl begangen wurde. Schon 1535 löste sie sich allerdings aufgrund fehlender Mitglieder auf, nachdem sie zuvor eine stattliche Anhängerzahl erreicht hatte. Ihr Verschwinden ist ein deutliches Zeichen für den Niedergang der Santiago-Wallfahrt der Kölner im Laufe des 16. Jh.

## DOM-SCHÄTZE

Die immer noch eindrucksvollen Reste des einst reichen Schatzes der Kathedrale werden heute im gotischen Keller der früheren Sakristei dem Besucher präsentiert. Vor dem Eintreffen der Dreikönigegebeine waren Teile von Stab und Ketten Petri die wichtigsten Reliquien des Kölner Doms, der dem Apostelfürsten geweiht ist. Beide Stücke wurden mit einer wunderbaren Begebenheit in Zusammenhang gebracht: Die Ketten sprengte ein Engel, um den in Rom eingekerkerten Petrus zu befreien. Seinen Stab übergab Petrus der Legende nach den ersten Bischöfen von Trier, Eucharius und Valerius, damit diese mit ihm ihren Begleiter Maternus, den ersten Bischof von Köln, wieder zum Leben erwecken sollten. Um den Stab, der später von Trier nach Köln gebracht worden war, entstand ein typischer Reliquien-Streit, der salomonisch durch Teilung gelöst werden konnte. Um den halben Verlust wettzumachen, ließ der Trierer Erzbischof seine Hälfte prachtvoller verpacken.

Der Reliquienschatz wurde zu besonderen Festtagen auf dem Hochaltar zur Verehrung ausgestellt.

Nachdem sich der Sieben-Jahres-Turnus in Aachen bewährt hatte und riesige Menschenmassen anzog, schloss sich das Kölner Domstift diesem Zyklus an und präsentierte seine Reliquien vor Tausenden von Gläubigen am Peter-und-Pauls-Tag, dem Patronatsfest der Kathedrale, auf einem eigens errichteten hölzernen Heiltumsstuhl, der auf dem Domhof südlich der Kathedrale aufgestellt wurde. Immer zugänglich war für den Pilger neben dem Dreikönigeschrein das um 970 entstandene Gero-Kreuz, die älteste erhaltene vollplastische Darstellung des Gekreuzigten. Es enthielt Reliquien, war damit Gegenstand der Verehrung und galt als wundertätig. Die Legende überliefert, dass Erzbischof Gero einen Riss im Kreuz durch eine Hostie heilte und dass es mit der Rom-Pilgerin Irmgard von Süchteln sprach, die im Chorumgang beigesetzt und als Heilige verehrt wurde.

### KÖLNER JAKOBSKIRCHEN

Als wichtige nordeuropäische Station auf dem Weg nach Santiago besaß Köln recht früh eine dem hl. Jakobus geweihte Kirche. Erzbischof Anno II. von Köln (1056–1075), Machtmensch, Klostergründer und Reliquiensammler, weihte sie 1071 als Pfarrkirche neben dem von ihm gegründeten Stift St. Georg ein. 1534–1548 erfuhr das Gotteshaus einen spätgotischen Neubau und erhielt als nun fünfschiffiger Raum mit zwölf Altären eine reiche Ausstattung. Leider wurde die Jakobuskirche nach der Säkularisation geschlossen und 1825 auf Abbruch versteigert. Die Kirche lag unmittelbar vor dem Südtor der römischen Stadtmauer an der rheinaufwärts führenden Straße nach Bonn. Das Stift betreute ein Hospiz, das im Mittelalter den Namen des hl. Jakobus bekam. Hier lag auch der Waidmarkt, auf dem die namensgebende Färbepflanze gehandelt wurde. Daher schlossen sich die wohlhabenden Waidhändler Anfang des 14. Jh. als Zunft zu einer Jakobus-Bruderschaft zusammen, die aber in keinem Zusammenhang mit dem Pilgerverkehr steht, sondern neben dem genossenschaftlichen Totengedenken ihrer Mitglieder vor allem der Organisation des Handelsgeschehens diente.

Ende des 15. Jh. erhielt Köln eine zweite Jakobskirche. Zu dieser Zeit entstand aus dem Zusammenschluss dreier Beginenkonvente das Augustinerinnenkloster St. Jakob, gelegen an der Straße „Auf der

Burgmauer" westlich des Domes. Die sich einbürgernde Kurzbezeichnung „Zum Lämmchen" bezog sich auf das Gleichnis des verlorenen Schafes, da sich das Kloster auch der Bekehrung von Prostituierten widmete. 1502 errichteten die Nonnen mithilfe des Kölner Patriziers Johann Rinck die dem hl. Jakobus geweihte Kirche. 1715 fand die Einweihung eines barocken Neubaus statt, 1805 vernichtete ein Brand die nach der Säkularisation leer stehenden Gebäude.

## IRDISCH' BROT FÜR GOTTESLOHN

Köln besaß entsprechend seiner Bedeutung zahlreiche Unterkunftsmöglichkeiten für die großen Pilgerströme. Die ältesten Spitäler unterhielten das Domstift, St. Andreas und St. Maria im Kapitol (Jodokuskapelle). Im Spätmittelalter wandelten sich diese Einrichtungen durch Aufnahme von Pfründnern immer mehr zu Altersheimen, weshalb es verstärkt zu bürgerlichen Stiftungen von Pilgerheimen kam. Wichtigste Pilgerherberge war das Hospital zum Ipperwald, das im frühen 14. Jh. als Stiftung des Patriziers Albrecht von Zelle entstand. Vor 1216 wurde etwas südlich der Pfarrkirche St. Jakob das Katharinenhospital gegründet, das auf die Pflege kranker Pilger ausgerichtet war. Deshalb war dem Hospital ein Fremden- und Pilgerfriedhof angeschlossen. Noch heute steht hier die Friedhofskapelle St. Gregor aus dem späten 18. Jh.

## ELFTAUSEND JUNGFRAUEN

Die große Anziehungskraft des „Heiligen Köln" innerhalb des europäischen Pilgerverkehrs beruhte auf seinem immensen Reliquienreichtum, der nur noch mit Rom zu vergleichen war. Denn Legendenbildung und frühe Archäologie gingen hier eine einzigartige Verbindung ein. Nach den Drei Königen ist die hl. Ursula mit ihren 11 000 jungfräulichen Märtyrerinnen die bedeutendste Kölner Heilige gewesen. Ihre Kirche, die seit dem 10. Jh. Sitz eines vornehmen Damenstiftes war, wird erstmals in der noch heute im Chor eingemauerten spätrömischen Inschrift genannt. Demnach ließ Clematius um 400 an dem Ort, wo Jungfrauen um Christi Willen ihr Blut vergossen hatten, eine Kirche neu errichten. Nach den Zerstörungen des Zweiten Weltkriegs wurde nicht nur dieser

Köln, „Goldene Kammer" in St. Ursula. Die Wände sind mit Gebeinen, die Schrankfächer mit Schädeln der Elftausend Jungfrauen gefüllt.

Urbau nachgewiesen, sondern auch ein späteres Fundament mit elf kleinen Grabnischen für die Reliquien der Märtyrerinnen. Aus ursprünglich elf entwickelte sich vermutlich wegen eines Lesefehlers die auch für mittelalterliche Heiligenlegenden unglaubliche Anzahl von 11 000 Märtyrerinnen. Da sich die Kirche inmitten des großen römischen Nordfriedhofs erhebt, wurden bei Baumaßnahmen immer wieder Gebeine gefunden, die man denen der Märtyrerinnen zurechnete. Als die Stadt zu Beginn des 12. Jh. erstmals die nördliche Vorstadt ummauern ließ, fanden die Arbeiter gleich Hunderte von Bestattungen. Besonders die Benediktinerabtei Deutz machte sich um die Ausgrabung der Reliquien verdient. Den Widerspruch, dass auch Gebeine von Männern und Kindern auftauchten, löste man in Köln mit göttlicher Hilfe. Eine Frau mit seherischen Gaben, die Benediktinerin Elisabeth von Schönau (Taunus), erfuhr in Visionen die Namen des Bräutigams der hl. Ursula, verschiedener Bischöfe und eines Papstes sowie weiterer Verwandter als Begleitpersonal.

Die Stiftsdamen konnten aufgrund der immensen Reliquienfülle äußerst großzügig mit ihrem Schatz umgehen und vollständige Gebeine über ganz Euro-

An das alte Patrozinium der einstigen Jakobus-Kapelle im Umgangschor des Kölner Domes erinnert das gotische Fenster aus dem frühen 14. Jh. Es zeigt Mission, Verurteilung und Hinrichtung des hl. Jakobus.

pa verschenken. Dies führte dazu, dass sich Kölns Ruhm als einzigartiges Pilgerziel rasch international verbreitete. Eine beeindruckende Vorstellung des Reliquienreichtums des Ursula-Stiftes liefert der Besuch der „Goldenen Kammer", die in ihrer heutigen Form 1643 als Schatzkammer an die Kirche angebaut wurde. Gewölbe und obere Wände sind vollständig mit Knochen bedeckt, die sortiert und in Mustern mit Schriftzügen verlegt sind. Die Wandregale enthalten bei näherem Hinsehen in kleinen Fächern in Stoff gefasste Schädel der Märtyrerinnen. Hier stehen auch die typischen Büstenreliquiare in Gestalt lächelnder Jungfrauen, die sich in vielen kirchlichen Schatzkammern nicht nur Kölns finden. Die Kirche selbst war im Mittelalter ein einziges großes Reliquiar. Die Massen an Knochen wurden in Sarkophagen oder Wandschränken in der Kirche gelagert. Der gotische Chor, der im späten 13. Jh. von der Kölner Dombauhütte an die romanische Kirche angefügt wurde, zeigt symbolisch elf Fenster, die einst Darstellungen der Heiligen trugen. Unterhalb der Fenster sind vergitterte Nischen eingelassen, die Reliquien enthielten, sodass der Chor gleichsam die Himmelsstadt mit ihren Bewohnerinnen symbolisierte. Noch original vorhanden ist der gotische Hochaltar, der ein frühes Steinretabel mit der Darstellung der Jungfrauenschar zeigt. Hinter dem Altar tragen Säulen eine Platte. Gesichert mit einer Eisenkette standen

hier einst drei prachtvolle Schreine der hl. Ursula, ihres Bräutigams Aetherius und des hl. Hippolytus. So konnten die Gläubigen unter den Schreinen ehrfurchtsvoll durchgehen und am Heil der Heiligen teilhaftig werden, das der mittelalterlichen Vorstellung nach von oben auf sie herabströmte. Diese Art der Schreinaufstellung war ehemals weit verbreitet, hat sich aber selten so gut wie in St. Ursula erhalten.

Auch für Jakobspilger war der Besuch der Ursulakirche sicherlich ein Muss. Denn sie hat ihr Martyrium durch die Hunnen auf dem Rückweg von einer Pilgerfahrt nach Rom vor den Toren Kölns erlitten. Die fantasievoll ausgeschmückte Legende der britannischen Königstochter, die sich eine Romreise mit elftausend Gefährtinnen erbittet, um ihre Verheiratung zu verzögern, findet sich in Comic-Manier auf einem umfangreichen Bildzyklus in der Kirche abgebildet. Die dargestellte Pilgerfahrt auf einem Schiff, mit dem sie von England bis Basel reiste, entsprach sicherlich auch der mittelalterlichen Realität, da der Rhein im Pilgerverkehr eine bedeutende Rolle spielte.

## MÄRTYRER-LEGION

Rasch erreichten die Pilger von hier die nicht allzu weit entfernte zweite große Kölner Reliquienstätte,

▼ Kurz vor der Mitte des 15. Jh. entstand durch den Maler Stefan Lochner der Altar der Stadtpatrone als berühmtestes Werk Altkölner Malerei.

die Stiftskirche St. Gereon. Der Legende nach entstand sie über der Grabstätte von römischen Märtyrern der Thebäischen Legion mit ihren Anführern Gereon und Gregorus Maurus. Schon Gregor von Tours erwähnte Ende des 6. Jh. diese Kirche, die aufgrund ihres Mosaikschmucks zu den Goldenen Heiligen genannt wurde. St. Gereon zählt zu den bedeutendsten mittelalterlichen Kirchenbauten nördlich der Alpen. Der Gemeinderaum bewahrt im Erdgeschoss einen großen spätrömischen Ovalbau mit halbrunden Nischen, der wohl in der zweiten Hälfte des 4. Jh. als Memorialbau entstand. Ihm fügte Erzbischof Anno II. kurz nach der Mitte des 11. Jh. einen Langchor an, der einhundert Jahre später seine prachtvolle Apsis mit den beiden

großen Türmen erhielt. Die Stiftsherren ließen 1219–1227 die römischen Mauern zu einem gewaltigen zehneckigen Zentralbau in spätromanischen Formen ausbauen, der schon durch einige Elemente der französischen Gotik bereichert ist.

Im Mittelalter war das Wissen um die genaue Lage der verehrten Gräber abhanden gekommen, was zwei spektakuläre Ausgrabungskampagnen zur Folge hatte: Die erste startete Erzbischof Anno II. kurz nach der Mitte des 11. Jh., da ihm der hl. Gregorius Maurus mit seinen Gefährten im Traum erschienen war. Sie saßen über den Kirchenfürsten zu Gericht, weil sie sich in ihrer Verehrung stark vernachlässigt fühlten, und verprügelten Anno. Der Erzbischof woll-

▲ Köln, St. Gereon. Mittelalterliche Pilger besuchten die Kirche wegen der hier aufbewahrten Reliquien von Märtyrern der Thebäischen Legion.

## Römerfahrt

Die Attraktivität des Rheinlands als größte europäische Wallfahrtslandschaft wurde im Spätmittelalter noch gesteigert durch die Einrichtung der so genannten Römerfahrt. So wie der Besuch der sieben stadtrömischen Hauptkirchen einen besonderen Ablass brachte, so konnte dieser nun auch durch den Besuch sieben rheinischer Pilgerstätten erlangt werden. Der weite Weg nach Rom entfiel, aber der zu erwerbende Gnadenschatz blieb gleich; eine Rechnung, die dem auch auf das Seelenheil ausgerichteten Effektivitätsdenken des mittelalterlichen Menschen entgegenkam. Stationen waren Aachen, Köln, Trier, Gräfrath, Düsseldorf, Mönchengladbach und das Prämonstratenserinnen-Chorfrauenstift Schillingskapellen mit seinem Mariengnadenbild. Der Kanon der zu besuchenden Wallfahrtsorte ließ sich auch durch Maastricht, Tongern und Susteren erweitern. Besonders in den Jahren der Aachener Heiltumsfahrt profitierten diese Stätten von den großen Pilgermassen, die nun auch zu ihnen kamen.

In Köln bildete sich im Mittelalter die Tradition einer innerstädtischen Römerfahrt heraus. Ausgehend vom Dom zogen am Palmsonntag und in der Karwoche Prozessionen nach St. Maria im Kapitol, St. Severin, St. Pantaleon, St. Aposteln, St. Gereon und St. Kunibert.

te Schlimmeres vermeiden und ließ in der Kirche nach den Heiligen suchen, die schließlich in einer Seitenkapelle gefunden wurden. 1121 besuchte der hl. Norbert von Xanten, Gründer des Prämonstratenserordens, die Kirche und bat um Reliquien des hl. Gereon. Die Stiftsherren mussten passen, da sie sein Grab nicht kannten. Auch Norbert ließ zum Spaten greifen und den Kirchenboden öffnen. Schon bald stießen die Ausgräber auf Sarkophage. Das Skelett mit den prächtigsten Gewandresten wurde zum hl. Gereon erklärt. Der Fund erregte in der Kölner Bevölkerung großes Aufsehen. Man befürchtete, dass Norbert die Gebeine entführen wollte, sodass es zu einem großen Tumult kam. Schließlich entschied man sich, den Erzbischof, der einige Zeit später nach Köln zurückkehren sollte, die Entscheidung treffen zu lassen, und der Sarkophag wurde wieder verschlossen. Als man ihn erneut öffnete, waren die Knochen zu Staub zerfallen. Die Reste wurden in drei Sarkophagen in der Confessio aufgestellt, einem Gewölbe zwischen Krypta und Kirchenraum. Was bei diesen beiden archäologischen Grabungen eigentlich gefunden wurde, waren wohl die Bestattungen fränkischer Könige bzw. Hochadeliger, da St. Gereon während der Zeit, als Köln im 6. und 7. Jh. Residenz war, als deren Hauptkirche galt.

Bei den umfangreichen mittelalterlichen Baumaßnahmen fanden Arbeiter eine Vielzahl von Skeletten, da sich hier in römischer Zeit ein größerer Friedhof befand. Wie bei St. Ursula wurde alles zu Gebeinen der heiligen Märtyer erklärt. So konnte auch das Gereonstift mit einer Überfülle kostbarer Reliquien prunken. Bis zu den Zerstörungen des Zweiten Weltkriegs erweckte das Innere der Kirche den Eindruck eines riesigen steinernen Reliquiars. Denn unter den Emporen des Zentralbaus und an den Wänden des Langchors hingen in kunstvoll gestalteten gotischen und barocken Wandschränken Hunderte von Schädeln, sorgsam in kleine Fächer geordnet und in teure Stoffe verpackt. Diese Inszenierung des „Kölner Heils" verfehlte bei den reliquiengläubigen Pilgern sicherlich nicht seine Wirkung. Solche überwältigenden Eindrücke wie in St. Ursula und St. Gereon konnten auf dem weiten Weg nach Santiago kein zweites Mal erlebt werden!

Auch die anderen Stifts- und Klosterkirchen der Stadt besaßen kostbare Schreine für ihre wichtigsten Heiligen und unzählige kleinere Behältnisse für weitere Partikel. 1492 erschien für Köln ein Ablass- und Heiltumsbüchlein, das dem Pilger einen Überblick verschaffte, wo welche Reliquien zu finden und wann welche Ablässe zu gewinnen waren. Mit zahlreichen Schreinprozessionen und Festtagen wurde das Heiltum der Stadt immer wieder feierlich inszeniert und in das allgemeine Bewusstsein gebracht, dass Köln neben Rom *die* Heilige Stadt war.

# VON KÖLN NACH AACHEN

Durch das Hahnentor verließen die Jakobspilger Köln und folgten der Aachener Straße, deren kerzengerader Verlauf noch an die zum Atlantik führende römische Fernstraße erinnert.

##  BRAUWEILER

Im Westen künden die Türme der Klosterkirche St. Medardus und Nikolaus in Brauweiler eine bedeu-

tende Kultstätte vor den Toren Kölns an. Die Benediktinerabtei entstand 1024 als Hauskloster der lothringischen Pfalzgrafen, die zu diesem Zeitpunkt den Gipfel ihrer Macht erlangt hatten. Denn Pfalzgraf Erenfried, genannt Ezzo, erhielt um 992 die Hand Mathildes, der Tochter Kaiser Ottos II. und der byzantinischen Prinzessin Theophanu.

Brauweiler war eine der ältesten und bedeutendsten Verehrungsstätten des Pilger- und Reisepatrons Nikolaus. Die Abtei besaß von seinen Gebeinen einen Finger, Arm und Zahn sowie Berührungsreliquien.

◄ Der Chor der Abteikirche Brauweiler besitzt einen Anbau für seinen Reliquienschatz. Das Erdgeschoss ist offen, damit die Pilger in Verehrung immer unter ihm durchgehen konnten.

Christi eingearbeitet ist. Die Reliquie kann eigentlich nur durch die Kaisertochter Mathilde hierher gelangt sein. Um Zweifel an der Echtheit des Lanzen-Partikels zu zerstreuen, nahm ihn im 15. Jh. ein Kölner Erzbischof eigens nach Nürnberg mit, wo damals die Reichskleinodien verwahrt wurden, und stellte fest, dass der in Brauweiler verwahrte Teil dort tatsächlich fehlt. Auch Kaiser Maximilian I., dem 1505 bei seinem Besuch im Kloster die Reliquien gezeigt wurden, bestätigte dies. Daher wurde der Eisensplitter in einem lanzenförmigen Reliquiar aus Silber gefasst. Am Kirchenfest der hl. Lanze, das ein großer Feiertag in Brauweiler war, tauchte der Abt die Reliquie in frisches Wasser und teilte es danach als Heilmittel an den Konvent und die Gläubigen aus.

Ein weiteres Hauptstück des Schatzes war der Arm des hl. Martin, womit Brauweiler auch von diesem Hauptheiligen einen bedeutenden Teil besaß. Daneben nennen Verzeichnisse eine Fülle weiterer Partikel von Heiligen fast aller wichtigen Wallfahrtsstätten der näheren und weiteren Umgebung. 1338 verlegten die Mönche das Kirchweihfest, an dem zweimal feierlich die Reliquien vorgezeigt wurden, auf den Sonntag vor dem 17. Juli, ein Versuch der Ab-

Am Vierungspfeiler der Klosterkirche befindet sich seine Holzfigur aus dem späten 12. Jh., eine der ältesten Darstellungen des Heiligen. In seinem Thron bewahrten die Mönche zeitweise die Reliquien auf. Dadurch wurde das Bildwerk für den mittelalterlichen Gläubigen verlebendigt, und der Segensgestus der Nikolausfigur erhielt eine ganz reale Bedeutung. Die Verehrung dieses eigentlich oströmischen Heiligen wurde von Kaiserin Theophanu stark gefördert. Vielleicht war sie es, von der ihre Tochter Mathilde diese Reliquien erhielt. Heute wird der Finger im modernen Volksaltar aufbewahrt. Eine Holzschale, die in der modernen Schatzkammer gezeigt wird, gehört zwar erst dem 12. Jh. an, galt aber als Besitz des Heiligen. In der Vorhalle der Kirche thront über dem romanischen Portal eine über zwei Meter hohe Nikolausfigur, die im Mittelalter Teil des Hochaltars war und unter ihrer Mitra Reliquien enthielt. Nikolaus wurde nicht nur von durchziehenden Pilgern verehrt, die hier massenhaft Ketten als Zeichen ihrer Befreiung aus schwerer Not aufhängten, sondern auch von den umliegenden Dörfern. Aus über 80 Orten zogen in der Woche nach Ostern Prozessionen nach Brauweiler.

Bei ihrer Pilgerfahrt nach Rom erhielten Ezzo und Mathilde vom Papst Passions- und Marienreliquien geschenkt, die den Gläubigen in einem kostbaren Kreuz gezeigt wurden. Heute ist nur noch eine weitere Kostbarkeit des Heiltumsschatzes vorhanden, ein Stück der hl. Lanze. Diese ist ein wichtiger Teil der deutschen Reichskleinodien, da in ihr ein Kreuznagel

► Brauweiler war ein Zentrum mittelalterlicher Nikolaus-Verehrung. Zu den ältesten Darstellungen dieses Heiligen gehört die in der Vierung befindliche Figur des 12. Jh.

tei, die unmittelbar vorbeiziehenden Aachen-Pilger samt ihren Gaben in die Kirche zu ziehen.

Zur Reliquienverehrung außerhalb der Wallfahrtstage wurde beim Neubau des Chores im frühen 13. Jh. hinter dem Hochaltar eine nach Osten vorgerückte, doppelgeschossige Kapelle errichtet. Die Pilger konnten so durch das offene Erdgeschoss die darüber verwahrten Heiltümer verehren, deren Kraft auf sie herabströmte. Ursprünglich befand sich in der Kapelle als Reliquienbehältnis ein Johannesaltar, an dessen Vorgänger schon 1147 der hl. Bernhard von Clairvaux zelebriert hatte. Der Kirchenschatz enthält als Berührungsreliquie noch heute ein goldseidenes Messgewand des 12. Jh., das Bernhard angeblich dabei getragen haben soll. Im 15. Jh. ließ der Abt in einer Seitenwand der Kapelle einen vergitterten Reliquienschrank einbauen, um das Heiltum so besser zu schützen. Das schöne spätromanische Kapitell an der Eingangsarkade der Kapelle verweist mit seiner Darstellung der vier Paradiesflüsse auf die Gnade, die von den hier geborgenen Heiltümern ausgeht. Ganz real drückte sich dies auch in den 12 500 Ablasstagen aus, die man hier als Pilger insgesamt übers Jahr erwerben konnte.

Im Nachbarort **Königsdorf**, durch den der Weg weiterführte, bestand eine erstmals 1136 erwähnte Benediktinerinnenabtei, von der sich leider keine größeren baulichen Überreste mehr erhalten haben. Sie wurde von der Kölner Abtei St. Pantaleon gegründet, da die dortigen Mönche den ihnen angeschlossenen Nonnenkonvent aus disziplinarischen Gründen räumlich entfernen wollten. Ihren auffallend reichhaltigen Reliquienschatz erhielten die Schwestern sicherlich von ihrer Vaterabtei. Neben Marien- und Christusreliquien scheint sich das Frauenkloster mit seinen zahlreichen Jakobuspartikeln besonders auf die durchziehenden Santiago-Pilger eingestellt zu haben. Der rechte Seitenaltar war zudem den Gefährten dieses Apostels geweiht, dessen Festtag feierlich begangen wurde. Der andere Seitenaltar war samt der angeschlossenen Bruderschaft der hl. Anna gewidmet, die im nahen Düren eine bedeutende Kultstätte besaß. 1431 erhielt das Kloster vom Kölner Erzbischof Dietrich von Moers zwei Dornen der Dornenkrone Christi geschenkt, die er auf seinem Feldzug gegen die Hussiten erbeutet hatte. Königsdorf

profitierte nicht nur von den Jakobs- sondern auch von den Aachen-Pilgern. Daher stellten die Nonnen in den Tagen der Heiltumsfahrt ihre Reliquien sogar direkt an der Straße vor der Klostermauer aus, damit auch eiligen Wallfahrern eine Spende entlockt werden konnte.

 Auch im Innern der Abteikirche von Brauweiler ist die Reliquienkapelle hinter dem Hochaltar gut zu erkennen.

## DÜREN

Über Kerpen mit seiner Stiftskirche St. Martinus, Blatzheim mit Deutschordensburg und Zisterzienserinnenkloster mit wundertätigem Marienbild strebten die Wallfahrer Düren zu. Bisher nur einfache Durchgangsstation für Pilger nach Aachen und San-

► Das prachtvolle gotische Reliquiar für einen Teil des Schädels der hl. Anna überstand eingemauert die schweren Zerstörungen der Stadt Düren im Zweiten Weltkrieg.

tiago, erlebte die Stadt durch ein spektakuläres Ereignis 1501 einen rasanten Aufstieg in die erste Reihe rheinischer Wallfahrtsorte. Im Jahr zuvor stahl der aus Kornelimünster stammende Steinmetz Leonhard das Haupt der hl. Anna aus der Mainzer Stiftskirche St. Stephan, wo er gerade an einer neuen Nische für diese Reliquie arbeitete. Dorthin war es 1212 aus Bethlehem durch den Stiftsherrn und Kreuzzugsprediger Theobald gebracht worden und wurde im vergitterten Reliquiengelass des Hochaltars aufbewahrt. Der folgende Prozess, den die erbosten Stiftsherren anstrengten, um wieder in den Besitz ihrer geraubten Kostbarkeit zu gelangen, überliefert zwei Varianten der Beweggründe Leonhards. Zum einen soll er keinen Lohn erhalten haben, zum anderen wurde der hl. Anna seiner Meinung nach zu geringe Verehrung in St. Stephan zuteil. Auf jeden Fall nahm er die Reliquie wohl mitsamt der silbernen Büste in seine Heimat mit, wo noch seine Mutter lebte. Diese konnte ihn zur Rückgabe überreden, die aber gründlich scheiterte. Leonhard brachte auf Empfehlung des Abtes von Kornelimünster das Haupt nach Düren in das dortige Franziskanerkloster, das es nach Mainz weiterleiten sollte. Da die Annenverehrung beson-

ders im Spätmittelalter in ganz Deutschland in höchster Blüte stand, verbreitete sich die Nachricht von der Ankunft des heiligen Hauptes in der Stadt wie ein Lauffeuer. Der Dürener Rat erkannte sofort die verlockenden wirtschaftlichen Perspektiven, die sich durch den Verbleib eines solchen Heiltums für die Stadt boten, und beschlagnahmte die Reliquie während der Übergabe an die Mainzer Abgesandten. Sie wurde in die städtische Pfarrkirche St. Martin gebracht und von der Bevölkerung ekstatisch verehrt. Rasch geschahen Wunderheilungen, die als Zustimmung Annas zu ihrem dauerhaften Aufenthalt in Düren ausgelegt wurden. Fünf Jahre versuchte das Stephansstift mit allen juristischen und kirchenrechtlichen Mitteln dagegen anzugehen, doch verpufften am hartnäckigen Widerstand der Dürener alle über sie verhängten Strafen und Urteile wirkungslos. Kaiser Maximilian I., der dem Dürener Stadtherrn Herzog Wilhelm IV. von Jülich-Berg noch einen Gefallen schuldig war, sorgte schließlich dafür, dass Papst Julius II. 1506 zugunsten Dürens entschied.

Durch die massenhaft herbeiströmenden Pilger war die Stadt gezwungen, ihre Pfarrkirche, die nun das Anna-Patrozinium erhielt, um das Doppelte zu erweitern. Die Anna-Büste, für die König Christian II. von Dänemark 1524 eine Krone stiftete, wurde den Wallfahrern nach Aachener Vorbild von einem erhöhten Balkon an der Kirche gezeigt. Durch die reichen Gaben der Wallfahrer konnte schließlich die doppelstöckige Marienkapelle angefügt werden, deren Obergeschoss zur Aufbewahrung und Zeigung der Reliquie dienen sollte. Ab 1510 schloss sich Düren dem Aachener Heiltumsweisungs-Zyklus an, was noch mehr Pilger in die Stadt brachte.

Das Ende der Anna-Wallfahrt als überregionale Massenbewegung kam mit der Zerstörung der Stadt 1543 im Krieg Kaiser Karls V. gegen Herzog Wilhelm V. von Jülich, bei dem auch die Kirche schwere Schäden erlitt. Danach suchten aber immer noch zahlreiche Pilger Düren auf, das so günstig auf der Strecke nach Aachen bzw. Santiago lag. Ab 1628 betreuten Jesuiten die Pfarrei und verliehen der Anna-Verehrung, die bis in unsere Zeit anhält, neuen Schwung. Am 16. November 1944 wurde die Stadt samt der Annakirche vollständig durch einen Bombenangriff zerstört, dem auch ein Großteil der Bevölkerung zum Opfer fiel. Die Anna-Büste überstand dieses schreckliche Ereignis unter meterhohen Trümmerbergen, eingemauert im Stumpf eines Treppenturmes. Beim Wiederaufbau der Kirche 1954/56 wagte man einen radikalen Neubeginn nach Plänen des Kölner Architekten Rudolf Schwarz. In dem Pilgerhalle genannten Seitenschiff der Kirche steht noch der fest verschlossene spätgotische Gitterschrein, der wiederum den schlichten hölzernen Schrein des frühen 16. Jh. umfängt, in dem die Reliquiare geborgen sind. Man war demnach in Düren im Gegensatz zu Mainz gegen Reliquiendiebstahl gewappnet, wie diese deutlichen Sicherheitsvorkehrungen zeigen. Ein Annabild auf der Stirnseite des Holzkastens konnte entfernt werden, damit die Pilger, die nicht an Festtagen die Kirche besuchten, durch dieses Guckloch einen Blick auf die Anna-Büste werfen konnten. Ein weiteres Kultobjekt, das der Schrein enthält, ist der Gürtel der hl. Anna, ein wunderbares Werk rheinischer Silberschmiedekunst des frühen 16. Jh. Ursprünglich wohl für eine

adelige Dame geschaffen, gelangte er erst 1667 in den Besitz der Kirche. Die Zuschreibung an die Mutter Mariens führte dazu, dass der Gürtel kinderlosen und schwangeren Frauen umgelegt wurde. Den apokryphen Texten wie dem Proto-Evangelium des hl. Jakobus und dem Evangelium von der Geburt Mariens nach waren Anna und ihr Ehemann Joachim zwanzig Jahre lang kinderlos geblieben, bis sie dank göttlicher Hilfe ihre Tochter Maria bekamen.

Von Düren aus bestand die Möglichkeit, über Langerwehe, wo aus dem reichen Tonvorkommen Pilgerflaschen und Hörner (Beispiele im Töpfereimuseum) hergestellt und verkauft wurden, direkt nach Aachen zu reisen. Wer aber die bedeutenden Heiligtümer der Abteien Kornelimünster und Burtscheid verehren wollte, durchquerte von Düren aus den nördlichen Teil des Hürtgenwaldes. Mitten im Wald lag als Rastmöglichkeit das Kreuzherrenkloster **Schwarzenbroich**. Gegründet wurde es Mitte des 14. Jh. von den

## Wallfahrt als Massenereignis

Der Metzer Pilger Philipp von Vigneulles kam 1510 anläßlich der Aachener Heiltumsfahrt von Kornelimünster nach Düren und berichtet beeindruckt: *„Wir zogen die große Dürener Straße hin, indem wir uns beeilten und mit allen Kräften in der Absicht vorwärts strebten, in Düren noch zu übernachten. Jedoch waren längs des Weges so viele Leute und eine so große Volksmenge, dass es erstaunlich war und man kaum weiterkommen konnte. Gleichwohl weiß ich noch gut, dass wir so scharf ritten, dass wir – schätzungsweise und so wurde auch erzählt – im Laufe jenes Nachmittags an mehr als 50 000 Personen vorbeikamen, und ich glaube auch, dass in jener Nacht im Walde und auf den Getreidefeldern ihrer mehr als 18–20 000 Frauen und Männer schliefen, die an diesem Tage nicht rechtzeitig in Düren anlangen konnten ... Selbst wir, die wir gut beritten waren, wurden gezwungen, in jener Nacht eine Stunde weit von Düren zu bleiben, jedoch traf es sich, dass wir bei einem Geistlichen in einem Dorfe ein ziemlich gutes Unterkommen fanden, weil wir zuerst dahin kamen ... In aller Frühe des nächsten*

*Morgens erreichten wir Düren ... und sogleich darauf schlug es sieben Uhr, also die Stunde, da das ehrwürdige Haupt gezeigt werden sollte, und deshalb fand sich sofort eine erstaunlich große Volksmenge um die Kirche ein. Zuerst fingen die Stadtmusikanten an, auf ihrer Schalmei zu blasen, sodass es lieblich anzuhören war, und sie standen hoch oben auf der Kirche an dem Orte und zu der Zeit, da die Heiligthümer gezeigt werden sollten. ... Darauf hält man eine kleine Ansprache wie in Aachen und an den anderen Orten, und wenn dies geschehen ist, kommt ganz in der Art und Weise, wie man an den anderen Orten die Heiligthümer herbeiträgt, die Geistlichkeit in aller Ordnung und zeigt dem unten stehenden Volke jenes heilige Haupt. Der Prälat, der es hält, dreht es um, das Oberste zu unterst, um die Hirnschale des Kopfes ganz frei zu zeigen, denn sie ist ganz in Silber eingefasst, aber auf dem Kopfe ist eine kleine Platte, die in die Höhe geht. Und da schien es, als müsste alles in Folge des heftigen Hörner- und Trompetenschalles zerspringen, und man weinte gleichsam vor Freude."* (zitiert nach Teichmann)

Herren von Merode, deren nahe gelegene Wasserburg noch heute von der Familie bewohnt wird. Anlass war eine Erscheinung des Apostels Matthias vor dem Gründer Werner IV., der ihn zum Klosterbau an dieser Stelle aufforderte. Die wildromantisch überwucherten Ruinen der 1837 abgebrannten Anlage sind nur durch Trampelpfade vom Waldweg aus zu erreichen. Am Ort der Matthias-Vision steht am Wegesrand ein moderner Bildstock. Auf dem Weg hinab ins Wehebachtal gab die Laufenburg Geleitschutz. Sie entstand im 12. Jh. als Grenzbefestigung des Herzogtums Limburg. Trotz ihres Umbaus im 19. und 20. Jh. gehört sie zu den gut erhaltenen Eifelburgen.

Im Tal liegt noch immer in ungestörter Idylle das ehem. Prämonstratenser-Chorfrauenstift **Wenau**. Die schöne Gründungslegende spricht von einem unglücklichen Liebespaar, Gottfried von Laufenburg und Alheidis von Merode. Die Eltern des Mädchens hatten einen anderen Bewerber als Bräutigam ausgewählt, scheiterten jedoch mit ihren Wünschen am hartnäckigen Widerstand der Liebenden. Als Ausweg flohen die beiden heimlich zu Gottfrieds Onkel, der erster Abt von Floreffe bei Namur war. Nach Tagen des Gebets entschlossen sie sich der Welt zu entsagen, um als Vorsteher eines Prämonstratenser-Doppelklosters in göttlicher Liebe auf immer vereint zu sein. So entstand Kloster Wenau.

Tatsächlich ist Wenau wohl 1122 durch die Herren von Heinsberg gegründet und von den Herzögen von Limburg gefördert worden. Es gehört damit zu den ältesten Klöstern des 1121 vom hl. Norbert von Xanten gegründeten Prämonstratenserordens und unterstand der Abtei Floreffe, einem der ersten Klöster dieser neuen Gemeinschaft. Ein Holzbalken aus der spätgotisch umgebauten romanischen Kirche stammt aus dem Jahr 1120, was das frühe Gründungsdatum bestätigt. Zunächst als Doppelkonvent für Chorherren und -frauen eingerichtet, fand auch in Wenau wie in den anderen Klöstern des Ordens, allerdings hier recht spät, eine Trennung statt. Als 1340 Kloster Schwarzenbroich gegründet wurde, übersiedelte der männliche Teil des Konventes dorthin. Kloster Wenau, das bis zur Säkularisation 1803 bestand, besaß einen für ein Frauenkloster ungewöhnlich reichen Reliquienschatz. Entweder durch den hl. Norbert selbst oder Herzog Heinrich II. von

Limburg, die beide bei Reliquiengrabungen in der Nähe von St. Ursula in Köln beteiligt waren, erhielt das Kloster im 12. Jh. 27 Schädel der Elftausend Jungfrauen und der Gefährten des hl. Gereon. Ende des 12. Jh. schenkte Herzog Heinrich III. von Limburg Wenau das Haupt des römischen Märtyrers Pankratius, das er in Rom erworben hatte. Aus der Abtei Amay kam die rechte Hand der hl. Oda. Sie war der Legende nach eine blinde schottische Königstochter, die eine Wallfahrt zum Grab des hl. Lambertus in Lüttich unternahm, dort sehend wurde und nach ihrer Rückkehr ein Nonnenkloster gründete, wo sie 713 starb. Daneben besaßen die Prämonstratenserinnen zahlreiche kleinere Partikel verschiedenster Heiliger, darunter auch des hl. Jakobus. Große Verehrung genoss auch das spätgotische Vesperbild, das sich noch immer in der Kirche befindet. Am Hang gegenüber der Klostereinfahrt erhebt sich die barocke Kapelle des Pest- und Pilgerpatrons Rochus.

Das Wehebachtal, durch das die Pilger weiter über Schevenhütte nach Kornelimünster zogen, machte in der frühen Neuzeit einen weit weniger idyllischen Eindruck. Denn es war durch seine zahlreichen Eisen-, Blei-, Zink- und Kupfererzgruben, Schmelzöfen und Hammermühlen vom 16.–19. Jh. eines der bedeutendsten frühindustriellen Zentren der Eifel. Hier wurde vor allem aus Zink und Kupfer Messing hergestellt, das man im nahen Stolberg weiterverarbeitete. An diesem Wohlstand partizipierte auch Kloster Wenau.

# KORNELIMÜNSTER

Durch den alten Bergwerksort Breinig mit seiner der hl. Barbara, der Schutzpatronin der Bergleute, geweihten Kirche liefen die Pilger auf einer Römerstraße auf Kornelimünster zu. Bevor sie in das Tal der Inde abstiegen, fielen manchem sicherlich auf der Höhe uralte Ruinen auf. Hier befand sich in römischer Zeit der große Tempelbezirk Varnenum, bestehend aus einigen gallo-römischen Umgangstempeln mit angeschlossener Siedlung. In schönster Kontinuität entstand durch die Klostergründung im Tal als Nachfolger ein bedeutendes christliches Wallfahrtszentrum. Hier gründete Kaiser Ludwig der

Fromme, Sohn und Nachfolger Karls des Großen, 814/17 für seinen Vertrauten und Berater Benedikt von Aniane ein benediktinisches Musterkloster, das die auf der Aachener Reichssynode 817 beschlossene Klosterreform vorbildhaft umsetzen sollte. Benedikt verstarb als erster Abt des Klosters Inda allerdings schon 821. Der Kaiser bestimmte als besondere Auszeichnung die Abtei zu seiner Grablege, wurde allerdings in Metz bestattet. Die beiden leer gebliebenen Sarkophage für ihn und seine Frau legten Ausgrabungen in der westlichen Vorhalle frei.

Ludwig stattete sein Lieblingskloster, das dem Welterlöser (Salvator) geweiht war, mit Herrenreliquien aus, die er wohl dem Schatz der Aachener Pfalzkapelle entnahm. Es sind dies das Grabtuch Christi und das Schweißtuch, das bei der Bestattung über sein Gesicht gebreitet wurde, sowie das Schürztuch, das sich Jesus bei der Fußwaschung vor dem Letzten Abendmahl umgebunden hatte. Alle drei Stoffe sind antiken Ursprungs und von teils bedeutenden Ausmaßen (Schweißtuch 4 x 6 Meter!). Ein dunkler Fleck auf dem Schürztuch wurde im Mittel-

alter als Fußabdruck des Judas gedeutet. Grab- und Schürztuch lassen deutlich erkennen, dass mehrfach kleinere Teile davon abgeschnitten wurden. Sie waren kostbare Geschenke oder Tauschobjekte, um andere Reliquien zu erlangen und das Heiltum zu vermehren. So tauschte die Abtei die von Karl dem Kahlen erbetene Hälfte des Grabtuches, mit dem er seine Klostergründung Compiègne ausstatten wollte, gegen Gebeine der hll. Märtyrer Cyprianus und Kornelius. Besonders die Reliquien des hl. Papstes Kornelius genossen in der Folgezeit eine immense Verehrung, sodass das Kloster sogar seinen Namen entsprechend änderte. Während für die Stoffreliquien im Gegensatz zu Aachen merkwürdigerweise kein kostbarer Schrein geschaffen wurde (eine Eichenholztruhe genügte den Mönchen zur Aufbewahrung), erhielt das Kornelius-Haupt im 14. Jh. eine prachtvolle Büste. Ihr Hauptschmuck ist die päpstliche Tiara mit ihrem dreifachen Kronreif. Aus einem Wasserbüffel-Horn, das durch den lateinischen Begriff „cornu" für Horn mit Kornelius in Zusammenhang gebracht wurde und sein Erkennungszeichen

▲ Im Wehebachtal finden sich die idyllischen Überreste des Prämonstratenser-Chorfrauenstiftes Wenau.

## Mit Hörnern und Trompetenschall

*„Nachdem wir Kirche und Stadt (Aachen) ganz besichtigt und das Notwendige gekauft hatten, nahmen wir von unserem Wirt Abschied, stiegen zu Pferd und trafen an jenem Tag noch rechtzeitig ein, um die kostbaren Heiligthümer in Kornelimünster zu sehen, einem Ort, wo in einem Thale – zwei Wegestunden jenseits Aachens – eine schöne, große Abtei ist. Denn die kostbaren Heiligthümer werden um zwei oder drei Uhr nach Mittag gezeigt und wurden schon öffentlich ausgestellt, als wir dort anlangten. In dem Orte waren bereits so viele Leute versammelt, dass es erstaunlich und ganz so wie in Aachen war. Als wir nach scharfem Ritte angekommen waren,*
*stiegen wir eiligst auf einer Erhöhung in einem Garten ab, und von dort sahen wir das erste Heiligthum, das gerade gezeigt wurde, nämlich das Haupt des hl. Kornelius und einen Arm. Dies wurde gezeigt, und es wurde vorher von einem Prälaten eine Ansprache gehalten, ganz in derselben Ordnung und mit derselben Ehrerbietung, mit brennenden Kerzen, Weihrauchfass, Kreuzen und Weihwasser und ganz so, weder weniger noch mehr, wie ihr es vorhin hinsichtlich der Aachener Heiligthümer gehört habt, und es stieß auch das Volk in die Hörner und Trompeten."* (Philip von Vigneulles 1510, zitiert nach Teichmann)

bildet, können die Wallfahrer bis heute bei der Kornelius-Oktav im September trinken. Zudem erhalten sie ein Brötchen, das an den früheren Brauch der Pilger erinnert, ihr Gewicht in Weizen für die Armen zu stiften. Kornelius galt als Patron des Hornviehs und beim Menschen als Schutzheiliger gegen Epilepsie.

Die alljährliche Zeigung des reichen Reliquienschatzes wurde wohl 1359 dem Aachener Siebenjahreszyklus angeglichen, wie eine Ablassbulle vermeldet. Auch der Ritus der feierlichen Weisung von den Galerien unter Ansprachen und Gebeten der Kleriker ist identisch mit Aachen. Der Bericht des Metzer Bürgers Philipp von Vigneulles, der im Anschluss an die Aachener Heiltumsfahrt 1510 auch Kornelimünster besuchte, überliefert auch hier ein anschauliches Bild des beeindruckenden Geschehens (s. Kasten).

Die große, fünfschiffige Basilika der Abtei Kornelimünster ist ganz auf ihre Doppelfunktion als Kloster- und Wallfahrtskirche ausgerichtet. An das Mittelschiff des 10. Jh. wurde im frühen 14. Jh. durch die Kölner Dombauhütte ein eleganter Chor angefügt, nachdem 1310 Aachener Bürger im Streit zwischen der Reichsstadt und den Grafen von Jülich, die Klostervögte waren, der Abtei schweren Schaden zugefügt hatten. Auf der Evangelienseite des Chores ehrte der Reformabt Heribert von Lülsdorf um 1460 den Klosterpatron durch eine Steinfigur des hl. Kornelius samt Baldachin, geschaffen vom Kölner Dombaumeister Konrad Kuyn. Am Sockel ließ sich kniend der

Stifter verewigen, begleitet von zwei Pilgerfigürchen. Zwei Türen an der Seite des barocken Hochaltars führen in die 1708 geweihte Korneliuskapelle. Dieser barocke Zentralbau, der mit einer vergoldeten Figur des Heiligen gekrönt ist, diente allein zur Verehrung der Reliquien des Klosterpatrons. Durch die beiden Türen konnten die großen Pilgermengen im Einbahnsystem durchgeschleust werden. Auch die beiden spätgotischen Seitenschiffe im Süden, die so genannte Pilgerkirche, wurden zur besseren Bewältigung der Wallfahrerströme erbaut. Denn die Reliquien wurden vor den Rundpfeilern aufgestellt, sodass die Pilger, die die Kirche durch den einstigen Hauptzugang im Südwesten betraten, diese durch beide Schiffe umrunden konnten. In einem der beiden Seitenchöre befindet sich der 1501 von Abt Heinrich von Binsfeld gestiftete Anna-Altar, den der Abt als Erinnerung an den kurzzeitigen Aufenthalt des Anna-Hauptes in Kornelimünster errichten ließ. Der gleiche Abt fügte auch die beiden spätgotischen Nordseitenschiffe an. Das äußere Seitenschiff enthält über der Sakristei die frühere Schatzkammer, wo die Reliquien aufbewahrt wurden. Da der Abt als besonderes Privileg ein Sonderrecht zur privaten Reliquienzeigung für vornehme Besucher des Klosters außerhalb der Heiltumsfahrt hatte, wurden für diesen Zweck interessante bauliche Maßnahmen getroffen. So enthält die Schatzkammer ein Fenster zum Kircheninnern, aus dem ausgewählten Pilgern

◄ Die Abteikirche von Kornelimünster ist ganz auf den Pilgerbetrieb ausgerichtet. Der barocke Anbau der Korneliuskapelle mit der Figur des hl. Papstes Kornelius erinnert daran, dass dessen Reliquien bis heute die eigentliche Hauptattraktion sind.

► Die Schädelteile des hl. Papstes Kornelius wurden im 14. Jh. in einer prächtigen Büste gefasst, die als besonderen Schmuck die dreifache Papstkrone, die Tiara, zeigt.

lichen Klostergebäuden ist nichts erhalten, da sie durch barocke Neubauten ersetzt wurden. Johann Josef Couven errichtete die 1754 vollendete Abteikirche als Nachahmung des Aachener Münsters in den Formen des 18. Jh. Zusammen mit der zeitgleich erbauten Pfarrkirche St. Michael ergibt sich ein eindrucksvolles Panorama, gesteigert durch die Hügellage. Vermutlich 997 gründete der große Karlsverehrer Kaiser Otto III. im Zuge seines symbolischen Ausbaus von Aachen zum zweiten Rom in Burtscheid eine Benediktinerabtei, die er den Heiligen Apollinaris und Nikolaus weihte. Dem ersten Abt Gregor von Kalabrien schrieb man im Kloster die Nikolaus-Ikone zu, die heute als ältestes Stück des Heiltumsschatzes erhalten ist, aber erst aus dem 12. Jh. stammt. Die Ikone aus winzigen Mosaiksteinchen besitzt einen Metallrahmen des frühen 13. Jh. Hier wird eine wichtige Wundergeschichte aus der Nikolaus-Legende geschildert. Ein Jude gab ein Bild des Heiligen in Auftrag, das er zum Schutz in seinem Haus aufhängte. Als trotzdem Diebe ihn beraubten, bestrafte er das Bild mit Schlägen. Der hl. Nikolaus erschien daraufhin den Dieben und zeigte ihnen die Wunden dieser Bestrafung. Sie brachten das geraubte Gut zurück und berichteten dem Juden dieses Wunder, der daraufhin Christ wurde. Demnach verehrte man in Burtscheid die Ikone als das Wunderbild aus der Legende.

die Reliquien gezeigt wurden. Diese nahmen im Obergeschoss der Westseite auf der noch erhaltenen Eichenholzbank in einer besonderen Loge Platz, sodass sie aus gleicher Höhe die entfernt gezeigten Heiltümer verehren konnten. Am Außenbau fallen besonders die hölzernen Galerien am Dachansatz des Haupt- und der nördlichen Seitenchöre auf, von denen bei der Heiltumsfahrt die Schätze gezeigt wurden. Die Pilger versammelten sich auf dem großen Platz vor der Kirche, der noch heute von alten Häusern des 17./18. Jh. gesäumt wird.

## 🐚 BURTSCHEID

Letzte Station vor Aachen war die Zisterzienserinnen-Reichsabtei Burtscheid, die erst im späten 19. Jh. Teil der sich ausdehnenden Großstadt geworden ist. Zu Füßen der Abtei sprudeln die heißesten Thermalquellen Deutschlands, die schon seit römischer Zeit für den Kurbetrieb genutzt werden. Von den mittelalter-

Schon im frühen 11. Jh. wechselte das Kirchenpatrozinium zu Johannes dem Täufer. Dessen Armknochen ist das Hauptstück des Heiltumsschatzes, das die Aachen- und Jakobspilger auch nach Burtscheid lockte. Um 1370 wurde als kostbare Fassung eine Büste des Heiligen angefertigt. Durch eine Brustöffnung ist der Knochen sichtbar, der von Engelfigürchen gehalten wird. Für Johannes scheint wie für die Karlsbüste im Aachener Münsterschatz eine tatsächlich getragene Krone gestiftet worden zu sein, vielleicht ebenfalls von Kaiser Karl IV. Diese wurde zur Krone des Ewigen Lebens umgedeutet und der Büste aufmontiert. Johannes der Täufer galt als persönlicher Patron Karls des Großen. Seine Reliquien spielten zudem bei der oströmischen Kaiserkrönung eine Rolle, was das Burtscheider Reliquiar in den Umkreis des Karls- und Krönungskultes rückt.

Kurz nachdem Zisterzienserinnen 1220 die Benediktiner in Burtscheid abgelöst hatten, entstand als drittes Hauptstück des Abteischatzes ein Doppel-

## Heilige Pilger

Neben Evermarus finden sich im Umkreis der Strecke Köln–Aachen die Grab- und Kultstätten dreier weiterer heiliger Pilger, deren Verehrung im Gegensatz zu Jodokus und Rochus zwar nur lokale Bedeutung erlangt hat, aber immerhin bis heute anhält. Im nördlich von Düren gelegenen Arnoldsweiler befindet sich in der alten Pfarrkirche das spätgotische Hochgrab des hl. **Arnold**, umrahmt von den modernen Fresken Peter Heckers (1914). Der Legende nach war Arnold Harfenspieler am Hof Karls des Großen, der ihm großen Waldbesitz schenkte. Als alter Mann begann er eine Wallfahrt nach Santiago, die er aber in Frankreich abbrechen musste. Dort beschenkte er die Armen und erhielt durch seinen in einem Fisch gefundenen Ring ein Zeichen seines bevorstehenden Todes. Rasch kehrte Arnold in seine Heimat zurück, wo er tatsächlich starb.

In Füssenich bei Zülpich, das auf der Querstrecke von Bonn oder Sinzig nach Aachen lag, entstand 1147 das Prämonstratenser-Chorfrauenstift St. Nikolaus. In der Kirche des frühen 18. Jh. ruhen in einem barocken Sarkophag die Überreste des seligen **Aldericus**, der Anfang des 13. Jh. als Pilger nach Füssenich kam und hier ein Leben als Laienbruder begann. Er verrichtete in wahrer christlicher Demut niedrigste Arbeiten wie Schweinehüten. Nach seinem Tod offenbarte sich auf wunderbare Weise, dass er ein französischer Königssohn war. Auf einer der Hauptstrecken des europäischen Pilgerverkehrs im Mittelalter, dem Abschnitt zwischen Aachen und Maastricht, führte der Weg durch Houthem. Dort ließ sich der hl. **Gerlach** (1120–1164/65) als Einsiedler nieder, nachdem er nach dem frühen Tod seiner Frau sein adeliges Lotterleben aufgegeben hatte und nach Rom und Jerusalem wallfahrte. Als Einsiedler lebte er in völliger Askese in einer hohlen Eiche. Der Legende nach lief er samstags zur Messe ins Aachener Marienmünster, unter der Woche in die Servatiuskirche nach Maastricht. Rasch setzte nach seinem Tod eine Verehrung ein, sodass dort 1201 ein Doppelkloster des Prämonstratenserordens errichtet wurde. 1232 wurde es in ein Damenstift umgewandelt. In der durch süddeutsche Rokoko-Künstler ausgestatteten Kirche ruhen in einem Hochgrab die Gebeine Gerlachs. Die Wallfahrer nahmen als Berührungsreliquie Sand mit, den sie unter dem Grab hervorholten und an Kranke weitergaben oder ins Viehfutter mischten. Einem Brunnen wurden ebenfalls heilende Kräfte zugesprochen.

kreuz für zwei Kreuzpartikel. Dessen Filigranarbeit (aufgelöteter Golddraht) gehört zum Feinsten, was spätromanische Goldschmiedekunst hervorgebracht hat. Auch die in Niello-Technik (Silbergravur, gefüllt mit schwarzer Masse) ausgeführte Rückseite zeigt diese Arbeit in Vollendung. Das Kreuz diente der Reichsäbtissin als Hoheits- und Segenszeichen, abgeleitet von einem Kreuz, das zumindest im 12. Jh. die deutsche Kaiserin benutzte. Vor allem für die Jakobspilger waren die Reliquien des hl. Evermarus von Bedeutung, da dieser 968 heilig gesprochene Friese auf dem Rückweg seiner Wallfahrt nach Santiago er-mordet worden war. Um diesem Schicksal zu entgehen, flehten ihn die Pilger um Schutz auf dem weiten und oft recht gefährlichen Weg zum damaligen Ende der Welt an. Da Rütten im Hennegau (Belgien), wo er ermordet und begraben war, der Burtscheider Abtei unterstand, konnten die Zisterzienserinnen seine Gebeine im 15. Jh. in ihr Kloster holen. Für die Schädelreliquie ließen sie im frühen 18. Jh. eine neue Büste anfertigen, verziert mit großen Jakobsmuscheln, während die übrigen Gebeine nach Rütten zurückgebracht wurden und noch heute dort verehrt werden.

## Kaiserlicher Traum

# AACHEN – SAMMELPUNKT DER JAKOBSPILGER

So wie Einsiedeln im Süden war Aachen im Westen der wichtigste Sammelpunkt für die Jakobspilger. Beide Orte entwickelten sich zudem oder gerade deshalb im 14. Jh. zu den bedeutendsten Wallfahrtsstätten im deutschen Sprachraum. In Aachen begann die so genannte Niederstraße, die über Lüttich, Laon, Paris, Tours, Poitiers, Bordeaux zum spanischen Jakobsweg führte.

Aachen war schon in römischer Zeit ein bekannter Kurort mit zwei großen Thermen, doch die eigentliche Bedeutung der Stadt setzte unter Karl dem Großen ein, der hier im späten 8. Jh. eine großzügige Pfalz nach antiken Vorbildern errichtete. Herzstück war der bis heute erhaltene Zentralbau der Pfalzkapelle und Marienstiftskirche, in welcher der Kaiser 814 auch sein Grab fand.

### KARLS-KULT

Karl der Große, der seine Gründung reich mit Reliquien ausgestattet hatte, hätte es sich wohl nie träumen lassen, dass seine Gebeine selbst einmal kultische Verehrung erfahren würden. Doch schon die

Ein Dachrelief des Karls-Schreines im Aachener Münster schildert den Traum Karls des Großen, in dem ihn der hl. Jakobus auffordert, dem Sternenweg zu seinem Grab zu folgen und es von den Arabern zu befreien.

Biografie Einhards verklärte die historische Person, was sich in den nachfolgenden Jahrhunderten fortsetzte. Von besonderer Bedeutung für die sich in Aachen sammelnden Santiago-Pilger war die Legende, Karl der Große wäre der erste Jakobspilger gewesen. Der Apostel erschien dem Kaiser dreimal im Traum und forderte ihn auf, der von Sternen gebildeten Straße zu seinem Grab in Spanien zu folgen und es von den Mauren zu befreien. Diese reich ausgeschmückte Schilderung, die einem Zeitgenossen Karls, dem Erzbischof Turpin von Reims, zugeschrieben wurde, fand sogar Aufnahme in das „Liber Sancti Jacobi" und damit europaweite Verbreitung. Die moderne Forschung entlarvte den Text als Erfindung der Zeit um 1140/50. Nur wenige Jahre später, am 29. Dezember 1165, ließ Kaiser Friedrich I. Barbarossa bei einem Hoftag in Aachen die Gebeine Karls feierlich erheben und seine Heiligsprechung durch einige Bischöfe verkünden. Der von Barbarossa eingesetzte (Gegen-) Papst Paschalis III. gab seine Zustimmung. Damals war die Kanonisation noch nicht ausschließlich an einen in Rom geführten Prozess gebunden. Wie bei der politischen Instrumentalisierung der Heiligen Drei Könige in Köln ist auch bei der Heiligsprechung Karls die Initiative wohl vom Kanzler des Kaisers, dem Kölner Erzbischof Rainald von Dassel, ausgegangen. Denn mit der Sakralisierung des ersten deutschen Kaisers wurde gleichsam das Amt selbst geheiligt und aller Welt, vor allem Rom, vor Augen geführt, dass das deutsche Kaisertum direkt von Gott eingesetzt ist. Barbarossa befand sich damals auf dem Höhepunkt seiner Auseinandersetzung mit Papst Alexander III., der das Papstamt über den Kaiser stellte.

Sinnfälliger Ausdruck dieses „Sacrum Imperium" ist der Karlsschrein, der zwischen 1185 und 1215 entstand. Auf der Stirnseite thront Karl direkt unter dem ihn segnenden Christus, begleitet von den kleineren Gestalten des Erzbischofs Turpin von Reims und Papst Leo III. Leo wird hier nicht als derjenige darge-

◄ Blick vom heutigen Rathaus, der ehemaligen Pfalz Karls des Großen, auf das Aachener Münster. An den karolingischen Zentralbau ließen die Stiftsherren aufgrund des großen Gedränges an den Wallfahrtstagen den riesigen gotischen Chor anfügen.

stellt, der Karl zum Kaiser krönte, sondern mit dem Weihwasserwedel, da er angeblich die Pfalzkapelle konsekrierte. Auf der anderen Stirnseite erscheint Maria, die als Himmelskönigin dem weltlichen Herrscher gegenübergestellt ist. An den Längsseiten, die bei den anderen Schreinen des Rheinlands gewöhnlich von Aposteln oder Propheten besetzt werden, finden sich die Figuren deutscher Herrscher. Damit wurde demonstriert, dass nicht nur Karl, sondern alle seine Amtsnachfolger geheiligt sind. Auf den Dachflächen erscheinen acht Wunderszenen aus dem Le-

ben Karls, darunter allein fünf, die sich auf die Befreiung des Jakobusgrabes beziehen! In Zusammenhang mit dieser Tradition steht auch die Krönung Kaiser Friedrichs II. am Festtag des hl. Jakobus, dem 25. Juli 1215. Zwei Tage später ließ der neue Herrscher die Reliquien Karls in den fertig gestellten Schrein übertragen und schlug zusammen mit dem Meister die letzten Nägel ein. Friedrich II. war zudem der letzte deutsche Kaiser, der mit dem Papst um die Vorrangstellung stritt und daher vom Karls-Mythos und seiner Sakralisierung profitierte.

## Pilgerzeichen

Urbild aller Pilgerzeichen war die Jakobsmuschel, die die Pilger in Santiago am Brunnen vor dem Nordportal der Kathedrale kaufen konnten. Als Andenken an den Besuch eines bestimmten Wallfahrtszieles konnten die Pilger vor Ort kleine Plaketten oder Gittergüsse aus einer Blei-Zinn-Legierung erwerben. Diese als tausendfache Massenware hergestellten Pilgerzeichen zeigten eine Darstellung des jeweiligen Heiligen, oft auch noch der verehrten Reliquie. Kein größerer Wallfahrtsort verzichtete auf diese attraktive Einnahmequelle. Zudem waren Pilgerzeichen auch ideale Werbeträger für den jeweiligen Ort. Durch Berührung mit den Reliquien ging etwas von der Kraft des Heiligen auf die Pilgerzeichen über. Mittels Ösen hefteten die Pilger diese sich meist an den Hut. Dadurch waren sie als Wallfahrer für jeden zu erkennen und damit sakrosankt. Obwohl sie ein Massenartikel waren, haben sich diese fragilen Plaketten selten erhalten. Oft wurden sie den ehemaligen Pilgern mit ins Grab gelegt, damit sie beim Jüngsten Gericht sofort als solche erkannt wurden. Am häufigsten und besten sind solche Pilgerzeichen auf spätmittelalterlichen Glocken erhalten. Denn damals bildete sich der Brauch, der wächsernen Glockenform solche Plaketten aufzule-

gen, die dann auf dem Guss als Relief erschienen. Dahinter steckte der Glaube, dass diese Abzeichen Schutz- und Segenswirkung der Glocken vor allem bei Unwetter (Wetterläuten) erhöhen.

Das Aachener Pilgerzeichen hatte als Besonderheit zusätzlich oft einen kleinen Spiegel, mit dem die Wallfahrer das Bild der gezeigten Stoffreliquien „einfingen" und mitnahmen. Dadurch ging den damaligen Vorstellungen nach die Heilswirkung der Reliquien auf das Abbild über. Selbst Johann Gutenberg produzierte vor seiner Karriere als erster Buchdrucker in Straßburg solche Pilgerzeichen für Aachen.

Eine weitere Besonderheit der Aachener Heiltumsweisung war die Verwendung von tönernen Hörnern, mit denen die Pilger bei der Zeigung einen infernalischen Lärm als Zeichen ihrer Verehrung anstimmten. Diese Hörner wurden in Langerwehe bei Düren und in Raeren (Belgien) hergestellt. Das Töpfereimuseum in Langerwehe zeigt anschaulich Herstellung und Verwendung dieser Kuriosität. Die Aachen-Pilger, die auch noch die anderen heiligen Stätten wie Düren, Kornelimünster, Maastricht oder Trier besuchten, nahmen ihre Hörner dorthin mit. Zu Hause dienten sie der Vertreibung heranziehender Unwetter.

Der Schrein war Pilgern immer zugänglich, da er sich zunächst in der Mitte der Pfalzkapelle unter dem von Barbarossa gestifteten Radleuchter mit seiner Himmelsstadt-Symbolik befand. Nach Errichtung des gotischen Chores wurde er hinter dem Hochaltar aufgestellt. Dort ruhte er auf Säulen, sodass die Pilger unter ihm hindurchgehen konnten. Der Karls-Kult erhielt im 14. Jh. von einem seiner Nachfolger, Kaiser Karl IV. (1347–1378), einem großen Reliquiensammler und -verehrer, nochmals bedeutenden Aufschwung. Er, der sich demonstrativ von Wenzel in Karl umbenannte, ließ das Haupt des Karolingers in einem großen Büstenreliquiar fassen und setzte diesem seine eigene Krone auf.

Die Sakralität des deutschen Königs, dessen traditionelle Krönungsstätte von 936 bis 1531 das Aache-

ner Münster war, zeigt sich auch am noch erhaltenen Thron auf der westlichen Empore. Dieser enthielt nicht nur in einer Kammer unter dem Sitz Reliquien, sondern bestand selbst aus Fußbodenplatten wohl der Jerusalemer Grabeskirche.

### DIE AACHENER HEILTUMSFAHRT

Für seine Pfalzkapelle konnte Karl der Große kostbare große Stoffreliquien erwerben, die angeblich vom Jerusalemer Patriarchen stammen. Es sind dies das Kleid Mariens, das sie bei der Geburt Christi trug, Windeln und Lendentuch Jesu sowie das Tuch, in das das abgeschlagene Haupt Johannes des Täufers nach dessen Hinrichtung gelegt wurde. Neben diesen vier, die „Großen Heiltümer" genannten Stoffen, die im

► Das Innere des karolingischen Zentralbaus war nicht nur Zentrum einer der bedeutendsten europäischen Wallfahrten, sondern auch Krönungsstätte des deutschen Königs bis 1531.

Marienschrein im Münster aufbewahrt werden, haben sich in der Schatzkammer, die zu den reichhaltigsten Europas gehört, weitere hoch verehrte Gebeine oder Gegenstände erhalten. Zu den bedeutendsten unter ihnen zählen die Gürtel Christi und Mariens sowie der Geißelstrick des Passionsgeschehens. Im Gegensatz zu den vier Stoffreliquien wurden sie als die „Kleinen Heiltümer" bezeichnet.

Aachen entwickelte sich daher bald zu einem Wallfahrtsort. Eine wichtige Etappe in der Verehrungsgeschichte der Stoffreliquien bildete die Herstellung des Marienschreins durch das Stiftskapitel. 1238 vollendet ist er nach dem Kölner Dreikönigsschrein der zweitgrößte und zudem einer der jüngsten unter den rheinischen Reliquienschreinen. Unter der Vergoldung besteht er nicht wie gewöhnlich aus Kupfer, sondern aus Silber. Wie der Karlsschrein war er dauerhaft im Münster aufgestellt und machte in dieser prächtigen Verpackung die Reliquien für Pilger zugänglich.

Der Aufstieg Aachens in die erste Reihe der großen europäischen Pilgerziele fand allerdings wohl erst zu Beginn des 14. Jh. statt. 1312 ist erstmals eine jährliche Reliquienzeigung überliefert, die schon ab 1322 vom Westturm aus vorgenommen wurde, da die Masse der Wallfahrer schon zu groß für das Münster geworden war. Seit 1349 fand die Heiltumsweisung von den Galerien des Westturms alle sieben Jahre statt. Dabei wurden die sieben Heiltümer an sieben Stellen der Galerie gezeigt, wie insgesamt die Sieben-Zahl für die Aachen-Fahrt große Bedeutung hatte. Im siebten Monat eines solchen Jahres wurden die Reliquien sieben Tage vor und sieben Tage nach dem Kirchweihfest am 17. Juli präsentiert. Die Stoffe wurden entfaltet und an Stangen gehängt. Da die Windeln Jesu für die Pilger wie zwei Hosenbeine aussahen, entwickelte sich die Legende, der hl. Josef habe sie aus seinen Beinkleidern geschnitten. Zehntausende von Pilgern versammelten sich bei der Aachener Heiltumsfahrt täglich rund um das Münster. Begehrteste Plätze waren Hausdächer, ja sogar das Dach des Münsters, da die Wallfahrer den Heiltümern möglichst nahe sein wollten. Der gewaltige Zustrom der Wallfahrer wurde durch die Ablässe verstärkt, die man hier kaufen konnte. 1515 verlieh Papst Leo X. der Aachener Heiltumsfahrt schließlich den gleichen Sündenerlass, wie er in Rom und Jerusalem erworben werden konnte.

Der immense Pilgerstrom machte größere bauliche Veränderungen am nicht allzu großen karolingischen Marienmünster nötig. 1355 entschloss sich das Stiftskapitel aufgrund des immer größeren Gedränges zum Neubau des Chores, der nach einer längeren Bauunterbrechung allerdings erst 1414 vollendet werden konnte. Der gewaltige gotische Raum, dessen Gewölbehöhe mehr als 32 Meter erreicht, sprengt alle Dimensionen des karolingischen Altbaus. Seine gewagte Statik war nur durch die Verwendung von eisernen Ring- und Zugankern möglich. Schlanke Strebepfeiler und riesige Fensterflächen (26 Meter Höhe, an den Längsseiten über 5 Meter Breite!) verwandeln diesen Chor in einen überdimensionalen gläsernen Schrein und in ein Abbild der Himmelsstadt. Vorbild war die 1248 geweihte Sainte-Chapelle, die König Ludwig der Heilige für die von ihm erworbene Dornenkrone Christi und als Palastkapelle in Paris errichten ließ.

Kultisches Zentrum des neuen Chores war die wohl Mitte des 15. Jh. im Kircheninnern errichtete Marienkapelle. Sie war bis zu ihrem Abbruch 1786 eine filigrane spätgotische „Kirche in der Kirche" an der Nahtstelle zwischen Zentralbau und Chor. Als steinerner Baldachin barg sie den Marienschrein, der hinter dem Altar aufgestellt war. In einem hölzernen Schutzkasten, der täglich seitlich geöffnet wurde, ruhte der Schrein auf vier metallenen Säulen, sodass die Pilger darunter durchgehen konnten. Die auf dem Marienaltar aufgestellte Figur der Gottesmutter wurde zum Gnadenbild, bekleidet mit Stiftungen in Form einer Krone, Schmuck und kostbaren Gewändern. Auf den Stufen des Marienaltars salbte und krönte der Kölner Erzbischof die deutschen Könige.

Der karolingische Westbau erhielt im 14. Jh. nicht nur hölzerne Galerien für die Reliquienzeigung, sondern auch über den seitlichen Treppentürmen zwei steinerne Kapellen. Hier wurden während der Heiltumsfahrt die Reliquien zwischen den Präsentationen würdig aufbewahrt.

## Älteste deutsche Jakobuskirche?

Am höchsten Punkt des mittelalterlichen Stadtgebiets befindet sich der Jakobsplatz. An dieser Straßengabelung konnten die Pilger zwischen einem Abstecher zum hl. Servatius in Maastricht und der

## Sakrale Eventkultur

Einen guten Eindruck der besonderen Atmosphäre bei einer Aachener Heiltumsfahrt gibt der Bericht des Metzer Bürgers Philipp von Vigneulles. Er erreicht von Maastricht aus am Vorabend des Hauptfestes der Heiltumsweisung 1510 Aachen: *„Als wir auf den Berg oberhalb Aachens kamen, schien es uns beim Niederschauen, als ob die ganze Kirche in hellen Flammen stände, wegen der vielen Lichter, die um die genannte Kirche brannten. Da es fast Nacht war, so waren die Lichter umso heller, und dazu läuteten alle großen Glocken, was von der Höhe des Berges aus wunderschön anzusehen war und gar lieblich klang. Der Grund, weshalb man dieses Freudenfeuer veranstaltete, war der Umstand, dass am folgenden Tage (17. Juli) das Fest der Einweihung der Kirche war. Darum war sie von innen und von außen ganz erleuchtet, dies war ein ergreifender Anblick, und ein Ohrenschmaus war das Geläute der großen Glocken im Verein mit dem Orgelspiel. Bei unserer Ankunft in der Stadt war es schon Nacht; mit Mühe konnten wir ein Unterkommen finden."*

Beim Besuch der Messe im Münster am nächsten Morgen herrschte ein so großes Gedränge, dass sich Philipp nicht einmal hinknien konnte. Ein Durchkommen zur Beichte und zu den Altären war ebenfalls nicht möglich. Philipp erwähnt, dass Pilgergruppen die Menschenmassen durchquerten, indem sie eine Kette bildeten und sich unter Führung ihres kräftigsten Mannes hindurchdrängten. Dieser hielt zur Orientierung für die Gruppe einen Stock mit Kennzeichen hoch; ein Verhalten, das uns heute noch aus Städten mit Massentourismus bekannt ist. Nach einem Rundgang durch die Stadt mit ihren Kirchen erwartete Philipp mit Spannung die Zeigung der Reliquien: *„Um jene zu sehen, fand sich eine so ungeheuer große Volksmenge ein, dass diejenigen, die nie da gewesen sind, es für unglaublich halten. Ein jeder nahm einen möglichst guten Platz ein, denn alle Häuser rings um die Kirche waren so mit Leuten angefüllt und mit dicken Holzbalken so stark gestützt, dass es zum Verwundern war".* Anschließend beschreibt er den feierlichen Aufzug der Geistlichkeit auf den Galerien des Münsters und die Vorweisung der geheiligten Stoffe, wobei die Pilger ungewöhnlich reagierten: *„Da hätte man meinen sollen, die ganze Erde zittere von dem lauten Schall der Hörner und dem Rufen der Männer und Frauen, die Barmherzigkeit schreien, und es ist niemand da, dem nicht die Haare zu Berge stehen und Tränen in die Augen treten."*
(zitiert nach Teichmann)

Hauptroute nach Santiago über Lüttich wählen, die durch das Jakobstor führte. Auf dem Platz stand wohl seit dem frühen 12. Jh. die romanische Pfarrkirche St. Jakobus. Den mittelalterlichen Pilgern war sie besonders wertvoll, da angeblich Karl der Große nach seiner Rückkehr von der Befreiung des Jakobusgrabes hier für den Apostel eine Kapelle errichtete. Dadurch galt sie in den Augen der Wallfahrer als die erste deutsche Jakobuskirche, zusätzlich verklärt durch den Zusammenhang mit dem heiligen Kaiser. Leider wurde der romanische Bau 1877/86 durch einen aufwendigen neuromanischen Neubau auf der gegenüberliegenden Straßenseite ersetzt.

Allein durch die zahlreichen Klöster der Stadt gab es hier für größere Pilgermengen Unterkunftsmöglichkeiten. Speziell zur Unterstützung der Jakobspil-ger entstand im frühen 15. Jh. eine Bruderschaft, die 1435 in der Kleinmarschierstraße ein Hospital St. Jakob mit eigener Kapelle (so genannter „Kleiner Jakob" im Unterschied zur großen Jakobskirche) und Pilgerfriedhof gründete. Unter den anderen Herbergen gab es ab dem 15. Jh. eine von Beginen betreute Unterkunft für pilgernde und reisende Frauen. Gerade für ein so großes eigenes Wallfahrtsziel wie Aachen (oder Köln) war es für die gesamte Bürgerschaft Christenpflicht und Ehre zugleich, Pilger privat aufzunehmen. Ansonsten wäre die zeitweise in die Zehntausende gehende Menschenmenge gerade bei der Heiltumsfahrt nicht zu bewältigen gewesen. Noch in einer Aachener Chronik des frühen 17. Jh. ist überliefert, dass Bürger, die keine Pilger aufgenommen hatten, ziemlich schief angesehen wurden.

# Von Köln nach Trier

Diejenigen Pilger, die sich für den Weg quer durch die Eifel nach Trier entschlossen hatten, zogen in der Kölner Innenstadt vorbei an der **Benediktinerabtei St. Pantaleon**. Hier konnten sie nicht nur im klostereigenen Hospital unterkommen, sondern auch gleich drei Heilige verehren. Der Gründer der Abtei, Erzbischof Bruno I. von Köln, Bruder Kaiser Ottos I., fand dort 965 sein bald verehrtes Grab. Bei Fundamentierungsarbeiten für den Neubau der eingestürzten Kirche entdeckten die Mönche 966 die Gebeine des hl. Maurinus. Der Legende nach war er ein von den

▼ Die romanische Kirche der Zisterzienserinnen-Abtei Walberberg war ein wichtiger Kultort der hl. Walburga.

Normannen erschlagener Abt eines Vorgängerklosters. Kaiserin Theophanu, eine byzantinische Prinzessin, die als Gattin Kaiser Ottos II. und Regentin für ihren Sohn Otto III. eine der bedeutendsten deutschen Herrscherinnen war, brachte aus Rom 984/90 die Reliquien des hl. Albinus mit. 991 fand sie in St. Pantaleon, das sie tatkräftig ausgebaut hatte, ihre letzte Ruhe. Zur Verehrung der Heiligen Maurinus und Albinus entstanden im späten 12. Jh. zwei großartige romanische Reliquienschreine, die seit wenigen Jahren wieder in der Kirche aufgestellt sind.

Nach nur wenigen Schritten verließen die Pilger durch ein Tor der imposanten staufischen Stadtmauer Köln und zogen auf der schnurgeraden Römerstraße (heute Luxemburger Straße) in Richtung Vorgebirge. Die nächstgrößere Station war Brühl, dessen Wasserburg seit der Vertreibung der Erzbischöfe aus Köln durch die Schlacht von Worringen 1288 immer wieder als deren Residenz diente. Im 18. Jh. entstand an ihrer Stelle das UNESCO-Weltkulturerbe Schloss Augustusburg. Die gotische Pfarrkirche St. Margaretha besaß einen Altar der Heiligen Jakobus und Matthias, der sich heute im Ortsteil Kierberg befindet und daran erinnert, dass nach der Entdeckung des Trierer Grabes die Strecke von Wallfahrern zu beiden Apostelngräbern begangen wurde.

Schon in Sichtweite Brühls erreichten die Pilger rasch **Walberberg** (eigentlich Walburgisberg). Hierhin brachte der passionierte Reliquiensammler Erzbischof Anno II. von Köln (1056–1075) Schädeldecke, Reisestab und Finger Walburgas. Als angelsächsische Missionarin und Äbtissin stieg sie nach ihrem Tod 779 zu einer der meistverehrten Heiligen in Deutschland auf. Da nun Walberberg den größten Bestand an Erinnerungsstücken außerhalb ihrer Grabstätte in Eichstätt besaß, entwickelte es sich zu einem bedeutenden Kultzentrum. 1197 entstand auf Initiative des Kölner Erzbischofs Adolf von Altena anstelle eines Chorherrenstiftes ein Zisterzienserinnenkloster, das

## VON DER VILLE IN DIE EIFEL

Von Walberberg aus überquerten die Pilger den noch heute dicht bewaldeten Höhenrücken der Ville, um in die Erftniederung zu gelangen. Kurz vor Weilerswist erhebt sich das romanische **Swister Türmchen** als einziger Überrest einer uralten Kirche. Hier wurden wie in Gondelsheim, das auf diesem Wegabschnitt kurz vor Prüm zu erreichen ist, die hll. Jungfrauen Fides, Spes und Caritas verehrt, deren barocke Figuren heute in der Pfarrkirche von Weilerswist aufbewahrt werden. Dieser Kult war nichts anderes als die christliche Umdeutung des keltisch-römischen Matronenkultes, der im Rheinland große Bedeutung besaß. Hier an diesem Ort kreuzte sich der Pilgerquerweg von Bonn nach Aachen mit der Strecke Köln-Trier. **Euskirchen** mit seinem Hospital und seinem Jakobusaltar in der Stadtpfarrkirche St. Martin bildete wieder ein Etappenziel.

Der weitere, durch die Hardtburg, Burg Kirspenich und Burg Arloff gut gesicherte Streckenabschnitt führte die Pilger nach Bad Münstereifel. Hier verlief der Weg nun in die Eifel hinein. Kurz vor der Stadt mündete eine Querverbindung von Bonn aus in den Pilgerweg nach Trier. Auch diese Nebenstrecke besaß mit der Jakobuskapelle in Gielsdorf mit ihren spät-

zweite innerhalb des Erzbistums Köln. Im 13. Jh. stand es in hoher Blüte, da viele religiös begeisterte Frauen hierher strömten, darunter einige mystisch begabte. Schon die erste Äbtissin Margareta (1197–1224) wurde als lokale Heilige verehrt. Die dritte Äbtissin Aleydis, Schwester des Kölner Erzbischofs Konrad von Hochstaden, war 1261 im Stiftsbereich von St. Ursula in Köln als frühe Archäologin tätig. Dort grub sie mehr als fünfhundert Skelette vermeintlicher Märtyrerinnen aus, was den Heiltumsschatz Walberbergs immens vermehrte. Die romanische Kirche, die eindrucksvoll auf einem Hügel des Vorgebirges thront, besitzt als Wallfahrtsziel und Durchgangsstation für Jakobspilger auch eine doppelgeschossige Jodokus-Kapelle, die die Nonnen um 1200 südlich an den Chor anbauen ließen. Vielleicht diente das Obergeschoss als Verwahrraum des Reliquienschatzes, der so sein Heil an die darunter betenden Pilger abstrahlen konnte. Nahe der Kirche steht der runde Hexenturm als einziger Rest einer Burganlage, die zum Kloster umgewandelt wurde.

◄ Das romanische Swister Türmchen ist der einzige erhaltene Überrest einer Kirche, in der ein römischer Matronenkult christlich umgedeutet wurde.

gotischen Fresken seiner Legende, dem bedeutenden Marienwallfahrtskloster Schillingskapellen, dem Grab der Lokalheiligen Lüftlhildis in Lüftelberg, Rheinbach und dem Zisterzienserinnenkloster Schweinheim einen für Pilger interessanten Verlauf.

## BAD MÜNSTEREIFEL

Bad Münstereifel war eine weitere wichtige Station auf dem Jakobsweg in Richtung Trier. Um 830 gründete Markward (829–853), dritter Abt von Prüm, hier im oberen Erfttal ein „novum monasterium". Prüm hatte von den Eltern Karls des Großen, Pippin dem Jüngeren und Betrada, großen Landbesitz erhalten, den es zu erschließen galt. Obwohl in Prüm dank Pippins Großzügigkeit genügend Reliquien vorhanden waren, erwarb Abt Markward für seine junge Grün-

dung auf einer Romreise 844 die Reliquien des Märtyrer-Ehepaares Chrysanthus und Daria – denn stadtrömische Märtyrer-Gebeine besaßen innerhalb der Hierarchie der Heiligen schon immer einen besonderen Stellenwert. Unmittelbar nach Eintreffen der Reliquien setzten spektakuläre Wunderheilungen ein, die wohl Markward selbst der Nachwelt überlieferte.

Die Verehrung der Stiftspatrone scheint in den folgenden Jahrhunderten etwas eingeschlafen zu sein. Denn die Gebeine ruhten bis 1505, als sich das Stift endlich entschloss, einen silbernen Schrein anfertigen zu lassen, immer noch in einem Steinsarkophag in der Krypta des ab dem 11. Jh. neu errichteten Kirchenbaus. Schon 1543 wurde der Schrein vom Landesherrn, dem Jülicher Herzog, im Krieg gegen Kaiser Karl V. eingeschmolzen. Allein das schützende Metallgitter in Schreinform erinnert bis heute an ihn. Erst Ende des 17. Jh. ließen die Stiftsherren den noch vorhandenen barocken Holzschrein anfertigen.

◄ Das Westwerk der Kölner Benediktinerabtei St. Pantaleon aus dem späten 10. Jh. erinnert an die große Wohltäterin der Abtei, die Kaiserin Theophanu.

## Pilger-Motive

Wer eine Wallfahrt antrat, folgte dem Vorbild Christi und der Apostel, die um Gottes Willen Heim und Haus verließen. Da im Mittelalter das irdische Leben gerne als ewige Pilgerschaft zur Himmelsstadt umgedeutet wurde, konnte der Pilger wenigstens auf Zeit dieses christliche Ideal verwirklichen. Hauptantrieb, eine Wallfahrt zu unternehmen, war die Sorge um das Seelenheil. Aufgrund des übergroßen Sündenbewusstseins, das die Amtskirche bei den Gläubigen ständig schürte, galt es, zu Lebzeiten die Sündenlast zu mindern, um vor dem Jüngsten Gericht bestehen zu können. Natürlich konnte man bestimmte Heilige als Fürsprecher vor Gott auch von zu Hause aus anrufen. Dem mittelalterlichen Glauben nach erhörten die Heiligen die Gebete aber nur dann, wenn eine entsprechende Gegenleistung erbracht wurde. Eine Wallfahrt zu einem Heiligengrab oder Reliquienschatz, bei der der Pilger unter zahlreichen Entbehrungen, mitunter sogar Lebensgefahr, monatelang zu Fuß unterwegs war, galt als sicherster Garant für eine Erhörung. Nicht selten suchte ein Pilger mehrfach das gleiche Ziel auf.

Im späten Mittelalter, der Hochzeit des Wallfahrtswesens, bildeten sich einige aus heutiger Sicht merkwürdige Nebenformen heraus. Wer eine Pilgerfahrt gelobt hatte, diese aber nicht antreten konnte oder wollte und das nötige Kleingeld besaß, konnte einen Stellvertreter beauftragen. Dennoch war ihm die Fürsprache der Heiligen und die Wirkkraft der erworbenen Ablässe sicher. Auch in Testamenten reicher Bürger finden sich öfter Geldbeträge, um für das Seelenheil des Verstorbenen eine Wallfahrt durchzuführen. Städte gingen teilweise dazu über, Straftätern als Sühne eine Fernwallfahrt aufzuerlegen. Damit sollte zum einen die Seele des Übeltäters geläutert, zum anderen dieser möglichst lange von der Gemeinschaft ferngehalten werden.
Nicht vergessen sollte man bei allen religiösen Überlegungen, dass eine Fernwallfahrt für Normalbürger zudem die einzige allgemein anerkannte Möglichkeit war, dem Alltagstrott für einige Zeit zu entrinnen und ferne Länder zu bereisen. Pilger waren beileibe nicht allein Männer, sondern auch Frauen und Kinder.

Im 13. und 14. Jh. überflügelte der Marien- den Märtyrerkult. Cäsarius von Heisterbach berichtet, dass Magister Daniel, Vorsteher der Münstereifeler Stiftsschule, in der Krypta eine Marien-Erscheinung hatte. Als Kultbild entstand im frühen 14. Jh. die noch erhaltene Marienfigur. An den Marienfesten wurde der Besuch der Krypta mit einem vollkommenen Ablass belohnt. Zur Unterbringung des übrigen Reliquienschatzes diente die noch vorhandene spätgotische Truhe, die oberhalb des Sitzes für den zelebrierenden Priester und seine beiden Diakone angebracht ist. Dadurch kam das Heil unmittelbar auf sie herab. An einem der nördlichen Langhauspfeiler erinnert ein Fresko von 1472 mit der Darstellung des hl. Jakobus samt dem auftraggebenden Stiftsherrn an die zu dieser Zeit reichlich vorbeiziehenden Wallfahrer. Einst war es Schmuck eines hier befindlichen Seitenaltars.

▼ Blankenheim gehört zu den schönsten Orten der Eifel. Inmitten des Ortes, der von den Überresten der Burg der Grafen von Manderscheid Blankenheim überragt wird, erhebt sich die spätgotische Pfarrkirche.

Neuen Schwung erhielt Münstereifels Bedeutung als Wallfahrtsziel durch die 1625 angesiedelten Jesuiten. Ganz im Zeichen der Gegenreformation brachten sie 1652 die Gebeine des Märtyrers Donatus in ihre neue Kirche, der aufgrund eines Blitzwunders zum Wetterheiligen der Landbevölkerung aufstieg und überregionale Verehrung erfuhr. Die Jesuiten belebten auch die uralte Wallfahrtsstätte auf dem Michelsberg wieder. Zur Unterbringung der Wallfahrer diente neben dem schon 844 erwähnten Siftshospital das seit dem späten 14. Jh. nachgewiesene städtische Quirinus-Spital. Seine Abrechnungen belegen, dass noch während des 17. Jh. immer wieder Jakobspilger durchzogen.

Der Weg in Richtung Blankenheim führte über einige kleine Dörfer, bevor er im Genfbachtal mit der **Ahekapelle** wieder einen regionalen Kultort erreichte. Anstelle einer römischen Besiedlung bestanden hier im Mittelalter einige Höfe. Heute ragen der spätgotische Chor und das im 19. Jh. erneuerte Langhaus der Kapelle einsam aus dem Wiesengrund empor. Patron ist der hl. Servatius, dessen Grab in Maastricht größte Verehrung erfuhr und der hier sozusagen eine Filiale hatte.

## BLANKENHEIM

Auf der Trasse einer Römerstraße erreichten die Pilger auf fast kerzengerader Strecke bald Blankenheim. Der Residenzort der Grafen von Manderscheid-Blankenheim war nicht nur Durchgangsstation mit Hospital, sondern ebenfalls ein bedeutender Wallfahrtsort. Nach dem Vorbild der Aachener Heiltumsfahrt fand in Blankenheim eine jährliche Reliquienzeigung am Sonntag vor Maria Himmelfahrt statt, die reiche Ablässe bot. Durch Wallfahrten von Mitgliedern der gräflichen Familie nach Rom und Jerusalem war ein beträchtlicher Heiltumsschatz zusammengetragen worden, der in der spätgotischen Schlosskapelle verwahrt wurde. Hauptattraktion bildete das Haupt des hl. Georg. Die noch erhaltene silberne Büste zeigt den Heiligen als mittelalterlichen Ritter. Besonders aufwendig ist der Helm mit beweglichem Visier gearbeitet. Er birgt die Schädelreliquie, die mittels einer

◄ Aus der zerstörten
Schlosskapelle der
Grafen von Mander-
scheid-Blankenheim
stammt das spätgoti-
sche Reliquiar für einen
Schädelpartikel des
hl. Georg. Weitere Ge-
beine und Reliquien
finden sich im unteren
Teil der Büste.

Klappe sichtbar gemacht werden kann. Der Helm ist abnehmbar, was darauf hindeutet, dass er Pilgern aufgesetzt werden konnte, damit das Heil auf diese übergeht. Vor der Brust sind zwei vollständige Knochen sichtbar eingearbeitet, von denen einer Georg, der andere dem Reisepatron Christophorus zugeschrieben wurde. Die Büste ist zudem mit einer zweifachen, prächtigen Kette geschmückt, an der ein Medaillon hängt, das kleinere Partikel verschiedener Heiliger enthält.

Vermutlich aufgrund des großen Zulaufs zu den Heiltumsweisungen entstand die 1505 geweihte Pfarrkirche. Der einschiffige Bau mit seinem prächtigen spätgotischen Sterngewölbe verweist mit dem ungewöhnlich aufwendigen Apostelzyklus auf das Vorbild des Aachener Münsterchors. Hoch oben an den Wänden sind noch eiserne Ringe zu sehen, an denen bei der Reliquienzeigung die noch erhaltenen sechs verschiedenfarbigen Samtbrokatstoffe aus der Mitte des 15. Jh. aufgehängt wurden. Sie enthalten eingearbeitete kleine Teile vom Schweißtuch Mariens, dem Tischtuch des Letzten Abendmahls, des Grabtuchs des hl. Laurentius sowie von Gewändern der Heiligen Walburga, Gertrud und Gordianus. Die Stickereien zeigen die Wappen der Stifter sowie Geistliche und Engel, die die Reliquie präsentieren.

Die spätgotischen Kirchen in Waldorf, Bassem und Kronenburg, die auf der weiteren Strecke Richtung Trier liegen, erinnern daran, dass die Eifel vor allem durch Erzabbau und -verhüttung im Spätmittelalter zu großem Wohlstand gelangt war. Eine ähnlich aufwendige Kirche konnten die Pilger kurz vor Prüm mit einem kleinen Abstecher nach **Gondelsheim** besuchen. Der kurze Umweg lohnte sich, weil hier als Ersatz für den Matronenkult die hll. drei Jungfrauen Fides, Spes und Caritas verehrt wurden. Schon diese Namen, die nur drei christliche Kardinaltugenden benennen, zeigen, dass hier ganz bewusst von der Kirche ein heidnischer Kult, der nicht zu verdrängen war, wenigstens einen einigermaßen christlichen Anstrich erhielt. Um ganz sicher zu gehen, wurde von Prümer Seite, der die Kirche unterstand, im Spätmittelalter noch die Verehrung der Heiligen Quirinus von Neuss und Hubertus etabliert. Die 1461 errichtete Kirche, die immer Wallfahrtskirche war und erst 1803 Pfarrrechte erhielt, ließ der Prümer Abt Wilhelm von Manderscheid prächtig ausbauen. Leider wurde sie nach ihrer Zerstörung in den letzten Tagen des Zweiten Weltkriegs unter Verzicht auf das schöne Netzrippengewölbe wieder aufgebaut. Die interessanten Wallfahrtsaltäre gingen für immer verloren. Reliefs des 18. Jh. zeigen, dass die drei Matronen hier zu Märtyrerinnen umgedeutet worden waren.

## PRÜM

Nach dem recht einsamen Abschnitt zwischen Kronenburg und Prüm bot die dortige Benediktinerabtei nicht nur willkommene Unterkunft und Verpflegung, sondern auch einzigartige Heiltümer. Prüms große Bedeutung beruht auf seiner Funktion als eines der wichtigsten Hausklöster der Karolinger. Wohl als Dank für die ein Jahr zuvor erfolgte Krönung zum ersten König dieser Dynastie gründete Pippin der Jüngere 752 das von der Großmutter seiner Frau dreißig Jahre zuvor ins Leben gerufene Eifelkloster neu. Nicht nur immensen materiellen Besitz übergab das Königspaar der Abtei, sondern auch wertvollste Reliquien. An erster Stelle muss hier die Sandale Christi genannt werden, die Pippin zusammen mit den anderen Heiltümern von Papst Zacharias er-

▼ Zu den Kostbarkeiten des Blankenheimer Heiltumsschatzes gehören sechs Brokatstoffe aus der Mitte des 15. Jh., in die kleine Reliquienstoffe eingearbeitet sind.

halten hatte. Sie befindet sich in einem aufklappbaren neuromanischen Metalltriptychon im Chor. Umhüllt werden die Sandalenreste von einem prachtvoll bestickten romanischen Lederschuh, der auseinander genommen präsentiert wird. Diese Herrenreliquie war nicht nur für die Santiago-Pilger ein Höhepunkt ihrer Wallfahrt. Zusammen mit dem Trierer Rock konnten sie so fast die komplette Garderobe Christi verehren. Der Sohn König Pippins, Kaiser Karl der Große, und der Enkel Karls, Kaiser Lothar I., förderten die Abtei ebenfalls großzügig. Lothar, der wenige Tage vor seinem Tod im Jahre 855 noch Mönch in Prüm wurde, um beim Jüngsten Gericht besser beurteilt zu werden, übergab der Abtei weitere Reliquien. Darunter befand sich immerhin auch die rechte Hand des Apostels Jakobus mit einem Teil des Arms, neben dem Unterarm in Roermond wohl der größte Teil der Apostelgebeine außerhalb Santiagos. Dadurch wurde Prüm gerade für Jakobspilger sehr attraktiv und bewog sicherlich manchen, die Eifelstrecke zu wählen.

Leider hat sich von der 799 durch Papst Leo III. in Anwesenheit Karls des Großen und der Spitze des Reiches geweihten Abteikirche, die wohl aufgrund ihrer Ausstattung mit kostbaren Reliquienbehältern die „Goldene Kirche" genannt wurde, nichts erhalten. Bis zur Erhebung zur gefürsteten Reichsabtei im frühen 13. Jh. hielt die Blütezeit an. Danach ging es rapide bergab, bis sich schließlich der Trierer Erzbischof 1576 das immer noch wohlhabende Kloster einverleiben konnte. Zwischenzeitlich war von Trier sogar daran gedacht worden, den Abteibesitz zur Gründung eines vierten Suffraganbistums zu verwenden. 1721 ließ der Trierer Kurfürst die karolingische Kirche abreißen und durch einen zwar monumentalen, aber etwas faden Neubau in den Formen barocker Nachgotik errichten.

Zur Betreuung von Armen und durchziehenden Pilgern besaß die Abtei zwar von Anfang an ein Hospital. Größere Bedeutung aber hatte das Hospital des 1016 durch Abt Urold gegründeten Liebfrauenstiftes in Prüm. An das 1768 abgebrannte Hospital, das dem Patron der Reisenden, dem hl. Nikolaus, geweiht war, erinnert noch die Spitalstraße. In der 1822 abgerissenen Stiftskirche, die am oberen Ende des Platzes vor der Abteikirche lag, befand sich ein wichtiger Jakobusaltar. Am Festtag des Heiligen fand im Ort ein großer Jahrmarkt statt.

## Reliquiare

Mittelalterlichen Heilige mussten wie launische Götter der Antike durch ständige Verehrung gnädig gestimmt werden. Fühlten sie sich vernachlässigt, ließ ihre Wirkkraft nach oder Strafen kamen herab. Sichtbarstes Zeichen der Verehrung war die aufwendige Verpackung des Heiltums, das Reliquiar. Hierfür wurde meist alles aufgeboten, was mittelalterliche Goldschmiedekunst an Raffinesse zu bieten hatte. Gold und Edelsteine, die als Hinweis auf die Bewohner des Himmlischen Jerusalems gedeutet wurden, stammten aus den Opfergaben der Pilger. Vom 11. bis ins 13. Jh. entstanden vielerorts kostbare Schreine, deren größter derjenige der Heiligen Drei Könige in Köln ist. Ihre hausartige Form ist zu deuten als Zelt Gottes unter den Menschen oder als Bundeslade des Neuen Bundes. Sie ließen sich öffnen, damit die Wallfahrer die Gebeine sehen und berühren konnten, um so am Heil teilhaftig zu werden. In der Gotik kamen so genannte Redende Reliquiare hinzu, d. h. die Verpackung bildete nun den Inhalt ab (Kopf-, Arm- oder Fußreliquiar). Da die Reliquien durch das ständige Teilen immer kleiner wurden, wurden sie ab dem 14. Jh. in Glas- oder Kristallzylindern in kostbarer Fassung gezeigt. Der Wunsch nach persönlichem Kontakt mit dem Heiltum ging so weit, dass die Pilger mit den Reliquien berührt wurden bzw. Wein aus Gefäßen trinken konnten, die aus Teilen des Schädels bestanden.

## UMWEG ZUM HL. WILLIBRORD

Vorbei an der von Prüm aus 1190 gegründeten adeligen Benediktinerinnenabtei **Niederprüm** mit den Reliquien der Märtyrer Gordianus und Epimachus zogen die Pilger entweder über einen Umweg über die Abtei Echternach im Tal der Sauer (heute Luxemburg), wo sich das Grab des hl. Willibrord befand, oder auf direktem Weg weiter nach Trier.

Der Weg Richtung Echternach führte zunächst nach **Waxweiler**. Hier predigte der Legende nach schon der Missionar Willibrord vor den Einwohnern, die aber aus Trotz gegen ihn heidnische Tänze aufführten. Der Heilige wurde darüber so zornig, dass er sie mit ewigem Tanz verwünschte. Sie erhielten erst Erlösung von ihren Qualen, als sie sich bereit erklärten, jährlich am Pfingstmontag nach Echternach zu wallfahren und dort am folgenden Tag springend an der Prozession teilzunehmen. Noch heute führt die Waxweiler Gruppe die berühmte Echternacher Springprozession mit ihrem merkwürdigen Rhythmus an.

Im Nachbarort **Lambertsberg** konnten die Pilger eine hoch gelegene Kultstätte des Lütticher Märtyrererbischofs Lambertus besuchen. Der Legende nach hatte er hier einst in einem Schuppen übernachtet, als die Bauern im Dorf gerade eine Kapelle erbauten. Auf wunderbare Weise fielen die Mauern aber immer wieder zusammen und die Steine wanderten zum Schlafplatz des Heiligen. Daher wurde dem so offensichtlichen Wunsch des Bischofs gehorcht und die Kapelle an diesem Ort errichtet. Mit der Wallfahrt entwickelte sich einer der wichtigsten Märkte in der Region.

Über den Burgort **Neuerburg** mit seiner spätgotischen Nikolauskirche und der 1437 geweihten Eligiuskapelle des Spitals zogen die Pilger weiter, bis sie in **Bollendorf** das Tal der Sauer erreichten. In der Pfarrkirche finden sich am Hochaltar als Seitenfiguren die Heiligen Nikolaus und Jakobus. Von dort aus waren es nur noch wenige Kilometer bis zur Abtei- und Wallfahrtsstadt **Echternach**. Hier gründete 698 Irmina, eine hochadelige Dame und Äbtissin des Trierer Benediktinerinnenklosters Oeren, für den angelsächsischen Missionar Willibrord und seine Gefährten eine Abtei. Nach dessen Tod 739 entwickelte sich rasch eine große Wallfahrt. In der Krypta der Kirche des 11. Jh. ruhen bis heute seine Gebeine. Da Willibrord 690 von Papst Sergius I. Reliquien der zwölf Apostel erhielt, konnten die Jakobspilger ein Gewandstück ihres Heiligen verehren.

Nach einer kurzen Strecke entlang der Sauer zogen die Pilger ab **Wintersdorf** über die Höhen hinab ins

Moseltal nach Trier. Wintersdorf besitzt daher eine sehr alte Verehrungsstätte des hl. Jakobus. Die ihm geweihte Kirche enthält noch den um 1100 entstandenen Ostbau, während das Langhaus neuromanisch gestaltet ist. Unter dem alten Hochaltar entspringt eine Quelle, deren Wasser in einen modernen Brunnen mit Jakobsfigur am Kirchenplatz geleitet wird.

## ⬤ GERADEAUS ZUM HEILIGEN ROCK

Wer von Prüm aus auf direktem Weg nach Trier ziehen wollte, wandte sich über den Kurtrierer Burgort Schönecken nach Süden in Richtung Bitburg entlang der alten Römerstraße Köln-Trier. Vielleicht zogen auch manche hinüber ins gut erschlossene Kylltal. Dort bot das Zisterzienserinnenkloster **St. Thomas** Unterkunft. Wohl kurz nach 1170, dem Jahr der Ermordung des Erzbischofs von Canterbury durch Anhänger des englischen Königs Heinrich II., hatte der Himmeroder Zisterziensermönch Isenbard hier eine Kapelle für diesen Märtyrer der englischen Kirche erbaut. Bald siedelten sich Zisterzienserinnen an, die neben der Wallfahrtskapelle ihre 1222 geweihte Klosterkirche errichteten, die zu den schönsten Nonnenkirchen der deutschen Spätromanik zählt. Im nahen **Kyllburg** beeindruckten die Pilger die auf der Spitze eines Umlaufberges gelegenen Bauten des 1276 gegründeten Kollegiatstifts. Der ungewöhnliche Kirchenbau mit seiner großen Spannweite der Gewölbe verrät deutlich die Schulung des Baumeisters an der Bauhütte der Metzer Kathedrale. Im gotischen Kreuzgang unterbrechen heute nur noch die Rufe der Dohlen die Stille. Von der benachbarten Burg der Trierer Erzbischöfe hat sich noch ein Turm erhalten. Nächstes Etappenziel war **Bitburg**, das aus einer spätrömischen Festung an der Fernstraße Köln–Trier hervorgegangen war. Die zu Trier gehörende kurtrierische Stadt besaß ein seit dem 13. Jh. nachgewie-

senes Hospital. Auf halber Strecke der alten Römerstraße Richtung Trier bot das 1488 gegründete Kreuzherrenkloster **Helenenberg**, das der hl. Kaiserin Helena geweiht war, willkommene Unterkunft. Das Kloster entwickelte sich zu einer regional bedeutsamen Verehrungsstätte des hl. Valentin, des Patrons gegen Epilepsie. Noch als Kirchenraum genutzt ist der prächtige spätgotische Chor von 1518, der noch ein mittelalterliches Glasgemälde des hl. Valentin enthält, während das Langhaus des 18. Jh. heute aufgeteilt ist. Über Welschbillig zogen die Pilger weiter nach Butzweiler. Unterwegs fielen sicher manchem die Überreste einer endlos langen Mauer auf, daher Langmauer genannt. Diese entstammt noch der spätrömischen Zeit und umschloss ein Gebiet von 220 km², das wohl als Jagdgehege der Trierer Kaiserresidenz diente.

Beim Trierer Vorort Biewer erreichte der Jakobsweg das Moselufer. Ganz in der Nähe liegt **Pfalzel**, das sicher manchen Pilger zu einem Abstecher verleitete. Im Chor der Stiftskirche ruhten die Gebeine der hl. Adula, die hier um 700 ein Nonnenkloster gründete. Die fränkische Hochadelige benutzte hierfür die Ruinen eines spätrömischen kaiserlichen Sommerpalastes, von dem sich in der Kirche und im Stiftsareal noch bedeutende Reste erhalten haben. Am Jakobsbrunnen in **Biewer**, der 1832 neu gestaltet wurde und eine Figur des Heiligen trägt, konnten sich die Pilger erfrischen. Die neuromanische Pfarrkirche St. Jakobus ersetzt eine Barockkapelle des Heiligen an anderer Stelle, aus der eine Jakobusfigur übernommen wurde. Am Ortsrand befindet sich zwischen Straße und Mosel die Wallfahrtskapelle St. Jost (Jodokus), die einst zu einem 1283 erstmals erwähnten Leprosenhaus gehörte. Hier bestand seit dem Mittelalter eine Bruderschaft des hl. Jakobus. Entweder konnten die Pilger mit einer Fähre nun über die Mosel setzen oder gingen weiter bis zur römischen Brücke, um so nach Trier zu gelangen.

Sancta Treveris

# TRIER – PILGER- UND WALLFAHRTSSTADT

## DER DOM – EIN BAUWERK ALS RELIQUIE

Im Herzen des mittelalterlichen Trier zog die ungewöhnliche Doppelkirchenanlage aus spätrömisch-romanischem Dom und frühgotischer Liebfrauenkirche (UNESCO-Weltkulturerbe!) die Pilger an. Der Dom war gleichsam selbst eine Reliquie, galten doch die deutlich sichtbaren Mauern der spätrömischen Bischofskirche (so genannter Quadratbau im Anschluss an das Langhaus des 11. Jh.) als Haus der hl. Helena. Denn dem Einfluss der Mutter Kaiser Konstantins des Großen schrieb man dessen Bekehrung zum Christentum zu. Der mittelalterlichen Legende nach war sie gebürtige Triererin und vor allem die erste große christliche Pilgerin, die in Jerusalem das Kreuz Christi fand. Angeblich übergab sie ihren Palast im frühen 4. Jh. dem Trierer Bischof Agritius,

damit dieser ihn zu seiner Kirche umbauen konnte. Nach dem Zweiten Weltkrieg förderten Ausgrabungen im Vierungsbereich Reste eines Prunksaales zutage, zwischen denen Tausende von Bruchstücken der bemalten Putzdecke lagen. Zusammengesetzt ist die spätrömische Malerei heute Prunkstück des Bischöflichen Dom- und Diözesanmuseums. So konnte sich moderne Archäologie einer fast 1700-jährigen Überlieferung annähern.

## SYMBOL DER EINHEIT – DAS GEWAND CHRISTI

Hauptreliquie des Trierer Domes ist der Trierer Rock, die angebliche Tunika Christi, nahtlos gewirkt von der Gottesmutter höchstpersönlich. Allerdings ist das Gewand erst bei der Weihe des neuen Ostchors 1196 bezeugt, bei der es vom westlichen Nikolauschor in die Reliquienkammer im Hochaltar überführt wurde. Dort ruhte es über dreihundert Jahre lang ungestört, bis 1512 Kaiser Maximilian I. anlässlich eines Reichstags die Reliquie öffentlich zeigen laste. Für den Kaiser besaß die ungeteilte Tunika Christi größten Symbolwert, da er sich verstärkt für die Einheit der Kirche einsetzte. Der Wunsch des Herrschers löste im Domkapitel hektische Betriebsamkeit aus. Ein Kleriker musste in den engen Raum unter dem Hochaltar kriechen und fand drei Kästen mit Reliquien. In einem befand sich ein durch den ungünstigen Aufbewahrungsort verfilzter Wollklumpen, der in Seide gewickelt war: der Heilige Rock. Von einem hölzernen Gerüst vor dem Mittelfenster der Westapsis konnte er der mit 100 000 Pilgern angegebenen Menge gezeigt werden. Der Ruf der Pilger, das Gewand wie in Aachen ausgebreitet zu zeigen, brachte den Erzbischof in arge Verlegenheit. So kam man auf den genialen Gedanken, bis zur Heiltumsweisung im folgenden Jahr die Stoffreste in eine Hülle aus grüner Seide einzuarbeiten, die die Gestalt einer Tunika zeigt. Diese Idee wurde sofort von der Trierer Abtei

► Der spätrömische Quadratbau des Trierer Domes, der als Haus der hl. Helena galt, wurde in der Romanik beträchtlich erweitert.

► (rechte Seite) Die einzigartige Doppelkirchenanlage von Dom und Liebfrauen in Trier gehört zum Weltkulturerbe der UNESCO.

► Der prachtvoll verkleidete Stab Petri befand sich einst im Trierer Dom, ist aber heute Teil des Limburger Domschatzes.

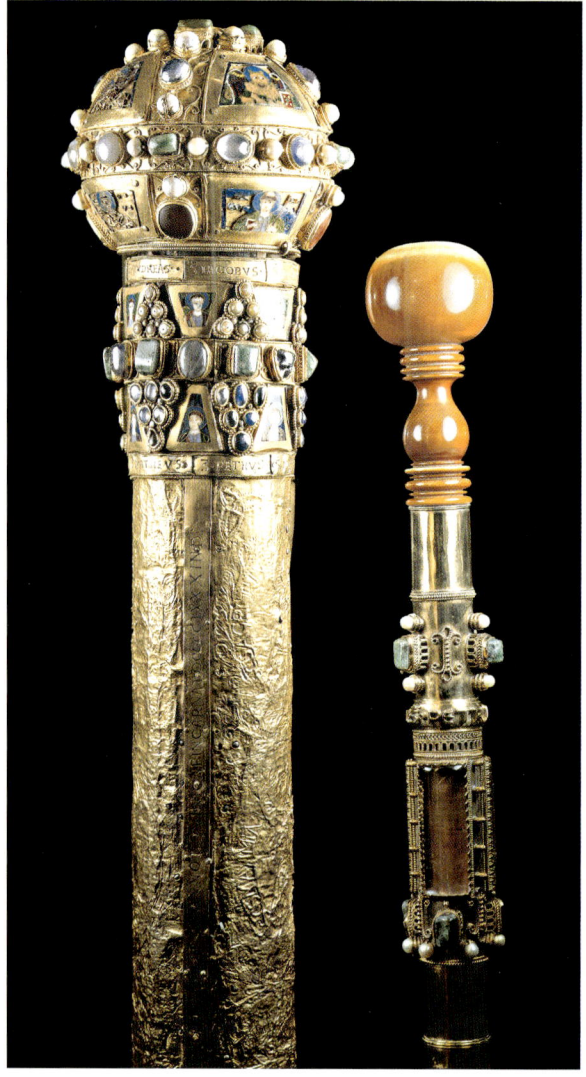

St. Maria ad Martyres kopiert, die einige bisher unbeachtete Stückchen eines Marienkleides zu einem vollständigen Gewand erweitern ließ.

Heute ruht die Tunika Christi im barocken Zentralbau der Heiltumskammer, deren Zugang im Chorinnern prunkvoll ausgestaltet ist. Am Beginn der Treppe empfangen Konstantin und Helena die Wallfahrer. Durch ein Fenster der wie ein Hochaltar wirkenden barocken Chorauskleidung konnten die Pilger seit dem späten 17. Jh. das Gewand erblicken, das in silberner Fassung inmitten des Altars der Heiltumskammer ausgestellt war.

### VORBILD AACHEN – DIE TRIERER HEILTUMSFAHRT

Neben der Tunika Christi wurden weitere sieben Hauptreliquien gezeigt, die sich aber nur noch zum

Teil in der heutigen Domschatzkammer erhalten haben: Der Arm der hl. Anna, der Stab des hl. Petrus, mit dem der erste Trierer Bischof Maternus vom Tod wieder auferweckt wurde, die Gebeine dieses Bischofs, das Haupt des hl. Matthias, das Haupt der hl. Helena samt ihrer Krone, Gebeine der hl. Barbara sowie das Haupt des hl. Papstes Cornelius. Mit dieser Auswahl trat das Trierer Domkapitel plötzlich in mehr als auffällige Konkurrenz zu den damaligen größten Wallfahrtsstätten der Umgebung, nämlich Düren (Anna), Köln (Petrus/Maternus), Kornelimünster (Cornelius) sowie zur Trierer Abtei St. Matthias. Da die in Trier gezeigten Reliquien beim Abbruch zweier Altäre 1512/13 „gefunden" wurden, kann durchaus davon ausgegangen werden, dass dem Zufall etwas nachgeholfen wurde. Denn im frühen 16. Jh. erreichte das deutsche Wallfahrtswesen seinen absoluten Höhepunkt. Indem nun das Domkapitel aufgefundene Gebeine einfach den Heiligen der größten Wallfahrtsorte zuschrieb, wollte man die Pilger und damit ihre Gaben auch nach Trier umleiten.

Neben diesen Hauptstücken gab es noch eine Fülle weiterer Gebeine und Gegenstände, darunter so kuriose wie ein falscher Würfel, mit dem die Juden unter dem Kreuz um den Heiligen Rock gespielt hatten, ein paar Manna-Brote, einen Stein, in den Jesus mit dem Finger geschrieben hatte. Ein Heiltumsbüchlein von 1513, dem zweiten Jahr der Zeigung, zählt nicht nur fein säuberlich alle Reliquien auf, sondern äußert sich auch recht grob zu den wohl nicht wenigen Zweiflern, die sich über diesen so plötzlichen „Fund" wunderten (*„Damit man denen das Maul stopft, die gegen das hochwürdige Heiligtum ihre unnützen Reden führen ... Und jetzt noch ein Wort gegen die naseweisen Halbgelehrten und Verächter des heiligen Kleides Christi"*). Mit dem Hinweis, dass die Kaiserin Helena schon in römischer Zeit diese Schätze in ihre Geburtsstadt Trier geschickt habe, versuchte man, die Kritiker zum Verstummen zu bringen.

Seit 1515 hängte sich die Stadt einige Zeit an den Aachener Turnus an, zog aber die jährliche Zeigung vor. Der spektakuläre Erfolg der Heiltumsweisung, die an diesen Tagen Zehntausende nach Trier führte, war für die in wirtschaftlichen und politischen Schwierigkeiten steckende Stadt wie ein Geschenk des Himmels. Plötzlich „entdeckten" alle Trierer Kirchen, Klöster und Stifte irgendwelche „vergessenen" Reliquien, um einen Anteil am Gabenstrom der Pilger für sich abzuzweigen. Resigniert schrieb ein Mönch der Abtei St. Maximin als Zeitgenosse dieses Reliquienbooms: *„In jenen Tagen wurden in den meisten Kirchen und Gräbern Knochen von Verstorbenen erhoben und als heilige Reliquien verehrt. Ob sie echt oder verehrungswürdig sind, müssen die entscheiden, die sie zur Verehrung ausstellen. Was auch immer damals Gewinn bringen konnte, kam ans Licht."*

## KONKURRENZ DER KLÖSTER – ST. MAXIMIN

Gerade St. Maximin, das direkt nördlich vor den Mauern der Stadt lag, hatte unter dieser plötzlich entstandenen Konkurrenz erheblich zu leiden. Denn bisher war es neben St. Matthias im Süden durch die Gräber heiliger Trierer Bischöfe und einen beachtlichen Reliquienschatz ein beliebtes Wallfahrtsziel im Rahmen der so genannten Römerfahrt und auf dem Weg nach Santiago. Kernstück waren das Messer des Letzten Abendmahls, mit dem Christus das Oster(Pascha)lamm zerteilte, sowie Kamm und Schleier Mariens, den sie bei der Verkündigung trug. Hunderte von Sarkophagen, die sich im Vorgängerbau der Abteikirche, einer riesigen spätrömischen Friedhofshalle, angesammelt hatten, wurden von den Mönchen kurzerhand zu römischen Märtyrern erklärt. Auch das benachbarte Stift Paulin positio-

nierte sich als Heiligtum dieses Trierer Märtyrerkultes, der im 12. Jh. an die weit verbreitete Thebäer-Legende angehängt wurde. Vor der eleganten Rokoko-Kirche, deren Fresken die Märtyrer verherrlichen, befinden sich in der Grünanlage Steine, die als deren Richtblöcke gezeigt wurden.

## EINGEMAUERTER HEILIGER – SIMEONSSTIFT

Das heutige Wahrzeichen Triers, die Porta Nigra, das imposante nördliche Stadttor des 2. Jh., entging nur dank eines plötzlich aufblühenden Heiligenkults der Zerstörung. Denn in einem der Türme war 1035 der hl. Simeon als Einsiedler gestorben. Erzbischof Poppo von Babenberg, den Simeon auf seiner Wallfahrt ins Heilige Land begleitet hatte, ließ seinen Freund sofort heilig sprechen und gründete zur Betreuung der Stätte ein Stift. Durch die Umwandlung in eine doppelgeschossige Kirche, zu der eine große Freitreppe hinaufführte, blieb die antike Toranlage als bedeutendste des römischen Weltreiches fast vollständig erhalten. Napoleon ließ zu Beginn des 19. Jh. die mittelalterlichen Einbauten mit Ausnahme der romanischen Apsis wieder entfernen. Der doppelgeschossige Kreuzgang samt den teilweise erhaltenen Klostergebäuden (heute Stadtmuseum) stammt aus der Zeit der Stiftsgründung und gehört damit zu den ältesten erhaltenen Klausuranlagen überhaupt! Das barocke Gebäude an der Simeonstraße gleich hinter der Porta Nigra, in dem sich heute eine Bank befin-

## Wallfahrt als Wirtschaftsfaktor

Mittelalterliche Wallfahrten waren ein Massenereignis und daher auch ein enormer Wirtschaftsfaktor. Pilger mussten übernachten, sich verpflegen, Andenken kaufen und Opfergaben stiften. Kommune und Kirche profitierten gleichermaßen von den Pilgerströmen. Daher ist es nicht verwunderlich, wenn mit teils seltsamen oder unseriösen Mitteln wie Reliquiendiebstahl oder plötzlichem „Fund" heiliger Gebeine versucht wurde, neue Pilgerstätten zu etablieren. Geschahen Wunder, hatte der Heilige schließlich seine Zustimmung gegeben. Reliqienbesitz war für eine mittelalter-

liche Stadt ein wichtiger Imagegewinn, der gerade für das Prestige der Fernhändler im Ausland wichtig war (z. B. Köln).
Neben den eigentlichen Reliquien und Gnadenbildern waren Ablässe, d. h. zeitlich genau bestimmte Sündennachlässe, die vor Ort erworben werden konnten, die großen Attraktionen. Mit hohem finanziellen Aufwand und unter Einschaltung prominenter Fürsprecher versuchten daher fast alle mittelalterlichen Kathedralen, Klöster und Kirchen sich in Rom solche Ablassbriefe ausstellen zu lassen. Die Kosten amortisierten sich meist schnell …

det, war einst das Hospital des Stiftes. Die vorgebaute Nikolauskapelle hat als Café neue Verwendung gefunden.

## HOSPITÄLER

Zur Betreuung der Jakobspilger diente in Trier ein schon 1186 bezeugtes Hospital, dessen Kapelle dem hl. Jakobus geweiht war. Für das 15. und 16. Jh. belegen Abrechnungen, dass jährlich bis zu 900 Jakobspilger hier einkehrten. Sie durften auf der Hinreise zwei, auf dem Rückweg drei Nächte bleiben. Als Träger fungierte eine Jakobus-Bruderschaft, die seit dem 14. Jh. fassbar ist. Ihr gehörten die Schöffenfamilien der Stadt an, wodurch diese Bruderschaft eine besondere Exklusivität besaß. Daher erklärt sich auch die Jakobsfigur an der spätgotischen Steipe, dem Fest- und Repräsentationsgebäude der Patrizier und reichen Bürger der Stadt.

Erst 1435 gelangte das Hospital in städtische Verwaltung und diente nun auch als Altenheim. Im Jakobshospital wurde das Fest des Patrons feierlich begangen. Neben Gottesdiensten in der geschmückten Kapelle, Reliquienaussetzung auf dem Hochaltar und einer Prozession gehörte die Austeilung des Jakobsbrotes an die Armen zum Festprogramm. Die Mitglieder der vornehmen Bruderschaft versammelten sich an diesem Tag zu einem gemeinsamen Mahl. Verbaute Reste der um 1360 erneuerten Jakobuskapelle und der barocken Hospitalgebäude haben sich in Häusern der Straße „Jakobsspitälchen" erhalten.

1802 ließ Napoleon alle Trierer Hospitäler im ehem. Benediktinerinnenkloster St. Irminen zusammenlegen, heute Vereinigte Hospitien. In Erinnerung an das Jakobushospital tragen die Etiketten des von den Hospitien erzeugten Weines das Bild des hl. Jakobus. In Richtung Mosel weist heute eine moderne Bronzefigur des Heiligen auf Triers Bedeutung als wichtige Etappe auf dem Weg nach Santiago hin.

1460 gründete der Trierer Leinweber Wilhelm genannt Winter, der schon dreimal in Santiago gewesen war, eine weitere Jakobus-Bruderschaft. Sie besaß ihren Altar in der Kirche des Minoritenklosters, und auch sie beging das Jakobusfest feierlich. 1489 wurde auf Wunsch der Minoriten der Pilger- und Pestheilige Rochus zweiter Patron der Bruderschaft.

► Die Trierer Benediktinerabtei St. Matthias wurde durch den „Fund" dieser Apostelgebeine im frühen 12. Jh. zu einem Konkurrenten des Jakobus-Grabes.

## KONKURRENZ DER GRÄBER – ST. MATTHIAS

Auf ihrem Weg nach Santiago kamen die Pilger im südlichen Vorfeld der im Vergleich zur Römerzeit stark geschrumpften mittelalterlichen Stadt an der Abtei St. Matthias vorbei. Sie entging der Zerstörung der übrigen Klöster und Stifte vor den Mauern 1674 durch die Truppen Ludwigs XIV., die ein freies Schussfeld benötigten. Seit 1922 leben wieder Benediktiner in den frühgotischen Konventgebäuden. In der zweiten Hälfte des 3. Jh. soll hier der erste Trierer Bischof Eucharius im Haus der Senatorenwitwe Albana Unterkunft gefunden und dort eine erste Kirche errichtet haben. Innerhalb des heutigen Friedhofs, der seit zwei Jahrtausenden belegt wird, sind drei römische Grüfte zu besichtigen. Eine davon, die unter der gotischen Quirinuskapelle liegt, wird als Grablege der Albana und der beiden ersten Bischöfe Triers gedeutet. Die Abtei erhebt sich inmitten der ausgedehnten antiken Nekropole im Süden der Stadt. Ursprünglich wurde sie von Pilgern aufgesucht, die die Grabstätten der drei ersten Trierer Bischöfe verehren wollten. Während die antiken Sarkophage der Heiligen Eucharius und Valerius noch heute in der Krypta stehen, wurde die Maternuskapelle auf dem Friedhof im späten 18. Jh. abgerissen.

Bei den Abbrucharbeiten anlässlich des romanischen Neubaus der Abteikirche entdeckten die Mönche 1127 in einem Altar angeblich die namentlich beschrifteten Gebeine des Apostels Matthias. Um gleich alle Zweifel an der Echtheit im Keim zu ersticken, entstand in der Abtei die Legende, die hl. Helena habe die Reliquien nach Trier gebracht. Die Nachricht von diesem Sensationsfund verbreitete sich rasch, nicht zuletzt durch die Jakobspilger, die über Trier zogen. Für die Benediktiner waren diese Reliquien von immensem Vorteil, dank derer sie dem Jakobus-Grab kräftig Konkurrenz machen konnten. Zudem brachten die Pilgermassen erhebliche Einkünfte an Spenden. Die Weihe der monumentalen Abteikirche 1148 nahm kein geringerer als Papst Eugen III. vor.

Während der Hochaltar im Bereich des Mönchschores Eucharius geweiht wurde, erhielt der dem Volk zugängliche Kreuzaltar vor der Vierung zusätzlich das Patrozinium der Heiligen Matthias und Jakobus. Allein dies zeigt die enorme Aufwertung der Kirche, die nun neben Santiago ein zweites Apostelgrab

in Europa bieten konnte. Schließlich verdrängte Matthias die ursprünglichen Kirchenpatrone. In einem noch erhaltenen Buch verzeichneten die Mönche die Wunder, die der Apostel wirkte. Sie geben ein anschauliches Zeugnis für die existenziellen Nöte der Pilger. Die spätgotische Figur des Apostels auf einer modernen Tumba markiert sein Grab. Hier stellte ein Mönch als *magister tumbae* eine Bescheinigung über den Besuch der Gnadenstätte aus. Als Wallfahrtsandenken wurden so genannte Matthiaspfennige, Tonfigürchen und -pfeifen verkauft. Im Gegensatz zu Santiago erlosch die Wallfahrt zum Apostel Matthias nie. In ungebrochener Tradition machen sich die von Matthias-Bruderschaften organisierten Pilgergruppen vor allem aus der Eifel noch heute auf den Weg nach Trier.

1207 schenkte der Ritter Heinrich von Ulmen der Abtei einen größeren Teil vom Kreuzesholz Christi, den er als Teilnehmer des vierten Kreuzzugs bei der Plünderung Konstantinopels erbeutet hatte. Den anderen Teil des Holzes übergab er samt der ursprünglichen byzantinischen Einfassung (Staurothek) an seine Schwester, die das Augustiner-Chorfrauenstift Stuben an der Mosel leitete (heute befindet sich dieser Kreuzbehälter im Diözesanmuseum Limburg an der Lahn). Entsprechend diesem Vorbild gaben die Mönche eine ähnliche, reich verzierte Metalltafel als Reliquiar in Auftrag.

Auf dem plötzlichen Höhepunkt des Trierer Wallfahrtswesen ließ die Abtei 1512/14 nicht nur Kirche und Krypta prachtvoll einwölben, sondern im und am nördlichen Chorflankenturm eine Heiltumskammer für ihre Schätze einbauen. Eine Außenkanzel zum Friedhof und ein reich gestaltetes gotisches Fenster zum nördlichen Seitenschiff ermöglichten eine Zeigung der Reliquien sowohl nach innen als auch nach außen.

Am weiten Platz vor der Abteikirche lag das Pilgerhospiz, dessen Neubau von 1638 heute als Pfarrhaus dient. Der moderne Brunnen erinnert an die großen europäischen Pilgerziele Rom und Santiago. Die wenigsten Pilger vergaßen wohl einen Stein auf den Torso einer römischen Venusstatue an der Klostermauer zu werfen. Eine Inschrift gab Erläuterung: *„Wollt Ihr wissen was ich bin, ich bin gewesen ein Abgottin. Da S. Eucharius zu Trier kam, Er mich zerbrach, mein Ehr abnahm. Ich was geehret als ein Gott. Jetzt*

*stehen ich hie der Welt zu spot"* (zitiert nach Bernard). Die Figur, die jahrhundertelang dieser symbolischen Steinigung ausgesetzt war, befindet sich heute im Trierer Landesmuseum.

## VON TRIER BIS ZUR LUXEMBURGISCHEN GRENZE

Zunächst führte der Weg auf der Trasse der Römerstraße Trier–Metz entlang der Mosel bis nach **Karthaus**. Nicht nur der Name, auch die große Barockkirche erinnert noch an das 1331 durch Erzbischof Balduin von Luxemburg gestiftete Kartäuserkloster. Von den vorbeiziehenden Pilgern wurde das an der Klostermauer angebrachte so genannte Flehende Kreuz verehrt, das in einer barocken Neuschöpfung erhalten ist. Im Nachbarort Konz überquerte die Straße auf einer bis ins 17. Jh. erhaltenen römischen Brücke die hier in die Mosel mündende Saar und zog dann über die Höhen nach **Tawern**. Die barocke Kapelle St. Margareta verweist mit ihrer Außenkanzel auf eine lokale Wallfahrtsstätte, die auch von den durchziehenden Pilgern verehrt wurde. Oberhalb des Ortes bezeugt ein teilrekonstruierter römischer Tempelbezirk die Kontinuität der Kultorte. Weiter auf der Römerstraße kamen die Pilger nach **Fisch**. Etwas unterhalb erhebt sich in einem schönen Bachtal die einsam gelegene Jakobuskirche, einst Pfarrkirche der untergegangenen Dörfer Littdorf und Rehlingen.

Etwas weiter entlang der Römerstraße steht das steinerne **Helenenkreuz**. Der Legende nach befindet es sich an der Stelle, wo die Kutsche der hl. Helena bei ihrer Rückkehr aus dem Heiligen Land mit dem Heiligen Rock im Gepäck einen Radbruch erlitt. Aus Dankbarkeit für ihre gesunde Heimkehr stiftete sie dieses Kreuz. In **Perl** erreichte die Straße wieder die Mosel. Die Quirinuskapelle neben einem Brunnen entstand der Legende nach an der Stelle, an der beim Transport der Reliquien des hl. Quirinus nach Neuss 1050 eine Rast eingelegt worden war. Wie an anderen Verehrungsorten dieses Heiligen galt das Wasser als heilkräftig und wurde von den Pilgern getrunken. In Perl überquerten sie die Mosel und folgten weiter der Straße nach Metz.

## Entlang der „Pfaffengasse"

# VON KÖLN
# NACH SPEYER

Vorbei an der Jakobskirche und dem Elendsfriedhof an St. Gregor verließen die Pilger, die den Weg entang des Rheins gewählt hatten, durch das Severinstor Köln.

## BONN

Nächstes Etappenziel entlang des Rheins war Bonn, wo sich mehrere Pilgerstraßen kreuzten: Über eine uralte Fährverbindung zu Füßen der romanischen Doppelkirche in Schwarzrheindorf erreichte der aus dem Siegtal kommende Verkehr die Stadt. Eine Nebenstrecke fand ausgehend von Bonn bei Bad Münstereifel Anschluss an die Verbindung nach Trier bzw. Köln–Aachen. In Bonn bestanden nicht nur gute Unterkunftsmöglichkeiten in einigen Hospitälern, sondern die Stadt besaß mit der Münsterkirche auch ein bedeutendes Kultzentrum. Hier wurden neben den Thebäischen Märtyrern Cassius, Florentius und Mallusius auch die Reliquien der hl. Helena, Mutter Kaiser Konstantins des Großen und angebliche Gründerin des Stiftes, verehrt. Die vier kostbaren Schreine, die auf dem Hochaltar standen, fielen 1583 leider der Geldknappheit des Kölner Erzbischofs Gebhard Truchsess von Waldburg zum Opfer. Dieser war evangelisch geworden, hatte in Bonn eine ehemalige Gerresheimer Stiftsdame geheiratet und versuchte, das Kölner Erzstift in ein weltliches Herzogtum umzuwandeln. Heute ruhen die Gebeine in einem modernen Schrein in der Krypta. An die hl. Helena erinnert eine wunderbare Bronzefigur der Barockzeit.

Ursprünglich war das Münster von mehreren Kirchen und Kapellen umgeben, von denen allein noch die romanische Helenakapelle vorhanden ist. Der doppelgeschossige Bau gehörte wohl ursprünglich zu einer Stiftsherrenwohnung und ist damit ein seltenes Beispiel dieses Typs. Ihre Erhaltung verdankt

die Kapelle allein dem Umstand, dass sie als Wohnhaus der hl. Helena galt. Im Winkel zwischen Chor und südlichem Querhaus des Münsters befand sich auf dem Niveau der Krypta ein den Heiligen Jakobus und Blasius geweihter Anbau. Unmittelbar vor der Ostapsis stand bis zu ihrem Abbruch 1812 die dem hl. Martin geweihte Pfarrkirche, ein ungewöhnlicher romanischer Rundbau nach dem Vorbild der Grabeskirche in Jerusalem. Hier bestand bis in das 17. Jh. eine Jakobus-Bruderschaft.

Das Cassiusstift unterhielt jahrhundertelang ein Hospital mit Ägidiuskapelle. 1112 wurde es auf der Nordseite des Münsterplatzes neu errichtet. 1454 stiftete ein Bonner Ehepaar neben dem Ägidiushos-

pital an der Sternstraße eine dem hl. Jakobus geweihte Pilgerherberge mit eigener Kapelle. Nach der Stadtzerstörung 1689 wurde es etwas entfernt auf der Ecke Friedrichstraße/Jakobstraße (heute Kesselgasse) neu errichtet, aber 1903 abgerissen.

## VON BONN NACH KOBLENZ

Vorbei an der Klosterinsel Nonnenwerth erreichte die Rheinstraße **Remagen**. Hoch über dem Ort erhebt sich als eines der bedeutendsten Bauwerke der Neugotik die 1857 vollendete Apollinariskirche, geschaffen vom Kölner Dombaumeister Ernst Friedrich Zwirner. Wie der Architekt so versuchten auch die Nazarener der Düsseldorfer Kunstakademie, die den Innenraum vollständig mit Fresken überzogen, einen neuen christlichen Stil zu erschaffen. Doch nicht nur für heutige Kunstpilger, sondern auch für die mittelalterlichen Wallfahrer bildete der Apollinarisberg einen Anziehungspunkt. Denn hier errichtete die benediktinische Reformabtei Siegburg neben einer alten Martinskirche 1110 eine Propstei, deren Krypta von den Mönchen dem hl. Nikolaus geweiht wurde.

Siegburg stattete seine Filiale mit Reliquien des hl. Bischofs Apollinaris von Ravenna aus, zu denen sich ab dem 14. Jh. eine größere Wallfahrt entwickelte. 1383 erhielt Herzog Wilhelm I. den größten Teil der Gebeine als Kriegsbeute in seinem Kampf gegen die Siegburger Abtei und überführte die Reliquien in die Stiftskirche seiner Residenzstadt Düsseldorf. Die Siegburger Mönche wiederum ließen 1394 die übrigen Knochen des Heiligen aus Sicherheitsgründen in ihre Abtei bringen. Dort entstand 1446 der noch erhaltene Apollinaris-Schrein. In der Remagener Propstei verblieb allein dessen Haupt, das weiterhin im Hochgrab aus dem frühen 14. Jh. vor allem gegen Kopfleiden verehrt wurde. Der Markt, der am Festtag des hl. Apollinaris (23.07.) in Remagen abgehalten wurde, erhielt den Namen Jakobusmarkt, da er bis zu dessen Festtag (25.07.) reichte. Der mittelalterliche Teil der Remagener Pfarrkirche bewahrt im 1246 geweihten spätromanischen Chor ein Fresko aus der Erbauungszeit. Es zeigt den hl. Jakobus samt dem als Pilger dargestellten Stifter mit Namen Petrus, der

das Bild vermutlich als Dank für die glückliche Rückkehr von Santiago in seiner Heimatkirche anbringen ließ. Auch auf die mittelalterlichen Pilger dürfte das um 1180 entstandene einzigartige Pfarrhoftor mit seinem reichen Reliefschmuck der Laster seinen Eindruck nicht verfehlt haben.

In Höhe von Sinzig bestand wohl ein auch für Jakobspilger wichtiger Rheinübergang aus dem Westerwald. Die spätromanische alte Pfarrkirche im auf der anderen Flussseite gelegenen **Linz** besitzt eine bedeutende Jakobusdarstellung. Ein großes Fresko der Zeit um 1230 zeigt über einem Pfeiler des Langhauses den hl. Jakobus, der zwei Pilger krönt. Seitlich eilen weitere Wallfahrer herbei. Von Sinzig konnten die Pilger auf der Krönungsstraße, auf der die in Frankfurt gewählten Könige zu ihrer Krönung nach Aachen zogen, als Querverbindung in die Karlsstadt gelangen.

Nach Süden erreichte die Rheinstraße **Oberbreisig**, ein Ortsteil von Bad Breisig. Die spätromanische Pfarrkirche, die dem Essener Damenstift unterstand, das von hier seinen Wein bezog, enthält noch eine Erinnerung an den vorbeiziehenden Wallfahrerstrom. Unter den zahlreichen mittelalterlichen Fresken der Kirche findet sich im südlichen Seitenschiff eine weitere Darstellung der Pilgerkrönung durch Jakobus. Die Kirche vermittelt mit ihrem Freskenschmuck und ihrem Außenverputz noch eine Vorstellung von der reichen Farbigkeit romanischer Sakralbauten des Rheinlands. Ein Hospital der Johanniterkommende Breisig bot Unterkunft. Eine dritte Darstellung einer Pilgerkrönung hat sich zudem noch im wenige Kilometer entfernten **Niedermendig** erhalten. Die Cyriakuskirche aus dem späten 12. Jh. hat ein erstaunlich vollständiges Ausmalungsprogramm des 13. Jh. bewahrt, darunter über einem Apostelzyklus ein riesenhafter Christophorus sowie Jakobus, der gleich fünf Pilger krönt, sicherlich ein Hinweis auf eine Stiftung nach vollendeter Wallfahrt. In einer Arkade findet sich noch eine frühe Jodokus-Darstellung.

In **Fornich** stiftete 1369 ein Andernacher Pfarrer eine Kapelle und ließ das Hospital für Pilger und Reisende wiederherstellen. Während die schlichte gotische Kapelle noch erhalten ist, wurde das Hospiz in barocker Zeit erneuert. Verpflegung bot auch das in der ersten Hälfte des 13. Jh. entstandene Zisterzienserinnenkloster im benachbarten **Namedy**. Die noch

► Die ehem. Stiftskirche St. Cassius und Florentius in Bonn, das heutige Münster, ist nicht nur eine bedeutende Bauschöpfung der Romanik, sondern auch eine wichtige mittelalterliche Kultstätte.

► Ein Fresko des 13. Jh. in der Pfarrkirche von Oberbreisig zeigt den hl. Jakobus, der Pilgern die Krone des Ewigen Lebens aufsetzt.

erhaltene Kirche gehört zu den frühesten gotischen Bauten am Mittelrhein und erhielt 1521 ein schönes Gewölbe auf schlanken Stützen.

**Andernach** entwickelte sich aus einer ummauerten spätrömischen Siedlung zu einer der wichtigsten Städte des Kölner Erzbischofs, der hier mit einer prächtigen spätgotischen Wasserburg und der aufwendigen Stadtmauer seine Macht gegenüber dem Trierer Dauerkonkurrenten demonstrierte. Besonders der Handel mit den in unmittelbarer Nähe abgebauten Baustoffen Tuff, Basalt, Lava und Trass, die über den Rhein nach Köln, den Niederrhein und die Niederlande transportiert wurden, machte die Stadt stein-reich. Die viertürmige spätromanische Pfarrkirche, die zu den schönsten Bauwerken dieser Epoche zählt, kündet noch vom einstigen Wohlstand. Die Steinmetzarbeiten der Portale bilden einen Gipfelpunkt romanischer Plastik des Rheinlands. Im Innern der Emporenbasilika, deren mittelalterliche Farbfassung restauriert werden konnte, erinnern einige Spuren an die hier durchziehenden Pilger: Das in der Betonung des Leidens Christi besonders eindrucksvolle Astgabelkreuz aus dem frühen 14. Jh. hat auch den Beinamen Ungarnkreuz, was auf die starke Ver-

ehrung, die es von dieser nach Aachen ziehenden Volksgruppe erhielt, hinweist. Anlaufstelle für die Santiago-Pilger bildete ein heute verschwundener Jakobus-Altar. Die monumentalen spätgotischen Fresken mit Christophorus und der Strahlenmadonna beiderseits des Ausgangs sollten den Weiterziehenden Schutz und Segen spenden.

Mitte des 13. Jh. entstand das Nikolaus- und Elisabethhospital mit angeschlossener Kapelle und eigenem Friedhof für die verstorbenen Pilger und Fremden. Um dieses zu entlasten, stiftete die Bürgerin Gertrude Fictors für das Seelenheil ihres verstorbenen Mannes und ihrer Familie 1343 eine reich dotierte Herberge für Aachen-Pilger, die aber außerhalb dieser nur alle sieben Jahre stattfindenden Wallfahrt allen Pilgern offen stand.

Vor den Mauern der Stadt erinnert eine doppelgeschossige spätromanische Kapelle an das Augustiner-Chorfrauenstift Unserer Lieben Frau. Hierhin verlegte der Reformabt Richard 1129 den weiblichen Teil des Doppelkonvents Springiersbach, der anstelle eines ruinösen frühmittelalterlichen Klosters neue Gebäude errichtete. Die Leitung übertrug er seiner Schwester Texwindis. Leider wurde die viertürmige Kirche, die der Andernacher Pfarrkirche wohl nur wenig nachstand, 1807 abgerissen. Die Chorfrauen unterstützten natürlich auch die reichlich vorbeiziehenden Pilger.

 **KOBLENZ**

## MOSELBRÜCKE

Welche Bedeutung die Koblenzer Moselbrücke für den Pilgerverkehr hatte, macht ein zum Baubeginn 1343 durch Erzbischof Balduin von Trier verliehener vierzigtägiger Ablass deutlich. Alle, die zum Bau der Brücke spendeten, selbst wenn es unrecht erworbenes Geld war, erhielten diesen Sündenerlass. Denn sie taten ein gottgefälliges Werk, indem sie Pilgern ihren Weg erleichterten. 1394 genehmigte Papst Bonifaz IX. noch einen weitaus größeren Ablass, damit das ins Stocken geratene Unternehmen vollendet werden konnte. Leider wurden bei der Moselkanalisierung 1964/70 sechs der insgesamt dreizehn Bögen samt Pfeilern abgerissen und durch eine Betonkonstruktion ersetzt. Schon 1883 war die Brücke verbreitert worden. Wie lange die römische Moselbrücke aus dem 3. Jh., die nur wenig unterhalb der Balduinbrücke lag, benutzt werden konnte, ist nicht bekannt. Die enge Verbindung von Pilgertransport und -beherbergung wird daraus ersichtlich, dass zum Besitz des 1110 gestifteten Nikolaus-Hospitals eine Moselfähre gehörte. Im 13. Jh. unterstand die Fähre zunächst der Deutschordenskommende, ab 1247 dem Stift St. Florin.

Koblenz, verkehrsgünstig am Zusammenfluss von Rhein und Mosel gelegen, war lange Zeit Residenz des Trierer Erzbischofs. Entsprechend aufwendig wurde die Stadt vom Mittelalter bis zur Barockzeit ausgebaut. Hier kreuzte sich der Lahn- bzw. Moselweg der Jakobspilger nach Trier mit der Rheintalstraße. Daher boten die Hauptkirchen einiges an Reliquienschätzen und mehrere Hospitäler Unterkunft.

## ST. KASTOR

Vor allem St. Kastor, dessen viertürmige romanische Basilika noch immer die Koblenzer Rheinfront beherrscht, war wohl eine wichtige Pilgeranlaufstelle. 836 weihte Erzbischof Hetti im Beisein von Kaiser Ludwig dem Frommen die erste Kirche, für die aus Karden an der Mosel die Gebeine des hl. Kastor herbeigeholt wurden. Dieser war im 4. Jh. vom Trierer Bischof Maximin als Missionspriester an die Untermosel gesandt worden. Propst Johannes, der 1219 auf einer Pilgerfahrt ins Heilige Land gestorben war, gab die Vergoldung des wohl gerade in Arbeit befindlichen Kastorsschreins in Auftrag. Das Haupt des Heiligen erhielt eine silberne Büste, für die 1501 eine Krone geschaffen wurde.

Wohl noch größere Verehrung als der hl. Kastor erfuhr die selige Rizza. Sie war eine Tochter Kaiser Ludwigs des Frommen und wurde in der Kastorkirche bestattet. 1265 stellte die Stadt Koblenz in Rom einen Antrag auf die Seligsprechung Rizzas, für die sich die Kardinäle zehn Jahre lang Zeit ließen. Dass die Initiative nicht vom Stift, sondern von der Stadt ausging, zeigt deutlich, dass Rizza als eigentliche Patronin von Koblenz galt. Im Mittelalter befand sich ihr Hochgrab mitten in der Kirche. Nach der Seligsprechung wurden die Gebeine erhoben und in einem Schrein verehrt, während für das Haupt eine Büste geschaffen

wurde. Heute ruhen die Reliquien im nördlichen Seitenschiff in einem neugotischen Holzschrein. Das Stift besaß nicht nur eine Nikolauskapelle, sondern auch Reliquien dieses Heiligen, die Propst Johannes auf seiner Pilgerreise erworben hatte. Ein Armreliquiar des hl. Goar bereitete die Pilger schon auf ihren Besuch am Grab des Heiligen in Sankt Goar vor.

Das Deutsche Eck am Zusammenfluss von Mosel und Rhein erhielt seinen Namen von einer 1216 gegründeten Kommende des Deutschen Ordens. Dieser errichtete hier seine älteste Niederlassung im Rheinland. Damals übergab ihm der Trierer Erzbischof Dietrich II. von Wied das im Jahre 1110 von einem seiner Vorgänger gestiftete Nikolaus-Hospital des Stiftes St. Florin. Armen- und Pilgerfürsorge waren daher die Hauptmotivation zur Ansiedlung dieser Gemein-

▾ Die Koblenzer Moselbrücke wurde aufgrund ihrer Bedeutung für den Pilgerverkehr im 14. Jh. mit Ablässen neu erbaut.

▲ Wichtigste Anlauf-
stelle für Pilger war in
Koblenz St. Kastor.

schaft. Das von ihnen neu errichtete Hospital er-
streckte sich längs der Mosel. Von den mittelalterlichen Bauten des ausgedehnten Areals hat sich nach
der Zerstörung im Zweiten Weltkrieg nur noch das
Wohngebäude des Komturs und eine Wand der gotischen Kirche erhalten. Auf dem Friedhof des Deutschen Ordens stand eine Jakobuskapelle.

## 🐚 DURCH DAS MITTELRHEINTAL

**Boppard** ist seit römischer Zeit ein wichtiger Etappenort entlang des Rheins. Noch immer ragen große
Teile der spätrömischen Kastellmauer auf, die im
Mittelalter als Stadtmauer Weiterverwendung fanden. Die spätromanische Stifts- und Pfarrkirche St.
Severus besaß in ihrer Krypta einen Jakobus-Altar,
vom einstigen Reliquienschatz ist jedoch nichts mehr

erhalten. Die im Chor aufbewahrten Schädel samt
fränkischem Schwert der so genannten Bopparder
Märtyrer stammen aus der Martinskirche, die außerhalb der Stadtmauer lag. Ein angeschlossener Begi-
nenkonvent, später Franziskanerinnen, betreute dort
die Pilger. Oberhalb der Stadt erheben sich mit Ausnahme der zerstörten Kirche noch die barocken
Gebäude der 1123 gegründeten Benediktinerinnen-
Reichsabtei Marienberg. Auch hier konnten Pilger
Unterkunft finden und Reliquien verehren.

Manche Pilger werden sicherlich einen Fährmann
bezahlt haben, der sie zur Marienwallfahrtsstätte ins
gegenüberliegende **Bornhofen** brachte. Seit dem
13. Jh. wird hier die Gottesmutter verehrt. Das Gnadenbild einer Pièta stammt aus dem 15. Jh. In **Hirze-
nach** bot die 1109 gegründete Propstei der Abtei Siegburg willkommene Unterkunft. Die romanische
Basilika zeichnet sich durch einen schönen frühgotischen Chor aus.

In der ersten Hälfte des 6. Jh. wirkte der aus Aquitanien stammende **Goar** an der Stelle des später nach ihm benannten Ortes mit einigen Gefährten als Missionspriester. Die Legende betont besonders seine Gastfreundschaft gegenüber Pilgern und Armen, sodass die Jakobspilger des Mittelalters ihm sicherlich besondere Verehrung zeigten. Um 765 übergab König Pippin den Ort, an dem schon eine Klerikergemeinschaft bestand, der Abtei Prüm. Die karolingische Hausabtei förderte tatkräftig den Kult des hl. Goar und errichtete eine neue Stiftskirche. Die Gebeine des Heiligen ruhten bis zur Einführung der Reformation durch den Landgrafen Philipp von Hessen 1528 in der Krypta des 11. Jh. Die Deckplatte des gotischen Hochgrabes wurde in die im späten 19. Jh. errichtete katholische Pfarrkirche übertragen.

Schon im 8. Jh. ist ein der Abtei Prüm unterstehendes Hospital genannt, der spätere Jerusalemshof, der dicht bei der Kirche lag. Denn in Sankt Goar herrschte immer viel Verkehr, da aufgrund gefährlicher Stromschnellen die Reisenden bis ins 19. Jh. hier ihre Schiffe verlassen mussten, die dann von der Mannschaft durch die Felsen gezogen wurden. Eine Jodokus-Bruderschaft, die sich wohl um Pilger und Kranke im zweiten Hospital des Ortes kümmerte, ist für das späte 15. Jh. bezeugt. An die Jakobspilger erinnern im spätgotischen Langhaus der Stiftskirche, das sich die Grafen von Katzenelnbogen ab 1444 als Residenzkirche neu errichten ließen, zwei Darstellungen des hl. Jakobus.

**Oberwesel** bietet das wohl eindrucksvollste Panorama einer mittelalterlichen Stadt am Mittelrhein, gerahmt von den beiden großen gotischen Stifts- und Pfarrkirchen St. Martin und Unserer Lieben Frau. In der Liebfrauenkirche hält ein Wandbild des von Pilgern verehrten Jakobus die Erinnerung an Oberwesels Bedeutung als Etappenort nach Santiago wach. Zudem war ihm ein nicht mehr erhaltener Altar in der Kirche geweiht. Am 1506 gestifteten Nikolaus-Altar im nördlichen Nebenchor findet sich auch eine Darstellung des hl. Jodokus. Der wohl zur Chorweihe 1331 geschaffene Hochaltaraufsatz, einer der ältesten und kostbarsten deutschen Flügelaltäre, barg unterhalb der Figuren in maßwerkverzierten Nischen einst einen reichhaltigen Reliquienschatz. Daneben wurde eine nicht mehr erhaltene Marienfigur als Gnadenbild besonders verehrt. Die Schönheit des hochragen-

◄ Gotische Glasmalerei des hl. Goar in seiner Grabkirche.

▼ Ein wichtiger Pilgerort im Rheintal war St. Goar. Hier ruhten die Gebeine des gleichnamigen Missionspriesters des 6. Jh. Chor und Langhaus entstammen der Gotik, während die Krypta dem 11. Jh. angehört.

zur romantischen Gesamtwirkung trägt hierbei die Ruine der Wernerkapelle unterhalb der Burg Stahleck bei. Als aufwendiger Zentralbau der Kölner Dombauhütte ist er nicht nur von kunsthistorischem Interesse, sondern war einst auch Ziel einer mehr als seltsamen Wallfahrt. Ihr Entstehen ist ein erschreckendes Beispiel für die extreme Judenfeindlichkeit mittelalterlicher Christen. Am Karfreitag des Jahres 1287 soll in Oberwesel der Knabe Werner von Juden zu Tode gefoltert worden sein, die ihn vergeblich zum Erbrechen einer Hostie zwingen wollten. Der Leichnam sollte mit dem Kahn nach Mainz gebracht werden, doch wurde er in Bacharach entdeckt. Eine Magd behauptete, Zeugin des Mordes gewesen zu sein, woraufhin es in Oberwesel und Boppard zu einer grausamen Judenverfolgung kam. Die Bevölkerung begann in einer Art Massenhysterie Werner als Märtyrer zu verehren. An seinem Grab in Bacharach ereigneten sich sogleich zahlreiche Wunder. Die sprunghaft einsetzende Wallfahrt brachte derartig große Menschenmengen nach Bacharach, dass aus den Gaben der Pilger schon Ende des 13. Jh. mit einem ambitionierten Kirchenbau in den Formen der Kathedralgotik begonnen werden konnte. 1426 brachte der damalige Bacharacher Pfarrer den Heiligsprechungsprozess für Werner in Rom in Gang, der zwar nicht zum Erfolg, aber unter Beteiligung des Kurfürsten Ludwig III. von der Pfalz zur Vollendung der Kapelle

▲ Oberwesel, frühgotische Wernerkapelle.

► Oberwesel, Stiftskirche Unserer Lieben Frau, spätgotisches Fresko mit Jakobus, der von Pilgern verehrt wird.

► (rechte Seite) Bacharach wird überragt von der gotischen Ruine der Wernerkapelle. Sie war einst Ziel einer Wallfahrt, die mehr als deutlich judenfeindliche Züge trug.

den Baus und die Reichhaltigkeit der Ausstattung war für die mittelalterlichen Pilger sicherlich ein besonderes Erlebnis. Der Liebfrauenkirche war ein Heilig-Geist-Hospital für Pilger und Arme angeschlossen, zu dessen Betreuung sich 1398 eine Bruderschaft gründete.

Die Martinskirche besitzt ebenfalls eine reiche Ausstattung, darunter auch zwei gotische Reliquienretabel und einen barocken Schrank zur Aufnahme des Heiltums. Der frühgotische Chor der Wernerkapelle, der die rheinseitige Stadtmauer überragt, wurde über der Marterstätte des Knaben Werner, der vor allem für das Wallfahrtswesen im benachbarten Bacharach eine wichtige Rolle spielte, errichtet und diente als Hospitalkapelle.

**Bacharach**s malerisches Stadtbild kann durchaus mit dem von Oberwesel konkurrieren. Nicht wenig

führte. Der Leichnam des „Guten Werner" wurde damals in einen hölzernen Schrein gelegt, seine rechte Hand in einer Monstranz auf den Hochaltar gestellt und reichlich Ablässe erteilt. Durch die Reformation erlosch der Kult. Die ruinöse Kapelle erhielt nach einem Teilabbruch 1787 ihren heutigen Zustand.

Bis zur Zerstörung durch die Schweden 1632 im Dreißigjährigen Krieg bildete die **Benediktinerinnenabtei Rupertsberg** in Bingerbrück für viele Pilger ein weiteres Etappenziel. Denn hier fand Hildegard von Bingen (1098–1179) in ihrem 1147 gegründeten Kloster die letzte Ruhe. Auch wenn ihr 1228 begonnener Heiligsprechungsprozess in Rom nicht zum gewünschten Abschluss kam, blieb die Erinnerung an eine der ungewöhnlichsten Frauen des mittelalterlichen Deutschlands stets wach.

Hildegard gründete ihr Kloster Rupertsberg an der Stelle einer verfallenen Wallfahrtsstätte des hl. Herzogssohnes Rupert, der hier im 7. Jh. zusammen mit seiner Mutter Berta und dem Priester Wigbert begraben und verehrt wurde. Die Abtei wurde durch ein wundersames Ereignis zudem zu einem Marienwallfahrtsort. In einer Fehde zwischen König Albrecht I. und dem Mainzer Erzbischof 1301 brach ein plündernder Soldat Edelsteine aus der Krone einer Muttergottesfigur. Sogleich flossen aus ihrer Brust Milch und Blut, die ein Priester in einem Glasfläschchen auffing. Seitdem waren diese Flüssigkeit und das Marienbild Ziel vieler Pilger. Auf den vorbeiziehenden Pilgerverkehr war auch die gotische Nikolauskapelle und das Gästehaus ausgerichtet.

Die **Drususbrücke** aus dem 11. Jh., die älteste erhaltene mittelalterliche Brücke Deutschlands, ermöglicht noch heute einen bequemen Übergang über die Nahe. Nach den Zerstörungen des Zweiten Weltkriegs etwas verbreitert wiederhergestellt befindet sich vor dem ersten Pfeiler der Binger Seite eine kleine unterirdische Kapelle der Erbauungszeit. Durch sie sollte gleichermaßen das Bauwerk und die Passanten gesegnet werden.

An der Mündung der Nahe in den Rhein liegt **Bingen**. Die spätgotische Stiftskirche St. Martin bewahrt noch eine romanische Krypta des 11. Jh., in deren Westwand sich eine Kammer, die Reliquien barg, befindet. Leider ist von diesen nichts mehr erhalten und bekannt. Neben der Stiftskirche bot das Heilig-Geist-Hospital Reisenden Unterkunft.

Bingen gegenüber erhebt sich auf der anderen Rheinseite der Ort **Rüdesheim**, dessen dem hl. Jakobus geweihte Kirche daran erinnert, dass hier alle größeren talfahrenden Schiffe entladen wurden, um die gefährlichen Felsen und Stromschnellen des Binger Lochs zu umgehen. Daher wurde der so genannte Kaufmannsweg durch den Niederwald nach Lorch auch von den Pilgern genutzt, die erst dort wieder ein Schiff besteigen konnten.

## QUER DURCH RHEINHESSEN

In Bingen wich der Pilgerweg nach Süden vom Rhein ab und durchzog das rheinhessische Hügelland, um dadurch den weiten Bogen abzukürzen, den der Fluss um Mainz macht. Unweit von Bingen erhebt sich bei **Ockenheim** der Jakobsberg, auf dem sich seit 1720 die Wallfahrtskapelle zu den Vierzehn Nothelfern befindet. Im Nachbarort **Dromersheim** bestand das Spital Katharinenhof. Ein Etappenziel bildete das 1130 anstelle eines älteren Klosters neu gegründete Augustiner-Chorherrenstift in **Pfaffen-Schwabenheim**. Der frühgotische Chor, der sich inmitten des übrigen, barocken Baubestandes erhalten hat, zählt mitsamt dem steinernen Altarretabel zu den unbekannten Kostbarkeiten auf der Schwelle zwischen Spätromanik und Frühgotik. **Armsheim** besitzt eine auffallend prächtige spätgotische Kirche, die für das kleine Bauern- und Winzerdorf überdimensioniert scheint. Tatsächlich war sie bis zur Reformation Zentrum einer Heilig-Blut-Wallfahrt. Über Biebelnheim mit einem Pilgerhaus und angeschlossener Kapelle erreichte man als Nächstes die Reichsstadt **Gau-Odernheim**. Auch wenn der Ort heute nur noch dörflichen Charakter hat, im Mittelalter war er ein regionales Pilgerzentrum. Denn hier kreuzte sich unser Querweg durch Rheinhessen mit der von Frankfurt über Mainz in Richtung Kaiserslautern herziehenden Handels- und Pilgerstraße. Zur Betreuung der Reisenden gründete 1146 Graf Ludwig III. von Arnstein unmittelbar vor den Mauern der Stadt das Prämonstratenser-Chorfrauenstift Gummersheim, dem ein größeres Spital angeschlossen war. 1565 ließ der Pfälzer Kurfürst das Kloster allerdings auflösen und abbrechen. Doch Gau-Odernheim war im Mittelalter auch selbst

Wallfahrtsziel. Denn Mitte des 9. Jh. übertrug das Metzer Kloster St. Stephan, in dessen Besitz sich die Pfarrkirche des Ortes befand, die Gebeine des hl. Metzer Bischofs Rufus hierher. Damit wurde der Heilige gleichsam als Wächter der Klosterbesitzungen eingesetzt und man verschaffte der eigenen Kirche durch die einsetzende Wallfahrt größere Einkünfte (Ähnliches geschah durch die Übertragung der Gebeine der hll. Metzer Bischöfe Adelphus nach Neuweiler/Elsass und Arnual nach St. Arnual/Saarbrücken). Im 15. Jh. belebte das Mainzer Domkapitel, das mittlerweile in den Besitz der Kirche gelangt war, die Wallfahrt neu und errichtete durch einen Frankfurter Baumeister 1497–1507 den großen Chor. An die Reliquienverehrung erinnert der 1963 im Boden des Chores entdeckte Kalksteinsarkophag aus dem 8./9. Jh., der im Spätmittelalter bemalt wurde, und die 1418 entstandene Deckplatte des Hochgrabes. Die Rufus-Darstellung wurde im Bildersturm der Reformation schwer beschädigt. Damals endete die Wallfahrt. Auch die dreischiffige Basilika des 10. Jh. auf dem benachbarten Petersberg, die in ihrer Krypta vermutlich Reliquien barg, brachen die Bürger in dieser Zeit ab.

Über **Dittelsheim**, dessen romanischer Kirchturm einen ungewöhnlichen zentralbauartigen Turmabschluss trägt, wurde **Bechtheim** erreicht. Das wohl

in fränkischer Zeit entstandene alte Winzerdorf besitzt mit seiner Pfarrkirche St. Lambertus nicht nur ein Zeugnis für die vom Wormser Dom ausstrahlende qualitätvolle Romanik, sondern war auch Stätte eines Reliquienkultes. Die Kirche gehörte mit ihren Einkünften seit dem 8. Jh. zum Besitz des Lütticher Hochstiftes. Daher erklärt sich auch das Patrozinium des in Lüttich 706 ermordeten und dort als Märtyrer verehrten Maastrichter Bischofs Lambertus. 1128–1586 unterstand die Kirche dem Lütticher Augustiner-Chorherrenstift St. Ägidius, das einen Chorherrn als Pfarrer stellen musste. Mitte des 12. Jh. wurde unter Verwendung älterer Mauern des 11. Jh. durch Wormser Bauleute eine flach gedeckte, dreischiffige Pfeilerbasilika errichtet. Ihr Chor wurde höher gesetzt, um unter dem Hochaltar einen tonnengewölbten Durchgang zu errichten. Dieser ist seit dem 18. Jh. vermauert. Er diente der kultischen Verehrung der im Hochaltar geborgenen Reliquien, in dem die Pil-

▲ Gau-Odernheim. Der spätgotische Chor der Pfarrkirche war bis zur Reformation Wallfahrtstätte zu den Gebeinen des hl. Rufus, dessen beschädigte Grabplatte sich an der Chorwand befindet.

◄ Unter dem Chor der romanischen Pfarrkirche von Bechtheim führte ein heute zugemauerter Gang für die Pilger hindurch, die so Reliquien des Patrons Lambertus verehren konnten.

ger unter ihm durchzogen. Aufgrund seiner besonderen Funktion finden sich im Durchgang mittelalterliche Heiligenfresken. Nur im Streiflicht zu erkennen sind Ritzzeichnungen von Architekturfantasien, deren Bedeutung unbekannt ist. In einer Nische des Chores ist in einem Fresko das Martyrium des hl. Lambertus zu sehen. An die einstige Bedeutung des Ortes als Wallfahrtsstätte und Etappe eines Pilgerweges erinnert der Name „Pilgerpfad" einer bekannten Weinlage. Ein Jakobsbrünnchen hält ebenfalls diese Erinnerung wach. Zwischen den Orten Ost- und Westhofen, die auch die Lagenbezeichnung „Pilgerpfad" kennen, erreichten die Pilger über Abenheim mit seiner gotischen Vierzehn-Nothelfer-Kapelle schließlich Worms.

## WORMS

### WALLFAHRTSDOM DER HIMMELSKÖNIGIN

Unmittelbar hinter dem spätmittelalterlichen Mauerring liegt mit der Liebfrauenkirche das einstige Marienheiligtum der bedeutenden Reichsstadt. Die Liebfrauenkirche ist uralten Ursprungs und erhebt sich über dem Nordfriedhof der römischen Stadt. Der große Andrang von Wallfahrern machte Ende des 13. Jh. einen Neubau notwendig. Noch während der Bauzeit wurden die Pläne zur heutigen Größe geändert (Länge 78 Meter!). Ein aufwendiger Umgangschor diente zur Umrundung des Gnadenbildes durch Prozessionen. Erst 1465 war der Bau vollendet. Noch erhalten ist das einst wundertätige Gnadenbild aus dem 13. Jh. Der neugotische Valentinusaltar im südlichen Querhaus erinnert daran, dass die Liebfrauenkirche zugleich ein bedeutendes Kultzentrum dieses Patrons gegen Epilepsie und Gicht war. Zwischen Querhaus und dem doppelstöckigen Kreuzgang befand sich außerdem eine große Jodokus-Kapelle, deren Patrozinium deutlich auf den Pilgerverkehr verweist. Südlich des Stiftskreuzganges lag einst die Pfarrkirche St. Amandus, die eine Krypta besaß. Hier wurde die Erinnerung an diesen bedeutenden Bischof der Wormser Frühzeit wach gehalten. Die Weinberge rund um die Liebfrauenkirche begründeten den vor allem im 19. Jh. klangvollen Weinlagennamen Liebfrauenmilch.

► Am nördlichen Stadtrand von Worms erhebt sich inmitten von Weinbergen die gotische Liebfrauenkirche, einst bedeutendste Marienwallfahrtsstätte in Stadt und Bistum Worms.

### BEGINN EINER HEILIGENKARRIERE

Auf dem Weg zwischen Liebfrauenkirche und Dom lag als zweite Wormser Pilgerstätte die Stiftskirche St. Martin. Die jetzige spätromanische Basilika entstand samt ihrem prachtvollen frühgotischen Hauptportal unter weit gehender Verwendung eines Kirchenbaus des 11. Jh. Im Stiftsbereich lag einst der hoch verehrte Kerker des hl. Martin (316/17–397). Sulpicius Severus (um 360–um 410/25) verfasste noch zu Lebzeiten dieses Heiligen, den er persönlich kannte, dessen Lebensbeschreibung. Darin schildert er unter anderem die Teilnahme des römischen Offiziers am Alemannenfeldzug Kaiser Julians in den Jahren 356/59 am Oberrhein. Demnach bat Martin den Kaiser in Worms, ihn aus dem Militärdienst zu entlassen, da er Christ sei. Der Kaiser vermutete Feigheit als wahren Beweggrund, doch Martin bot an, zum Beweis seines Glaubens nur mit dem Kreuz bewaffnet dem Heer voranzugehen. Daraufhin ließ Julian ihn in Worms einkerkern, bis der Tag kommen sollte. Da sich die Feinde allerdings vorher unterwarfen, musste Martin seinen Mut nicht mehr beweisen. Aufgrund dieses Zeugnisses ist wohl anzunehmen, dass sich eines der zentralen Ereignisse im Leben dieses bedeutenden Heiligen tatsächlich in Worms abgespielt hat. Die früheste Erwähnung einer Wallfahrt zum Kerker stammt aus dem späten 15. Jh. 1485 verlieh Papst Innozenz VIII. allen Wallfahrern einen Ablass. Im Kirchenschatz der Aschaffenburger Stiftskirche wird die ehemals aus St. Martin in Worms stammende Stola des hl. Martin aufbewahrt, die allerdings erst dem 11. Jh. entstammt.

### BARBAROSSAS GABE

Der 1125/30–1190 neu errichtete Wormser Dom, das Hauptwerk staufischer Baukunst in Deutschland, beeindruckte mit seiner Monumentalität und der Kraft seiner plastischen Gliederung sicherlich auch die mittelalterlichen Pilger. Bis zur Zerstörung der Stadt 1689 durch die Truppen Ludwigs XIV. von Frankreich war er Teil einer einzigartigen Baugruppe (heute am Dommodell im Querhaus zu sehen). Vor seiner Südseite lag der Ende des 12. Jh. errichtete Zentralbau der Johanneskirche, während sich nördlich an den Dom die Bischofspfalz mit ihrer Stefanskapelle anschloss.

► Kultischer Anziehungspunkt des Wormser Domes war eine wichtige Nikolaus-Reliquie. Für sie wurde in der Gotik eigens eine große Kapelle angefügt.

Auch die Kathedrale war Pilgerziel, da der große Förderer von Worms, Kaiser Friedrich I. Barbarossa (1152–1190), hier eine bedeutende Reliquie des hl. Nikolaus stiftete. Sie wurde ursprünglich in einer eigenen Kapelle am südlichen Seitenschiff des Domes verwahrt, die man später durch einen gotischen, 1301 geweihten Anbau ersetzte. Das Außenportal zeigt zwei Szenen aus der Legende des Heiligen: Links rettet er ein Kreuzfahrerschiff, das der Teufel im Sturm zerstören will, rechts verhindert er die Hinrichtung ungerecht zum Tode verurteilter Ritter. Der gotische Zugang vom Dominnern ist mit einem Fresko des Pilgerpatrons Jodokus geschmückt.

Das heute in der Nikolauskapelle aufgestellte Relief dreier gekrönter Märtyrerinnen befand sich einst im Bergkloster westlich der Stadt. Die drei Damen, die inschriftlich die keltischen Namen Embede, Warbede und Willebede tragen, sind ein bedeutendes Zeugnis des christlich umgedeuteten, keltisch-römischen Matronenkultes. Ihre überdimensionierten

Heiligenscheine erinnern an die Hauben in antiken Darstellungen dieser Fruchtbarkeitsgöttinnen. Das Relief war Deckplatte eines Hochgrabes und daher wie ein Heiligengrab gestaltet. Vor dem Verlassen des Domes galt ein Blick auch dem aus dem 13. Jh. stammenden Christophorus-Fresko an einem der Vierungspfeiler. Mit über 10 Metern Höhe gehört es zu den größten und ältesten Darstellungen dieses Reisepatrons.

## VON WORMS NACH SPEYER

Vorbei an der Zisterzienserinnenabtei Marien- oder Nonnenmünster verließen die Pilger nach Süden die Stadt und erreichten über Bobenheim mit seiner Jakobuskapelle beim Littersheimer Hof und Roxheim mit der Gemarkung Pilgerpfad **Frankenthal**. Im dortigen neuen Stadtteil Pilgerpfad wurde 1976 ein ökumenisches Gemeindezentrum errichtet, das seinen Patron in Erinnerung an den hier durchführenden Jakobsweg erhielt. 1119 gründete Erkenbert aus dem Geschlecht der Kämmerer von Worms in dem kleinen Dorf das Augustiner-Chorherrenstift Großfrankenthal, während seine Ehefrau Richlinde 1125 für Augustiner-Chorfrauen Kleinfrankenthal errichten ließ. Beide Stifte besaßen Hospitäler für den durchreisenden Pilgerverkehr. Bedeutendster Überrest des in der Reformation durch den Pfälzer Kurfürsten aufgelösten Großfrankenthal ist das romanische Hauptportal, das nach dem Vorbild des Wormser Domnordportals geschaffen wurde. Über Schifferstadt mit seinem 1255 erstmals urkundlich belegten Jakobus-Patrozinium erreichten die Pilger anschließend Speyer.

## SPEYER

### DIE SALIERSTADT ALS PILGERZENTRUM

Die glanzvolle Reichsstadt Speyer bildete einen wichtigen Knotenpunkt im mittelalterlichen Pilgerverkehr. Hier trennten bzw. vereinigten sich die Wege nach Rom und Jerusalem (über Ulm). Die Jakobspilger, die dem Verlauf des Rheins von Norden gefolgt waren, verließen in Speyer mangels geeigneter Wege entlang des nun frei mäandrierenden Stromes meist den Weg längs des Flusses und zogen entweder über

Auch in Worms bestand wohl seit römischer Zeit ein Matronenkult, der christlich umgedeutet wurde, wie diese Grabplatte in der Nikolaus-Kapelle des Wormser Domes zeigt.

Landau am Haardt- und Vogesenrand nach Süden weiter oder bogen durch den Pfälzerwald in Richtung Metz ab. Andere folgten trotzdem dem Rhein nach Straßburg und Basel. Die meisten Pilger nach Santiago kamen durch Speyer wohl aus Richtung Osten über Nürnberg und Rothenburg ob der Tauber und zogen ebenfalls nach Westen weiter. Für den Rheinübergang waren sie mangels einer Brücke auf den Fährbetrieb angewiesen.

An die lange vergessene Bedeutung Speyers als wichtige Etappe auf dem Weg nach Santiago erinnert seit 1990 die überlebensgroße Bronzefigur eines mittelalterlichen Jakobspilgers. Mitten im Strom der Fußgänger schreitet er vom Dom durch die platzartige Maximilianstraße in Richtung Altpörtel, dem monumentalen westlichen Stadttor des frühen 13. Jh. Ganz in der Nähe des Altpörtel stand im Mittelalter die Jakobskirche als eine der elf Pfarrkirchen. Wie ganz Speyer fiel sie leider der Zerstörung durch die Truppen des „Sonnenkönigs" Ludwig XIV. von Frankreich zum Opfer. Nie wieder aufgebaut wurden ihre Ruinen 1836 endgültig abgebrochen. Einzig ein Brunnen von 1929 mit dem Relief „Jakobs Traum von der Himmelsleiter" bezeichnet noch heute ihren Stand-

## Pilger-Heilige

Da Pilger auf ihrer Wallfahrt oft großen, unberechenbaren Gefahren ausgesetzt waren, riefen sie bestimmte Heilige als himmlische „Reiseschutzversicherung" an. An allererster Stelle stand natürlich der hl. Jakobus, Schutzpatron aller Pilger schlechthin. Doch nicht nur er allein war im Mittelalter für Wallfahrer zuständig, die sich absicherten, indem sie immer mehrere Heilige anriefen. Ein Indiz für den Verlauf von Pilgerwegen sind neben Reliquienschätzen und Spitälern oft auch die Patrozinien der Kirchen auf dieser Strecke. Heilige wie Leonhard, Ägidius, Antonius der Einsiedler oder Maria Magdalena, deren Gräber meist auf dem Hin- oder Rückweg nach Santiago in Frankreich besucht wurden, sind solche Wegmarkierungen. Neben Jakobus ist aber der zweite große Schutzpatron der

Pilger der hl. **Jodokus**. Wie dieser wird er in Pilgertracht dargestellt. Allein eine Krone zu seinen Füßen unterscheidet ihn. Denn der Legende nach war er ein schottischer Königssohn, der sein Leben als Pilger und Einsiedler beschloss. Sein Grab befindet sich in St-Josse-sur-Mer. Daneben sind **Rochus** und **Wendelin** (Grab in St. Wendel) weitere internationale Pilger-Patrone und werden daher auch in Pilgertracht dargestellt. Aufgrund ihrer Legende waren für die gefährlichen Flussüberquerungen besonders Nikolaus und Christophorus zuständig. Letzterer findet sich meist übergroß in vielen Kirchen an Pilgerwegen dargestellt, da sein Anblick vor dem plötzlichen (unvorbereiteten) Tod an diesem Tag schützen sollte.

► Trotz der fast völligen Zerstörung Speyers 1689 durch die Truppen Ludwigs XIV. blieb an einer Hausecke die spätgotische Figur des Pilgerpatrons Jodokus erhalten.

ort. Das alttestamentliche Thema wurde mit Rücksicht auf die neue Synagoge gewählt, die sich von 1837 bis zur so genannten Reichskristallnacht 1938 auf dem Areal der Jakobskirche befand. An der Kirche bestand eine Jakobus-Bruderschaft und eine Pilgerherberge. Vielleicht stammt auch das Relief aus dem frühen 13. Jh., das die Krönung zweier Pilger durch Jakobus zeigt und sich heute im Historischen Museum der Pfalz befindet, von hier. Die Nachricht, dass 1561 ein als Jakobspilger verkleideter Speyerer Bürger das Altarbild der Jakobskirche durchstach, wirft ein deutliches Licht auf die spannungsreichen Zustände innerhalb der zur Reformation übergetretenen Reichsstadt.

Zeichnungen überliefern die interessante Gestaltung des romanischen Turmabschlusses in Form eines Zentralbaus, ähnlich jenen in St. Johannes in Speyer, St. Paul in Worms, Guntersblum und Dittelsheim. Gedeutet werden kann diese ungewöhnliche Architektur als Hinweis auf die Grabeskirche in Jerusalem. Tatsächlich bestand in der nördlichen Vorstadt Altspeyer ein romanischer Rundbau als Nachbau der Grabeskirche, den zwei Bürger nach ihrer Rückkehr vom zweiten Kreuzzug gestiftet hatten. Diese Rotunde besaß ebenfalls einen ähnlichen achteckigen Kuppelaufbau. Seit 1207 war sie Kirche eines

Priorates der Heilig-Grab-Brüder aus Denkendorf. Auf die Bedeutung Speyers für den Jakobsweg verweisen neben den zahlreichen Hospitälern auch einige Jodokus-Altäre in den Kirchen der Stadt. Auf halber Strecke zwischen Dom und Jakobskirche hat sich trotz der Stadtzerstörung an einer Hausecke (Kutschergasse/Kleine Pfaffengasse, Original im Historischen Museum der Pfalz) die spätgotische Figur dieses Pilgerheiligen erhalten, die inschriftlich als *sant Jost* bezeichnet und auf 1462 datiert wird. Damit ist sie eine der ältesten Darstellungen dieses für den deutschen Jakobskult so wichtigen Begleit-Heiligen.

## ROMANISCHES WELTKULTURERBE

Jeder Pilger, der über Speyer reiste, besuchte sicherlich den gewaltigen Dom, monumentales Denkmal der salischen Dynastie, die ihn 1025/30–um 1106 als Grablege errichten ließ. Neben der Abteikirche von Cluny ist er der größte Sakralbau der Romanik. Nicht nur durch seine Größe, sondern auch mit seiner ungewöhnlichen Innen- und Außengliederung sowie den frühen Gewölben setzte er europaweit Maßstäbe. Die Maria geweihte Kathedrale war dank eines Gnadenbildes der Himmelskönigin zugleich ein bedeutender Wallfahrtsort. Es konnte zwar vor der Zerstörung von Dom und Stadt 1689 gerettet werden, wurde aber von den französischen Revolutionstruppen 1794 verbrannt. Heute erinnert eine moderne Nachbildung an die Wallfahrtstradition. Eine Legende verknüpft den Aufenthalt des hl. Bernhard von Clairvaux anlässlich seiner Kreuzzugspredigt vor König Konrad III. an Weihnachten 1146 in Speyer mit dem Gnadenbild. Als der Gründer des Zisterzienserordens und große Marienverehrer den Dom betrat, begrüßte er das Gnadenbild mit den Worten „o clemens, o pia, o dulcis virgo maria", wobei er mit drei Sprüngen zum Chor gelangte. Die so geehrte Holzfigur, die wunderbarerweise sprechen konnte, gab ihm Antwort, worauf Bernhard es mit dem berühmten Paulus-Wort „Das Weib schweige in der Kirche" zum ewigen Verstummen brachte. Seine in Speyer entstandene Anrufung wurde jedenfalls Zusatz des Salve Regina, das die Zisterzienser als Abschluss des Tages beten. Dieser marianische Gruß ist nach mittelalterlichem Vorbild in Messingbuchstaben im Mittelschifffußboden eingelassen.

Wer nicht wie die meisten Reisenden am Haardt- und Vogesenrand nach Süden ziehen wollte, konnte entlang des Rheins weitergehen, auch wenn hier der Uferweg nach größeren Hochwassern oftmals zerstört war und der Fluss seinen Lauf änderte. Nächste Station war **Germersheim** mit seiner gotischen Jakobus-Pfarrkirche und dem benachbarten Servitenkloster. Dieses gründete Pfalzgraf Ruprecht I. kurz nach der Mitte des 14. Jh. zur Betreuung der Pilger. An der Kirche bestand eine Jakobus-Bruderschaft. Über Lauterburg und Kloster Selz mit dem Grab der hl. Kaiserin Adelheid erreichten die Pilger dann Straßburg.

▲ Der Speyerer Dom besaß nicht nur als Grablege deutscher Könige, sondern auch als wichtiger Marienwallfahrtsort besondere Bedeutung.

## Der Rhein als Pilgerachse

Allein die dichte Folge an nachgewiesenen Hospitä-lern zeigt schon die Bedeutung des Rheintals für den mittelalterlichen Pilgerverkehr nach Rom, Jerusalem, Einsiedeln und Santiago. Mit Köln, Mainz, Worms, Speyer, Straßburg und Basel lagen einige der bedeutendsten deutschen Städte des Mittelalters auf der Strecke. Das Mittelrheintal zwischen Koblenz und Bingen mit seinen zahlrei-chen Burgen und ummauerten Fachwerkstädten zeigt noch am deutlichsten den Reichtum des Handelsweges. Die Erhebung zum Weltkulturerbe der UNESCO brachte dies vor kurzem wieder ins allgemeine Bewusstsein.

Als wichtige Nord-Süd-Verbindung wurde der Rhein schon seit der Antike genutzt. Im Oberrheingraben führten römische Straßen entlang des Hochufers und des Haardt- bzw. Vogesenrandes, die auch im Mittelalter noch stark genutzt wurden. Von größter Wichtigkeit war natürlich der Schiffsverkehr, der auch für das Pilgerwesen ein rasches Fortkommen zumindest auf der Talfahrt ermöglichte. Neben einer zügigen Reisegeschwindigkeit war die große Sicherheit vor Überfällen im Vergleich zu den Landwegen ein großer Vorteil. Natürlich war die Schifffahrt nicht kostenlos, sodass sie sich nicht jeder leisten konnte. Der Transport war durch die Rhein-Metropolen streng geregelt, da in Etappen gereist wurde.

Neben den Schiffen waren die großen Flöße, die vom Oberrhein Schwarzwaldholz in die Niederlande transportierten, ein auch für den Personenverkehr geeignetes Reisemittel. Der Rheinfall in Schaffhau-sen und die Felsen im Binger Loch waren die beiden großen Hindernisse, die auf dem Land umgangen wurden. Das Wallfahreraufkommen war in Jahren mit besonderen Großereignissen wie einem Heiligen Jahr in Rom oder der Heiltumsweisung in Aachen im 14. und 15. Jh. besonders groß. So kamen etwa im Jahr 1450 pro Tag eintausend Pilger allein per Schiff durch Basel. Spektakuläre Unfälle blieben bei einem solchen Massenandrang nicht aus, da manchmal auch betrunkene oder unerfahrene Schiffer eingesetzt wurden. 1358 sank ein Pilger-schiff nach der Kollision mit der Basler Rheinbrücke und riss 200 Menschen in den Tod.

Rheinaufwärts war die Schifffahrt weitaus mühe-voller und langsamer, sodass allein der Reisekom-fort einen Pilger veranlassen konnte, hier mitzufah-ren. Denn die Schiffe wurden von Pferden gezogen (getreidelt). Die Treidelpfade, die zwar durch den Fluss immer wieder zerstört, aber rasch wiederher-gestellt wurden, waren als Landweg für den Pilgerverkehr besonders wichtig. Aufgrund der dichten Folge von Domen und Stiftskirchen an seinem Ufer wurde das Rheintal im Mittelalter „Pfaffengasse" genannt.

## ENTLANG DER DEUTSCHEN WEINSTRASSE

Wer auf der Rhein-Strecke nicht über die im Mittelal-ter teuren Reichsstädte Worms und Speyer ziehen wollte und stattdessen dem Haardt- und Vogesen-rand folgte, bog zwischen Armsheim und Biebeln-heim nach Alzey ab, von wo aus man über Flomborn kommend den nicht unbedeutenden Wallfahrtsort **Zell** erreichte. Hier ließ sich um die Mitte des 8. Jh. der angelsächsische Wanderpriester Philipp mit seinem Gefährten Horoscolf nieder und errichtete eine Mi-chaelskapelle. Nach beider Tod um 800 setzte ihre

Verehrung ein, wodurch es 975/76 zur Gründung ei-nes Stifts durch den Salierherzog Otto von Kärnten kam. Es unterstand bis zur Auflösung 1551 als Priorat der Benediktinerabtei Hornbach. Die mittelalterliche Kirche besaß einen Altar für den Pilgerpatron Jodo-kus. Eine 1407 gegründete Bruderschaft zur Vereh-rung des hl. Philipp konnte sogar einige Mitglieder des deutschen Hochadels aufweisen. Die barocke ka-tholische Pfarrkirche hält die Erinnerung an den hl. Philipp wach, während die evangelische Kirche am Platz und mit den Steinen der mittelalterlichen Stiftskirche im frühen 17. bzw. 18. Jh. erbaut wurde.

In **Klein-Bockenheim** bildete bis zur Reformation die Propstei des Prämonstratenser-Chorherrenstiftes Wadgassen/Saar eine Pilgerstation. Während die ehemalige Propsteikirche St. Martin ihren mittelalterlichen Baubestand bewahren konnte, blieb von der benachbarten Pfarrkirche Liebfrauen nur der zinnengeschmückte Wehr- und Glockenturm zurück. Die Flurbezeichnung „Pilgerpfad" im Nachbarort Groß-Bockenheim und die ehemals in Dirmstein, Grünstadt und Neuleiningen vorhandenen Spitäler sowie die Jakobskirchen in Weißenheim am Berg und Dackenheim zeigen die Wegführung entlang des Haardtrandes nach Süden. In **Bad Dürkheim** fanden Pilger ein Hospital vor, dessen Kapelle dem hl. Jakobus geweiht war und einen Jodokusaltar besaß. Auch die drei Benediktinerinnenklöster im heutigen Stadt-

gebiet, vor allem das am längsten bestehende Seebach, boten bis zur Reformation Möglichkeiten der Versorgung.

Ein hochrangiges Wallfahrtsziel bildete die Benediktinerabtei **Limburg an der Haardt**, deren malerische Ruine hoch über Bad Dürkheim liegt. Anlässlich seiner Erhebung zum ersten König aus der Familie der Salier wandelte Konrad II. zusammen mit seiner Gemahlin Gisela 1025 die Stammburg des Hauses in ein Kloster um. Zeitgleich mit Konrads Dombau in Speyer entstand als eines der schönsten und eindrucksvollsten Zeugnisse salischer Baukunst die 1042 geweihte Säulenbasilika. 1504 brannten Truppen des Grafen von Leiningen in ihrem Krieg gegen Kurpfalz

▬ Oberhalb von Bad Dürkheim liegen die Ruinen der Abtei Limburg aus dem 11. Jh. Auf Pilger wartete hier ein reicher Reliquienschatz.

▶ Oberhalb von Klingenmünster liegt inmitten von Weinbergen die Nikolauskapelle, eines der Kleinode romanischer Baukunst der Pfalz.

die Abtei jedoch völlig nieder. Ein bescheidener Wiederaufbau wurde durch die Aufhebung des Klosters 1571 gestoppt.

Zur Weihe der Kirche übergab Konrad II. den rechten Arm der hl. Luzia. 1046 brachte dessen Sohn, Kaiser Heinrich III., eine bedeutende Kreuzreliquie hierher, nach der sich die Abtei nun nannte. In der Klosterkirche befand sich ein hölzernes Gnadenbild der Gottesmutter, das vor der Zerstörung der Limburg gerettet werden konnte. 1842 wurde es auf dem Speicher der Kirche in Grethen am Fuße des Klosters gefunden. Auf einer Versteigerung 1877 erwarb es der Pfarrer von St. Maria im Kapitol in Köln, wo sich die Figur aus dem frühen 14. Jh. noch heute befindet.

Der Weg entlang des Pfälzer Waldes führte über **Wachenheim** mit seinem Hospital und einem Jodo-

kusaltar in der spätgotischen Bruder-Ludwig-Kapelle neben der Pfarrkirche nach **Deidesheim**. Dieser Ort war bis zur Französischen Revolution im Besitz des Speyerer Hochstiftes, sodass die Fürstbischöfe die Wasserburg gerne als Sommerresidenz nutzten. An der Fernstraße, die als Hauptstraße den Ort durchzieht, befindet sich das noch heute als Altersheim dienende Hospital. Barocke Gebäude rahmen die von einer Landshuter Bauhütte errichtete spätgotische Kapelle. 1494 stiftete ein in bischöflichen Diensten stehender, kinderloser Ritter von Übelhirn diese Anlage auf dem Höhepunkt spätmittelalterlichen Pilgerverkehrs.

Über Lobloch bei Gimmeldingen mit der spätgotischen Nikolauskapelle und Haardt mit der romanischen Burgkapelle St. Nikolaus, deren Apsis das Vorbild des Speyerer Domes wiederholt, erreichte der Weg **Neustadt an der Weinstraße**. Durch die Rathausstraße lief der Pilger direkt auf die Doppelturmfassade der gotischen Stiftskirche zu. Sie erinnert mit ihrer Grablege einiger Kurfürsten von der Pfalz an die mittelalterliche Blütezeit der Stadt als zweitwichtigste Stadt innerhalb der Kurpfalz. 1356 erhob Pfalzgraf Ruprecht I. zum Seelenheil seiner Familie und seines hier begrabenen Bruders Rudolf II. die Ägidienpfarrkirche zum Kollegiatstift. 1368 begann der Neubau des Chores, der 1383 geweiht wurde. Die Vollendung des Langhauses und der Türme zog sich dann allerdings bis 1489 hin. Für die mittelalterlichen Pilger war vor allem der reiche Reliquienschatz von Interesse, der 1379 und 1383 durch Ruprecht I. dem Stift übergeben wurde. Er enthielt neben Passions- und Marienreliquien Partikel von mehr als 180 Heiligen, die in Schaugefäßen gefasst waren. Die Herkunft wichtiger Reliquien von König Karl V. von Frankreich und dessen Bruder Herzog Johann von Berry, Kaiser Karl IV. und Sohn Wenzel sowie König Ludwig dem Großen von Ungarn und seiner Gattin Elisabeth spiegelt die damaligen politischen Konstellationen und die große Bedeutung des Kurfürsten von der Pfalz wieder. Mit der Auflösung des Stiftes 1561 verschwand auch der Neustadter Heiltumsschatz spurlos. Vermutlich sollte der nördliche Glockenturm der Kirche als Reliquienkammer ausgebaut werden. Das Erdgeschoss war als Durchgang mit steinernem Weihwasserkessel gestaltet, sodass die Pilger auch außerhalb der Reliquienzeigungen wie bei einem Heiltumsstuhl aus Stein unter den Schätzen verehrend durchziehen konnten.

Auf den großen Pilgerverkehr in der Stadt war nicht nur die dem hl. Jodokus geweihte Karnerkapelle auf dem Friedhof, sondern auch die zahlreichen Hospitäler ausgerichtet: Noch vollständig erhalten ist der Branchweilerhof östlich vor der Stadt, dessen Hauptgebäude die gotische Spitalkapelle enthält. Er wurde vom Kurfürsten unterhalten. Im Ortsteil Mußbach kümmerten sich die Johanniter im so genannten Herrenhof um die Pilger. Ebenfalls vor der Stadt lag das städtische Gutleuthaus. Innerhalb der Mauern befanden sich die Elendenherberge für Pilger beiderlei Geschlechts und eine 1411 ausschließlich für Pilgerinnen gestiftete Unterkunft.

Vom südlichen Stadttor führte der Weg hinauf nach **Hambach** mit seiner Jakobuskirche, wo er sich

mit der wichtigen Ost-West-Verbindung Speyer-Metz kreuzte. Die Pilger, die nach Süden wollten, zogen weiter über Sankt Martin, das Zisterzienserinnenkloster Heilsbruck bei Edenkoben, Rhodt unter Rietburg mit seiner Jakobus-Bruderschaft und Hainfeld mit den Figuren der hl. Jakobus und Jodokus am barocken Hochaltar der Pfarrkirche nach **Landau**. Die im 13. Jh. von den Grafen von Leiningen in der Ebene gegründete Stadt bot Wallfahrern gute Unterkunftsmöglichkeiten. Die gotische Stiftskirche der Augustiner-Chorherren barg zwei Seitenaltäre, die den Heiligen Jakobus und Jodokus geweiht waren. In der Bettelordenskirche der Augustiner-Eremiten konnte in den 60er-Jahren im nördlichen Seitenschiff ein gotisches Fresko freigelegt werden, das Jakobus bei einer Pilgerkrönung zeigt.

Der Weg entlang des Haardtrandes führte anschließend weiter nach **Klingenmünster**. Die wohl schon im 7. Jh. entstandene Benediktinerabtei, die 1491 in ein Stift umgewandelt und 1565 aufgelöst wurde, bot willkommene Unterkunft. Im barocken Neubau der Kirche sind noch Teile der romanischen Westfassade enthalten. Innerhalb der noch vorhandenen klösterlichen Ringmauer befand sich eine Kapelle des hl. Jakobus. Auf halber Strecke hinauf zur staufischen Burg Landeck, die Sitz der Klostervögte war, liegt in den Weinbergen unweit der Landesklinik die romanische Nikolauskapelle. Vermutlich gehörte sie zu einem außerhalb gelegenen Hospital. Von hier aus zweigte eine Nebenstrecke durch das Klingbachtal sowie Birkenhördt und Busenberg mit ihren Jakobuskirchen nach Westen in Richtung Sarreguemines ab. Eine besondere Pilgerattraktion auf dieser Strecke dürfte die um 740 gegründete Benediktinerabtei Hornbach gewesen sein, die bis zur Reformation das Grab des hl. Missionsbischofs Pirmin barg.

Über Bad Bergzabern, einer Residenz der Herzöge von Pfalz-Zweibrücken, die auch ein Hospital besaß, gelangten die Pilger zur Abteistadt Weißenburg im Elsass. Von hier aus setzte sich der Weg entlang des Vogesenrandes bis zur Burgundischen Pforte fort. Im Elsass boten sich den Pilgern auf dieser Strecke mit Neuweiler, dem Odilienberg, Rufach und Thann weitere attraktive Wallfahrtsstätten.

Abteien und Reichsstädte

# VON EISENACH NACH KAISERSLAUTERN

### DER WEG DURCH DIE RHÖN

Zu Füßen der Wartburg verließen die Pilger auf der Fernhandelsstraße Leipzig–Frankfurt/Main Eisenach nach Südwesten. Über Marksuhl erreichten sie bald das Ufer der Werra. Nach wenigen Kilometern entlang des Flusses bot die Benediktinerinnenabtei

▶ Hoch über Eisenach ragt die Wartburg auf, einst Residenz der Thüringer Landgrafen.

Kreuzberg in **Philippsthal** nicht nur willkommene Unterkunft, sondern mit der Klosterkirche auch ein dem hl. Jakobus geweihtes Heiligtum. Ende des 12. Jh. wurde die Abtei von Hersfeld aus gegründet und bestand bis zu ihrer Auflösung durch Landgraf Philipp den Großmütigen von Hessen (1526). Die romanische Säulenbasilika wurde 1733 in ihrem Baubestand etwas verändert, als man die ehemaligen Klostergebäude zum Barockschloss ausbaute.

Auf der Brücke von **Vacha**, die 1342 von der Abtei Fulda, Besitzerin der Stadt, aufgrund des hohen Verkehrsaufkommens in Stein ausgeführt wurde, überquerten die Reisenden wenig später den Fluss. Vor den Stadtmauern fanden sie im Servitenkloster Unterkunft, dessen gotischer Chor noch als Friedhofskapelle erhalten ist. Hier schrieb der Mönch und Jakobspilger Hermann Künig 1495 „Die Wallfahrt und Straß zu sant Jakob", den ersten Pilgerführer in deutscher Sprache, der bis 1521 mehrfach aufgelegt wurde. Anfang des 14. Jh. stiftete Abt Heinrich V. von Fulda an der Brücke das Marienhospital.

**Rasdorf** war dank seines im frühen 9. Jh. durch Fulda gegründeten Benediktinerklosters nächstes Etappenziel der hier am Rand der Rhön entlangführenden Straße. Die Mutterabtei versorgte die Filiale 838 mit Reliquien der hl. Cäcilia, ihres Verlobten Valerian und ihres Schwagers Tiburtius. Schon Ende des 10. Jh. mussten die Mönche Stiftsherren weichen. Die Stiftskirche entstand im späten 13. Jh., wobei die prächtigen Kapitelle samt Säulen und Basen aus dem 831 geweihten Vorgängerbau wieder verwendet wurden. Mit ihrem rätselhaften Figurenschmuck sowie ihrer Antikennähe erregten sie sicherlich schon die Aufmerksamkeit der Pilger.

Über Neuwirtshaus erreichte die Straße **Hünfeld**, wo sich ebenfalls seit dem frühen 9. Jh. ein Fuldaer Tochterkloster befand, das wie in Rasdorf schon bald zum Kollegiatstift umgewandelt wurde. Von der Stiftskirche, die einen bedeutenden Heilig-Kreuz-

eines Vorgängerbaus neu errichteten Pfarrkirche St. Bartholomäus und St. Jakobus zogen die Pilger anschließend auf Fulda zu.

## FULDA

Der Besuch der Klosterstadt gehörte für mittelalterliche Pilger wohl zu den eindrucksvollsten Erlebnissen. Vier mit Klöstern bekrönte Hügel (Frauenberg, Johannesberg, Neuenberg und Petersberg) umgaben in symbolischer Kreuzform die riesige Abteikirche im Tal. Ausgehend von der 744 durch den hl. Sturmius im Auftrag von Bonifatius als Missionskloster gegründeten Benediktinerabtei entstand noch vor der Jahrtausendwende eine beeindruckende Sakrallandschaft.

### PETERSBERG

Erste Station für die von Norden kommenden Wallfahrer war der Petersberg. Hier ließ der Fuldaer Abt und spätere Mainzer Erzbischof Rabanus Maurus (822–842) eine Benediktinerpropstei errichten, in die der Leichnam der großen angelsächsischen Missi-

→ Die ehem. Stiftskirche von Rasdorf verwendete in ihrem Neubau des 13. Jh. die reich geschmückten Kapitelle der karolingischen Vorgängerkirche wieder.

Partikel sowie Stola und Manipel des hl. Bischofs Ulrich von Augsburg als Pilgerattraktionen besaß, blieb allein der spätgotische Chor übrig. Vollständig erhalten ist aber die ab 1507 neu erbaute Pfarrkirche des Stiftes. Der dreischiffige Bau mit seinen schlanken Pfeilern und der neugotischen Ausstattung ist dem hl. Jakobus geweiht. Das Jakobus-Patrozinium gehörte im Territorium der Reichsabtei Fulda zu den beliebtesten. In Hünfeld vereinigte sich ein Pilgerweg aus Nordhessen über Hersfeld mit unserer Straße. An die Bedeutung des Ortes als Zwischenstation auf dem Weg nach Santiago erinnert eine moderne Jakobusfigur. Über Steinau mit seiner 1960/61 anstelle

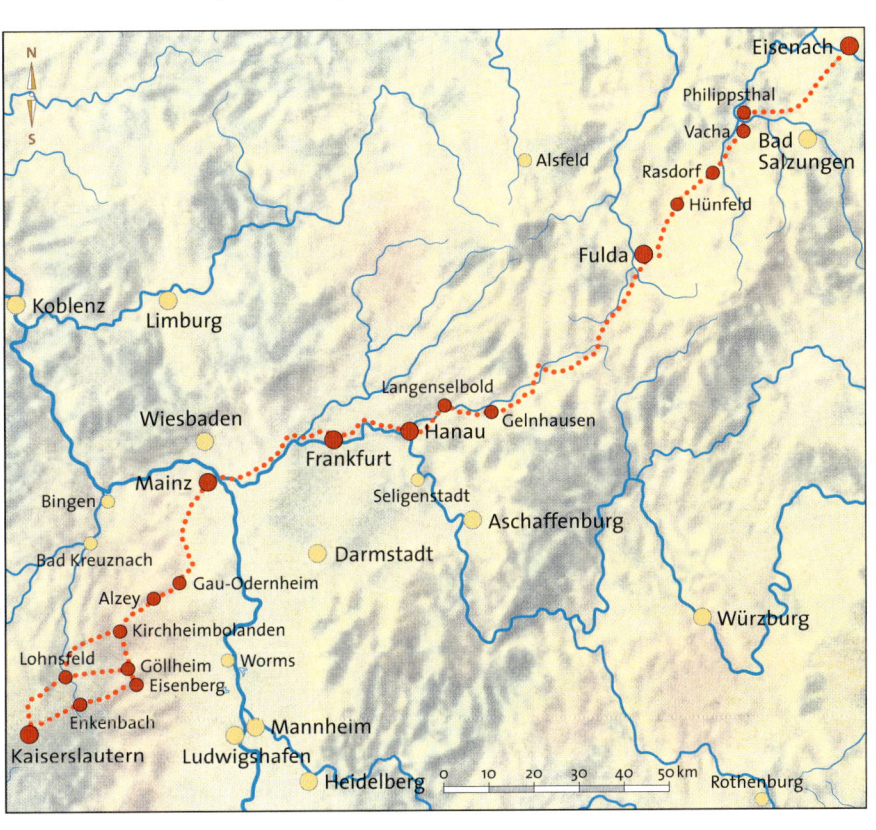

▲ Die Zierseite in einer karolingischen Handschrift mit der Vita des hl. Bonifatius schildert in zwei Miniaturen Missionstätigkeit und Ermordung dieses Apostels Deutschlands.

► Die Michaelskapelle in Fulda aus dem 11. Jh. ist ein Nachbau der Grabeskirche in Jerusalem.

onsgefährtin des Bonifatius, der hl. Lioba, umgebettet wurde. Vom 836 geweihten Ursprungsbau ist allein noch die Krypta erhalten, die zu den ältesten in Deutschland gehört. Sie wurde zur Verehrung der großen Heiligen errichtet, deren Sarkophag samt Bronzeinschrift noch im Quergang ruht. Während ihre Gebeine im Mittelalter erhoben wurden, entwickelte sich der Brauch, dass Mütter ihre kranken Kinder zur Heilung kurz in den offenen Sarkophag legen konnten, der daher den Namen „Schreistein" erhielt. In den drei Nischen der Krypta, die noch seltene Reste karolingischer Wandmalereien aufweisen, standen einst Altäre. Sie bargen weitere wichtige Reliquien. Das schlichte spätgotische Langhaus der Kirche weist mit den sechs vermauerten romanischen Steinreliefs hervorragende Reste des einstigen baukünstlerischen Schmucks auf. Das riesige spätgotische Fresko des hl. Christophorus ist auf den großen Pilgerverkehr ausgerichtet.

Die drei übrigen Benediktinerpropsteien des Fuldaer Kirchenkreuzes besitzen mit Ausnahme von Neuenberg im barocken Baubestand keine mittelalterlichen Reste mehr. Für Pilger waren sie aufgrund der vom Mutterkloster beschafften Märtyrerreliquien ebenfalls besuchenswert.

## ABTEI

Die Benediktinerabtei Fulda gehörte in karolingischer und ottonischer Zeit zu den bedeutendsten Klöstern Europas. Sie war zunächst hochrangiges Missions- und Kulturzentrum, entwickelte sich aber immer mehr hin zu einem unabhängigen Klosterstaat. Seit 1220 war der Abt Reichsfürst, der über ein gewaltiges Territorium herrschte. Sinnfälliger Ausdruck der Bedeutung Fuldas war die 791–819 erbaute Abteikirche, die zusammen mit dem östlichen Atrium und dem westlich angeschlossenen Klosterbau die erstaunliche Länge von 219 Metern besaß! Zur Blütezeit Ende des 8. Jh. bestand der Konvent aus 400 Mönchen. Leider ist von der mittelalterlichen Pracht nichts mehr erhalten, da im frühen 18. Jh. durch den Baumeister Johann Dientzenhofer ein vollständiger Neubau in den Formen stadtrömischen Hochbarocks erfolgte. Damals wurde auch das kultische Zentrum der Abtei, das Grab des hl. Bonifatius, in barocken Formen neu inszeniert. Der silberne Altar, die prunkvolle Verkleidung des Hochaltars samt den Reliquiaren rund um das Haupt des Bonifatius, befindet sich heute im Dommuseum. Dort kann auch der Ragyndrudis-Codex besichtigt werden, den Bonifatius angeblich bei seinem Martyrium durch die heidnischen Friesen bei sich hatte und der Hiebspuren der Mörder aufweist. Dem Gründerabt Sturmius sowie den Gebeinen dreier römischer Märtyrer galt die weitere Verehrung. Daneben häufte die Abtei im Laufe der Jahrhunderte einen reichen Reliquienschatz an, der im so genannten Heiltumshaus aufbewahrt wurde.

## JAKOBSKAPELLE

Der Jakobuskult scheint in Fulda besondere Bedeutung besessen zu haben. So traten mehrere Äbte die lange Reise nach Santiago an, was den relativ hohen Bestand von sechs Jakobusreliquien im Fuldaer Heiltumsschatz erklärt. Zahlreiche Kirchen im Hoch-

stift erhielten zudem ein Jakobus-Patrozinium. Südlich der Abteikirche errichtete Fürstabt Bertho II. von Leibolz (1261–71) eine Jakobuskapelle als Sühne für den Überfall ihm unterstehender Ritter auf durchreisende Santiagopilger. Da er hart gegen diese Raubritter vorging, wurde er von ihnen in dieser Kapelle während einer Messe ermordet. Hier fand er auch sein Grab. Der mittelalterliche Bau wurde beim Neubau der Abteikirche im frühen 18. Jh. zwar abgerissen, doch das Patrozinium erhielt die barocke Hauskapelle der Domdechanei, heute Teil des Dommuseums. In der alten Jakobuskapelle wird im 14. Jh. mehrfach ein Altar „auff der Hünner Hort" erwähnt. Diese merkwürdige Bezeichnung lässt darauf schließen, dass sich beim Altar ein Hühnerstall befand, eine seltsame Kombination, die sich wohl aus der Legende des Hühnerwunders erklärt, das der hl. Jakobus an einem zu Unrecht zum Tode verurteilten Pilger wirkte.

## MICHAELSKAPELLE

Der einzige noch erhaltene mittelalterliche Bau im Abteibezirk ist die 822 geweihte Michaelskapelle. Der Rundbau ist die älteste noch bestehende Nachbildung der Jerusalemer Grabeskirche in Deutschland. Vom ersten Bau ist noch die über einer Säule gewölb-

te Krypta erhalten. Ende des 11. Jh. wurde der auf acht Säulen ruhende Zentralbau mit vier Kreuzarmen neu errichtet. In der Mitte befand sich ein Nachbau des Heiligen Grabes. Ein reicher Reliquienschatz, der in den Altären geborgen war, machte die Kapelle zusätzlich für Pilger attraktiv. An den Heilig-Grab-Kult erinnert die wie eine Grabplatte gearbeitete Steintafel des 14. Jh., die in Ritzzeichnung Passionssymbole (arma Christi) zeigt.

In Fulda bestanden im Spätmittelalter mehrere Hospitäler, die sich der Pilger annahmen. Die Leonhards- und die Jodokusbruderschaft, die jeweils einen gleichnamigen Altar in der Stadtpfarrkirche besaßen, betreuten eines davon.

## VON FULDA NACH FRANKFURT

Von Fulda aus konnten die Jakobspilger über Marburg mit dem Grab der hl. Elisabeth von Thüringen nach Köln und Aachen ziehen. Ansonsten folgten sie der Handelsstraße in Richtung Frankfurt am Main, die durch das Kinzigtal verlief. Stationen waren hier die Benediktinerabtei Schlüchtern und Steinau an der Straße, deren Kirchen jeweils einen Jakobusaltar

## Hühnerwunder

Die Gefahren einer Fernwallfahrt wurden für Pilger in der Legende des so genannten Hühnerwunders verarbeitet: Ein deutsches Ehepaar war mit seinem Sohn auf dem Jakobsweg schon bis Santo Domingo de la Calzada gelangt. Dort mussten sie in einer Herberge übernachten. Die Tochter des Wirtes versuchte vergeblich, den Sohn zu verführen. Aus Rache steckte sie heimlich einen silbernen Becher in die Reisetasche (ein anderer Erzählstrang schreibt dies dem Wirt zu). Als der vermeintliche Diebstahl morgens bemerkt wurde, ließ der Wirt alle Gäste durchsuchen. Der Sohn, der anstelle seines Vaters die Schuld auf sich nahm, wurde des Diebstahls angeklagt und gehängt. Der Besitz des Verurteilten fiel an den Wirt. Die verzweifelten Eltern pilgerten weiter nach Santiago und baten Jakobus um Hilfe.

Auf dem Rückweg fanden sie ihren Sohn noch lebendig am Galgen hängend, da ihn der Heilige die ganze Zeit gehalten hatte. Die Kunde des Wunders drang rasch zum Richter vor, der das Urteil gesprochen hatte. Voller Spott bezeichnete er den Sohn als so lebendig wie die gebratenen Hühner auf seinem Mittagstisch. Daraufhin flatterten diese wundersam davon. Nun wurde der betrügerische Wirt seiner gerechten Strafe zugeführt. In Santo Domingo de la Calzada zeigte man den mittelalterlichen Pilgern die Nachfahren dieser Hühner. Sie konnten eine Feder erwerben, die sie angeblich vor Gefahren auf dem Pilgerweg schützte. Das Hühnerwunder ist die im Zusammenhang mit Jakobus am häufigsten zu findende Darstellung.

besaßen, letztere zudem noch mit Jakobus-Bruderschaft. Über Bad Soden und Salmünster erreichten die Pilger **Gelnhausen**. Hier kreuzte die Spessart-Vogelsberg-Straße die Kinzigtalstraße. Im Schutz der von Kaiser Friedrich I. Barbarossa errichteten Königspfalz entwickelte sich eine aufstrebende Stadt. Im Zentrum steht noch immer der im frühen 13. Jh. entstandene Bau der vieltürmigen Marienkirche, der zu den schönsten deutschen Kirchen auf der Schwelle zwischen Spätromanik und Frühgotik zählt. Die drastische Darstellung des Weltgerichts am 1240/50 entstandenen Lettner verfehlte auch auf die durchziehenden Pilger seine Wirkung nicht. Mit den Niederlassungen der Johanniter und Deutschherren sowie den beiden Stadthöfen der reichen Zisterzienserabteien Haina und Arnsburg gab es für die Wallfahrer ein ausreichendes Angebot an kostenlosen Unterkünften.

Im nahen **Langenselbold** bestand an der Stelle des heutigen Barockschlosses bis zur Auflösung 1525 ein Prämonstratenser-Chorherrenstift, das ebenfalls Wallfahrer aufnahm. Von hier war es nicht mehr weit bis Frankfurt. Wer noch etwas Zeit hatte konnte sich einen Abstecher über Großauheim mit seiner Jakobskirche nach **Seligenstadt** am Main gönnen. Dort gründete im frühen 9. Jh. Einhard, Vertrauter und Biograf Karls des Großen, eine Benediktinerabtei. Für sie erwarb er 828 die Gebeine der römischen Märtyrer Petrus und Marcellinus. Während das karolingische Langhaus der Gründungszeit noch erhalten ist, mussten die Ostteile einem spätromanischen Neubau in der Nachfolge der Gelnhausener Marienkirche weichen. In einer romanischen Seitenkapelle befindet sich der barocke Prunksarkophag der Stifter Einhard und Imma. In der Nähe der Abteikirche hat sich zur Mainfähre hin noch eine Wand der von Kaiser Friedrich II. erbauten Königspfalz erhalten.

## FRANKFURT AM MAIN

Auf dem langen Weg von Erfurt her erreichten die Pilger in Frankfurt am Main wieder eine mittelalterliche Großstadt. Hier kreuzten sich mehrere Handels- und Pilgerwege. Auf dem Main fuhren die Schiffe der Ungarn-Pilger, die nach Aachen zogen und sich in

Miltenberg eingeschifft hatten. Von Nürnberg aus kam über Aschaffenburg und Seligenstadt eine wichtige Straße von Südosten, während von Norden die Straßen von Marburg und Köln einmündeten.

▲ Durch die romanischen Arkaden der Königspfalz Gelnhausen geht der Blick auf die vieltürmige Marienkirche des frühen 13. Jh.

## ST. BARTHOLOMÄUS

Schon von weitem grüßte das Wahrzeichen der Stadt, der prächtige spätgotische Pfarrturm von St. Bartholomäus mit seiner ungewöhnlichen Spitze. In der Kirche des Bartholomäusstiftes, das sich aus der Pfalzkapelle entwickelt hatte, fanden seit dem 12. Jh. immer wieder Königswahlen statt, bis schließlich Kaiser Karl IV. in der so genannten „Goldenen Bulle" diese Tradition gesetzlich festlegte. Seit der zweiten Hälfte des 16. Jh. war den aus dem Geschlecht der Habsburger stammenden Kaisern der Weg zur Krönung nach Aachen zu umständlich, sodass sie diese Zeremonie gleich in der Bartholomäuskirche erledigen ließen. Die Kirche zog durch ihre Reliquie des Patrons Pilger an, die am Jakobus-Altar zudem ihren Apostel verehren konnten. Innerhalb des um 1420 entstandenen Bartholomäus-Freskenzyklus im Chor findet sich eine interessante Darstellung von Jakobspilgern.

## ST. LEONHARD

1219 schenkte Kaiser Friedrich II. den Frankfurter Bürgern einen Bauplatz direkt an der Anlegestelle der Schiffe, um dort eine Kirche der hll. Maria und Georg zu errichten. Im Innern der in der Spätgotik aufwen-

▲ Ein Tympanon in der Frankfurter Leonhard-kirche zeigt den hl. Jakobus, wie er von zwei Pilgern verehrt wird.

dig erweiterten Kirche des frühen 13. Jh. ist ein sehr schönes Zeugnis der Jakobsverehrung zu sehen. Im nördlichen Seitenschiff findet sich ein zugesetztes spätromanisches Portal, dessen Tympanon Jakobus zeigt, der ein Buch mit Muschel vor sich hält, und zwei ihn verehrende Pilger, deren Taschen mit Muscheln geziert sind. Einer der beiden hält reisebereit einen Pilgerstab in Händen. Dieses Relief gehört zu den ganz frühen deutschen Jakobus- und Pilgerdarstellungen! In der Kirche stand auch ein Jakobusaltar. Neben dem Portal befindet sich eine der Sehenswürdigkeiten Frankfurts, die seit ihrer Entstehung 1508/16 immer wieder von Besuchern der Stadt bewundert wurde: das freihängende Maßwerkgewölbe mit einer eingearbeiteten Figur, die Christus an der Geißelsäule darstellt. Einige Jahre nach seiner Gründung 1317 erhielt das an der Kirche angeschlossene Stift eine Reliquie des hl. Leonhard, dessen Haupttheiligtum Saint-Leonhard-de-Noblat an einer der französischen Jakobswege lag. Vor dem spätgotischen Ausbau der Kirche wurde die Reliquie den zahlreichen Pilgern von einer Außenkanzel gezeigt. Aufgrund der großen Verehrung verdrängte Leonhard allmählich die beiden früheren Kirchenpatrone. Neben der Kirche bestand eines der ältesten Hospitäler der Stadt, das 1280 vom Rat verlegt wurde.

## HOSPITÄLER

Aufgrund des großen Pilgeraufkommens kam es in der reichen Handels- und Messestadt zu zahlreichen weiteren Hospitalstiftungen. Eines davon besaß den schönen Namen Compostell, wodurch seine Zweckbestimmung anschaulich zum Ausdruck kommt. Es unterstand dem Deutschen Orden und lag in der Nähe des Stadthofes der Zisterzienserabtei Arnsburg, der eine Jakobskapelle mit Reliquien des Apostels enthielt. Am Sachsenhausener Ufer der mittelalterlichen Steinbrücke befand sich seit dem späten 12. Jh. ein weiteres Hospital, gestiftet vom einflussreichen Reichsministerialen Kuno von Münzenberg. 1221 wurden Hospital und Kirche dem Deutschen Orden übergeben, der hier eine der bedeutendsten deutschen Kommenden errichtete. Während Deutschordenshaus und Fassade der Kirche der barocken Erneuerung angehören, ist das Innere des 1309 geweihten gotischen Raumes unverändert erhalten. Die Kommende besaß Reliquien der hl. Elisabeth von Thüringen, der Deutschordenspatronin, die in einer eigenen Kapelle verehrt wurden. Das ungewöhnliche Leben der Heiligen wird in einem Freskenzyklus über dem Chorgestühl geschildert.

##  MAINZ

Zwischen den Hängen des Taunus und dem Ufer des Main zogen die Pilger weiter in Richtung Mainz. Schon von weitem baute sich die prachtvolle Rheinfront der seit der Römerzeit bedeutenden Stadt auf, die vom großartigen Ensemble der Kathedrale mit den vorgelagerten Kirchen Liebfrauen und Johannis beherrscht wurde. Über dem Giebel- und Dächermeer ragten eindrucksvoll drei mit Klöstern bzw. Stiften besetzte Hügel auf.

### JAKOBSKLOSTER

Die mittlere Erhebung zwischen St. Stephan und St. Alban, der „schöne Berg" genannt, trug die 1055 fertig gestellte Jakobuskirche der gleichnamigen Benediktinerabtei. Gestiftet wurde sie Mitte des 11. Jh. von den Erzbischöfen Bardo und Luitpold. Ihr Nachfolger

Erzbischof Siegfried I. (1060–1084) förderte die Abtei ebenfalls. Er ist zudem der erste nachgewiesene Mainzer Pilger nach Santiago. 1072 unternahm er mit führenden Vertretern des Adels wie der Gräfin Richardis von Sponheim diese Wallfahrt. Allerdings trat er schon auf der Hinreise in der berühmten Reformabtei Cluny ein, des Lebens als Kirchenfürst überdrüssig. Sein Domkapitel verweigerte jedoch die Zustimmung, sodass er rasch wieder nach Mainz zurückkehren musste, ohne das Apostelgrab gesehen zu haben.

Unverhofft trat die Abtei 1114 in direkten Kontakt mit Santiago, als der dortige Kardinal Richard mit sei-

nen Begleitern im Mainzer Jakobskloster freundliche Aufnahme fand. Unterwegs in kirchenpolitischer Mission, um für die Erhebung Santiagos zum Erzbistum in Deutschland zu werben, erwies er sich gegenüber seinen Gastgebern als außerordentlich großzügig. Richard schenkte der Abtei bedeutende Reliquien, darunter auch solche ihres Titelheiligen. Zudem verlieh der Kardinal einen großzügigen Ablass für die künftigen Pilger, die am Festtag der Translation des hl. Jakobus (30.12.) die Heiltümer verehrten. Anfang des 14. Jh. versuchte die Abtei nach turbulenten Zeiten die Wallfahrt wieder zu beleben, indem sie eine Fülle weiterer Ablässe erwarb. 1319 ließen die Mönche

▲ Der Merianstich des 17. Jh. führt den Kirchen- und Klosterreichtum des mittelalterlichen Mainz deutlich vor Augen. Den linken Hügel krönt die Abtei St. Alban, rechts daneben das Jakobskloster.

## Vorbereitung zur Fernwallfahrt

Wer eine Fernwallfahrt antreten wollte, hatte nicht nur die nötige Kleidung zu besorgen. Er musste auch eine ungefähre Vorstellung gewinnen, in welche Richtung es gehen sollte. Wanderführer und Karten im heutigen Sinn gab es nicht. Daher waren potenzielle Pilger auf die Erzählungen heimgekehrter Wallfahrer angewiesen. In den jeweiligen Etappenorten mussten sie dann wieder nachfragen. Wer es etwas komfortabler haben wollte, mietete sich einen Pilgerführer, der die

Strecke mit all ihren Schwierigkeiten schon kannte und mitging. Vor Antritt einer Fernwallfahrt, die ja bis über ein Jahr dauern konnte, musste das Einverständnis des Ehepartners bzw. der Eltern und Angehörigen sowie des Ortspfarrers eingeholt werden. Da die Gefahr groß war, unterwegs zu sterben, galt es, vor der Abreise ein Testament aufzusetzen. Ganz zum Schluss erhielt der Pilger in seiner Heimatpfarrkirche den Pilgersegen und eventuell auch ein Beglaubigungsschreiben.

ein neues Hospital errichten, da anscheinend wieder verstärkt Pilger nach St. Jakob strömten. 1516 erhielten die Reliquien einen neuen Schrein. Auf der Jakobsberg genannten Erhebung im Süden der Stadt erinnert innerhalb der im 17. Jh. um das Kloster gebauten Zitadelle nichts mehr an die geweihte Stätte.

### St. Alban

Auf dem Nachbarhügel des Jakobsberges erhob sich bis zur Zerstörung im Markgräflerkrieg 1552 die Benediktinerabtei St. Alban. Der Titelheilige des Klosters erlitt im spätrömischen Mainz sein Martyrium, wobei er seinen abgeschlagenen Kopf bis zur gewünschten Grabstätte trug. In karolingischer und ottonischer Zeit war die Abtei von immenser Bedeutung, sodass sie zeitweise als Grablege für Angehörige des Kaiserhauses diente. 935 ließ der Mainzer Erzbischof zehn seiner spätrömischen und fränkischen Vorgänger hierhin umbetten. 1137 fanden die Mönche bei der Erneuerung des Kirchenfußbodens die Gebeine der römischen Märtyrer Aureus und Justina. Insgesamt war St. Alban das bedeutendste Pilgerziel der Stadt Mainz.

Ein weiteres wichtiges Mainzer Heiltum war das Schweißtuch Christi, das angeblich die als Heilige

► Zu den aufwendigsten mittelalterlichen Hospitalbauten in Deutschland zählt das Mainzer Heilig-Geist-Spital.

verehrte Gründerin des Frauenklosters Altmünster, Bilhildis, Mitte des 7. Jh. durch eine fränkische Prinzessin geschenkt bekam. Das feine alexandrinische Gewebe soll einst im Grab das Gesicht Christi bedeckt haben. Es ist ein Teil des in Kornelimünster verehrten Hauptstücks.

## HOSPITÄLER

In Mainz, Residenz eines Erzbischofs und Kurfürsten sowie bedeutende Handelsstadt, gab es genügend Unterkunftsmöglichkeiten in den zahlreichen geistlichen und weltlichen Hospitälern. Zu den großzügigsten Hospitalbauten in Deutschland gehört das Heilig-Geist-Spital in der Mailandsgasse, das 1145 als Domspital gegründet und 1236 an den Rhein verlegt wurde. Nach der Restaurierung der 70er Jahre des 20. Jh. präsentiert es sich weitgehend wieder im Zustand der Erbauungszeit. Mit seiner prächtigen spätromanischen Gliederung der Fenster und Portale (das Hauptportal in Kopie, Original seit 1862 im Dom als Zugang zur Gotthardkapelle) und der gewölbten Pfeilerhalle des Krankensaales verdeutlicht es eindrucksvoll, welchen Stellenwert Krankenpflege und Beherbergung von Pilgern als Werke der Barmherzigkeit im Mittelalter zukamen. Auf der Ostseite kragt der Altarerker der Spitalkapelle aus dem Obergeschoss vor. Beim Bau der Stadtbefestigung wurde das Hospital in die rheinseitige Mauer integriert, sodass selbst nach Schließung der Stadttore hier noch spät ankommende Pilger Aufnahme finden konnten. Allerdings wurde auch ein Teil des Wehrgangs durch das Gebäude geführt.

## VON MAINZ NACH KAISERSLAUTERN

Von Mainz aus konnten die Pilger entlang des Rhein-Hochufers über Oppenheim dem Fluss nach Süden folgen oder aber, was wahrscheinlicher ist, direkt Rheinhessen und den Pfälzerwald durchqueren, um in Kaiserslautern die Strecke nach Metz zu erreichen. Über Ober-Olm mit seiner gotischen Valentinskapelle, Udenheim und Undenheim, beide jeweils mit beeindruckenden spätgotischen Dorfkirchen und ehemals

mit Hospitälern ausgestattet, gelangten die Wallfahrer nach Gau-Odernheim (vgl. hierzu das Kapitel zum Streckenabschnitt zwischen Köln und Speyer).

Nur wenige Kilometer nach Westen liegt die einstige kurpfälzische Amtsstadt **Alzey**. Das dortige mittelalterliche Spital erfüllte bis 1898 seine Funktion und dient heute als städtisches Museum. Kostenlose Unterkunft und Verpflegung gewährten auch die drei Zisterzienserinnenklöster, die in der Nähe lagen. Über Ilbesheim mit der Gemarkung „Pilgermorgen", Kirchheimbolanden mit Spital und Bolanden mit einem Prämonstratenser-Chorfrauenstift zu Füßen der Burg erreichten die Pilger Göllheim.

Auf dem höchsten Berg der Pfalz, dem **Donnersberg**, der einst ein großes keltisches Oppidum trug, befand sich seit unbekannter Zeit eine dem hl. Jakobus geweihte Kapelle. Sie war Ziel einer lokalen Wallfahrt, wohl als christliche Fortsetzung eines heidnischen Kultes. Im 14. Jh. wurde ihr ein Kloster des Eremitenordens der Pauliner angeschlossen, das bis zur Reformation bestand. Bis auf eine im heutigen Gasthaus Waldhaus eingemauerte gotische Sakramentsnische haben sich aber keine Reste erhalten.

Die Pilger konnten den Donnersberg entweder von Kirchheimbolanden aus im Norden umgehen und kamen über das von Graf Ludwig III. von Arnstein 1145 gegründete Prämonstratenser-Chorfrauenstift Marienthal, vorbei an Burg Falkenstein und Winnweiler nach **Lohnsfeld**. Die mittelalterliche Jakobskirche des Ortes befand sich im Gegensatz zum heutigen, 1602 errichteten Bau etwas außerhalb des Dorfes am Einsiedlerberg. In Lohnsfeld mündete auch die von Göllheim aus südlich am Donnersberg vorbeiführende Fernstraße. Von hier aus zogen die Pilger wohl über die 1143 gegründete Zisterzienserabtei **Otterberg**, deren 1254 geweihte Kirche zu den bedeutendsten Zeugnissen spätstaufischer Kunst in Deutschland gehört, nach Kaiserslautern. Von Göllheim aus konnten die Pilger auch noch etwas südlich bis Eisenberg wandern und von dort über die von Worms kommende Handelsstraße vorbei an der Burg Stauf nach **Enkenbach** gelangen. Dort bot das 1148 wiederum von Graf Ludwig III. von Arnstein gegründete Prämonstratenser-Chorfrauenstift Unterkunft und Essen. Von hier war es nicht mehr weit bis Kaiserslautern (vgl. hierzu das Kapitel zum Streckenabschnitt zwischen Nürnberg und Saarbrücken).

Stauferherrlichkeit und Bürgerstolz

# Von Nürnberg
# nach Saarbrücken

## 🐚 Nürnberg

Bis zur fast vollständigen Zerstörung im Zweiten Weltkrieg galt Nürnberg als die am besten erhaltene mittelalterliche Großstadt Deutschlands. Am Schnittpunkt wichtiger Fernhandelsstraßen gelegen entwickelte sie sich zu einer der bedeutendsten deutschen Handelsstädte, deren Blütezeit vom 14. Jh. bis zum Dreißigjährigen Krieg reichte. Entsprechend vielfältig waren daher auch die Pilgerwege, die hier zusammenliefen bzw. abzweigten. Über Pilsen kam die bedeutende Straße von Prag, aus dem Donauraum führte die Strecke über Regensburg durch Nürnberg und von Leipzig bestand über Hof eine wichtige Nord-Süd-Verbindung. Über Nördlingen und Ulm konnten die Pilger in Richtung Bodensee reisen, während Frankfurt am Main über Würzburg erreicht wurde. Am wichtigsten für die Jakobspilger scheint der Weg in Richtung Westen über Rothenburg und Speyer gewesen zu sein.

Keimzelle der Stadtentwicklung war die von Kaiser Heinrich III. um 1040 gegründete Reichsburg, die bis ins Spätmittelalter als Kaiserpfalz diente. Noch heute überragt sie als Wahrzeichen das Häusermeer der in ihren Umrissen wieder aufgebauten Altstadt. Macht und Reichtum Nürnbergs zeigten sich den Reisenden schon beim Blick auf die gewaltige Stadtbefestigung

und beim Besuch der beiden Bürger-Kathedralen Sebald und Lorenz. Die Bevorzugung unter den Städten des Reiches geht auf Kaiser Karl IV. zurück, der in der „Goldenen Bulle", einer Art Reichsgrundgesetz, 1356 unter anderem festlegte, dass ein neu gewählter deutscher König seinen ersten Reichstag hier abzuhalten habe.

### St. Sebald – Ein heiliger Pilger als Stadtpatron

Nürnbergs Bedeutung für den Pilgerverkehr zeigt sich am sinnfälligsten im Stadtpatron Sebaldus, dessen Legende und Darstellung eine geschickte Kombination aus Motiven des Jakobus- und Jodokuskultes ist. Sebaldus war angeblich ein dänischer Königssohn, der sich im 8. Jh. nach einer Pilgerfahrt mit den Heiligen Willibald und Wunibald bei der Nikolauskapelle zu Füßen der Nürnberger Burg als Einsiedler niederließ. Nachdem er gestorben war, legte man seinem Wunsch entsprechend den Leichnam auf einen Ochsenkarren, um den Ort seines Grabes zu bestimmen. Das Gespann stoppte an der Peterskapelle, wo Sebaldus dann auch bestattet wurde. Schon im späten 11. Jh. scheint eine Wallfahrt zu diesem heiligen Pilger eingesetzt zu haben, sodass er zum Patron der Pfarrkirche wurde. Die um 1400 geschaffene Steinfigur des Sebaldus am Choreingang zeigt den Heiligen

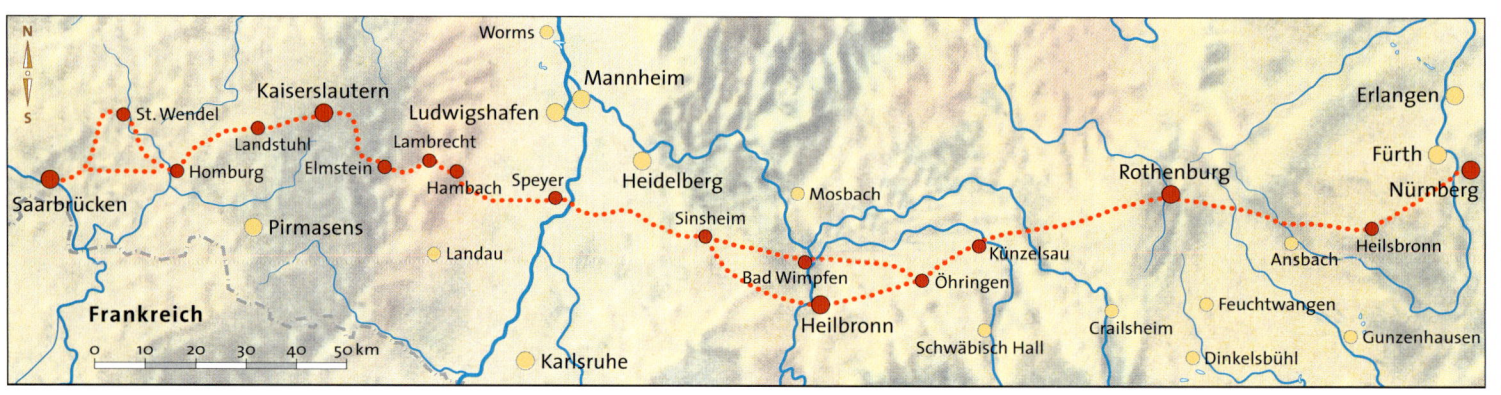

in Pilgerkleidung mit Jakobsmuscheln am Hut. Pilgerstab und Krone zu seinen Füßen sind von Jodokusdarstellungen übernommen. Einzig das Kirchenmodell in seiner Hand unterscheidet ihn von diesem Pilgerpatron.

Seit dem Ende des 14. Jh. ruht Sebaldus in einem silberbeschlagenen Schrein. Er ist mit Reichsadlern und dem Stadtwappen in einem gotischen Rautenmuster geschmückt, was deutlich seine Funktion als Stadtpatron zeigt. 1507 gab der Rat der Stadt bei Peter Vischer dem Älteren einen Baldachin für den Schrein in Auftrag. Bis 1519 schuf er zusammen mit seinen Söhnen Peter und Hermann das absolute Meisterwerk mittelalterlichen Bronzegusses. Ebenso unübertroffen wie die technische Ausführung ist die einzigartige Mischung von Elementen der Spätgotik und der Renaissance. Allein die Idee, als Trägerfiguren zwölf Schnecken einzusetzen, ist genial. Inmitten des weiten Chorraumes aufgestellt ist der Baldachin nicht nur ein Denkmal der Verehrung für den Stadtpatron, sondern auch werbewirksames Aushängeschild für die Leistungskraft Nürnberger Kunsthandwerks. Während im unteren Bereich Reliefs Wunder und Leben des hl. Sebaldus zeigen, umstehen Apostelfiguren an den Stützen des Baldachins den Schrein. Der mit drei höchst fantasievollen Kuppeln bekrönte Aufbau erscheint als Abbild der Himmelsstadt, dessen Bewohner Sebaldus durch sein heiliges Leben geworden war.

## DES REICHES SCHATZ

Die Heiligsprechung des Sebaldus 1425 steht in direktem Zusammenhang mit der ein Jahr zuvor durch König Sigismund erfolgten dauerhaften Aufbewahrung der Reichskleinodien in Nürnberg. Auf einen Schlag stieg die Stadt damit für ein Jahrhundert zu einem Wallfahrtsort besonderer Prägung auf. Sigismund flüchtete den Schatz vor den Hussiten von Prag nach Ungarn und dann nach Nürnberg, wo er als Fischtransport getarnt 1424 eintraf. Hier sollte er auf ewige Zeiten verbleiben, was die Nürnberger gegen viele Widerstände bis 1796 auch verteidigen konnten. Denn er brachte der Stadt nicht nur Ruhm, Ehre und eine gewisse Vorrangstellung im hauptstadtlosen Deutschen Reich ein, sondern war als Ziel von Pilgern auch ein nicht zu unterschätzender Wirt-

schaftsfaktor. Schon wenige Wochen nach Ankunft der Reichskleinodien ließ der Rat eine erste Heiltumsweisung vornehmen, die jährlich vierzehn Tage nach Karfreitag für zwei Wochen stattfinden sollte. Vorbild war natürlich die Aachener Heiltumsweisung. König Sigismund verlieh der Stadt zudem das Recht, während dieser Zeit eine Handelsmesse abzuhalten. 1433 wurde diese durch ein Königsprivileg sogar zur Reichsmesse erweitert, was allerdings erfolgreichen Widerstand bei den Konkurrenten Frankfurt und Nördlingen hervorrief.

Besonders Kaiser Karl IV. machte sich letztmalig um eine Sakralisierung des deutschen Kaisertums verdient. Er bestimmte die Umdeutung der Krönungsinsignien und Gewänder als Ornat seines großen Vorbildes Kaiser Karls des Großen. Da dieser 1165

▲ Zu Ehren des Stadtpatrons Sebaldus ließ der Nürnberger Rat im frühen 16. Jh. einen höchst aufwendigen Bronzebaldachin gießen.

► Die Schauseite der Nürnberger Frauenkirche aus der zweiten Hälfte des 14. Jh. wendet sich dem Marktplatz zu. Michaelschörlein und Balkon über dem Hauptportal waren zur Aufbewahrung und Zeigung der Reichskleinodien gedacht.

heilig gesprochen worden war, galten nun die Reichskleinodien als Berührungsreliquien. Das Reichsschwert wurde als Schwert des Ritterheiligen Mauritius angesehen. Das große Reichskreuz barg die Heilige Lanze, in die ein Nagel Christi eingelassen ist. Darüber hinaus umfasste der Schatz weitere Reliquien, die zum Teil in der noch erhaltenen Burse aufbewahrt wurden. Karl IV. bemühte sich sehr um die kultische Verehrung der Reichskleinodien, die er in Prag unter reicher Ablassgewährung vorzeigen ließ. Ab 1355 ließ der Kaiser in Nürnberg anstelle des gewaltsam zerstörten Judenviertels die Frauenkirche errichten. Vermutlich plante er, die Reichskleinodien darin dauerhaft zu verwahren. Denn die prachtvolle gotische Architektur des Michaelschörleins über der Vorhalle des Hauptportals erklärt sich nur als geplanter Aufbewahrungsort des Reichsschatzes, eine Art steinerner Heiltumsstuhl, unter dem die Gläubigen durchziehen konnten. Tatsächlich fand hier aber nur 1361 eine Weisung des Reichsschatzes anlässlich der Taufe seines Sohnes Wenzel statt, während die Kostbarkeiten ansonsten auf der sicheren Burg Karlstein bei Prag verwahrt wurden. Erst König Sigismund erinnerte sich wieder an das Versprechen seines Vorgängers.

## NÜRNBERGER HEILTUMSSCHAU

Aufbewahrt wurden die Reichskleinodien nun aber nicht in der Frauenkirche, sondern in der Kirche des Heilig-Geist-Spitals, da dieses allein der Aufsicht der Stadt unterstand. 1438 ließ der Rat durch zwei Goldschmiede ein silbernes Gehäuse nach dem Vorbild des Sebaldusschreines anfertigen, in dem die Reliquien aus dem Reichsschatz aufbewahrt wurden. Aus Sicherheitsgründen und um sie Pilgern zugänglich zu machen, hing der Schrein an Ketten vom Gewölbe des Chores herab. Krönungsornat und Reichsinsignien wurden in einem feuersicheren Raum über der Sakristei verwahrt. Das Hospital besaß das Recht zur privaten Zeigung des Schatzes, was eine willkommene Einnahmequelle war.

Einmal im Jahr wurden die Reliquien zudem in die Nonnenklöster St. Katharina und St. Klara gebracht, damit auch die in strenger Klausur lebenden Schwestern Gelegenheit zur persönlichen Verehrung hatten. Margaretha Grundherr, Äbtissin des Klaraklosters, beschreibt die Ergriffenheit des Generalvikars der Franziskaner 1481 bei einer solchen privaten Zeigung: „… und als er hinauß kom, da weiset man im denoch vor nachtz das wirdig heiltum, er das gar mit großer inikeit sach und sich gar andechtiglichen neiget und niderkniet und in sein hent nam und an sein hercz trückt und küßet und überflüßg zeher vergoß … Und da er das heilig sper ansach, da ward er aüßprüchig und mocht sich nit enthalten und verendert weiß und geperd und wort und wart laütsam schreyen und winseln also, daß die ratherrn und ander, die darpey warden, auch müsten weinen …"(zitiert nach Klaus Arnold).

Die große, öffentliche Heiltumsweisung ließ der Rat nicht vom Balkon der Frauenkirchenvorhalle vornehmen, sondern dafür eigens ein mit Tüchern ge-

schmücktes Holzgerüst, einen Heiltumsstuhl, auf dem Marktplatz errichten. Denn so konnte der Rat der Stadt die Pilgergaben vollständig behalten und musste nicht mit dem Patronatsherrn der Frauenkirche teilen. Der mit über sieben Jahren schon reiche Ablass konnte von den Gläubigen durch den Besuch von fünf Nürnberger Kirchen noch vermehrt werden. Zehntausende strömten daher herbei. Nach jeder Königskrönung in Aachen, später Frankfurt, zu der die Patrizier die Kleinodien brachten, wurde der Schatz dem Volk ebenfalls einige Tage gezeigt. Mit der Einführung der Reformation 1525 endete die öffentliche Heiltumsweisung. Dennoch ließ der Rat weiterhin die Reliquien in der Heilig-Geist-Kirche hochgestellten Pilgern und Wallfahrergruppen zeigen.

## ST. JAKOBUS

Unter den zahlreichen Kirchen Nürnbergs ist eine der ältesten Jakobus geweiht. Ursprünglich wohl zu einem Königshof gehörend, übergab König Otto IV. sie 1209 an den Deutschen Orden, der hier eine der ersten und bedeutendsten Kommenden in Deutschland errichtete. Innerhalb der seit 1525 evangelischen Reichsstadt blieb sie eine katholische Enklave. Nach den Kriegszerstörungen wurde die gotische Kirche vereinfacht wiederhergestellt, während die ausgela-

◄ In der Nürnberger Jakobskirche findet sich auch eine gotische Figur des Patrons in Pilgertracht.

gerte Ausstattung erhalten blieb. Der um 1370 von einem Nürnberger Meister gemalte Hochaltar zeigt auf den Außenseiten der Flügel eine Kreuzigung mit Stifterfiguren und dem hl. Jakobus neben seinem Bruder Johannes. Weitere mittelalterliche Darstellungen des Kirchenpatrons in Stein haben sich innerhalb der Kirche erhalten. An der Stelle der frühklassizistischen Elisabethkirche befand sich bis ins 18. Jh. das Spital des Deutschen Ordens. Hospital und Jakobskirche lagen direkt an der hier aus der Stadt führenden Reichsstraße nach Frankfurt. Ursprünglich vor der Stadt gelegen, umschloss sie erst im späten 14. Jh. der äußere Mauerring.

## PILGERHERBERGEN

Ebenfalls den durchziehenden Pilgern widmete sich auch das Nürnberger Schottenkloster, das dem hl. Ägidius geweiht war. 1140 kamen auf Wunsch König Konrads III. und seiner Gemahlin Gertrud iroschottische Mönche aus Regensburg und Würzburg zur Besiedlung. Nach einem verheerenden Brand 1696 bauten die Mönche ihre Kirche in zeitgemäßen Formen wieder auf, während drei Kapellen südlich des Chores ihre mittelalterliche Architektur und Ausstattung bewahrt haben. Besonders sehenswert ist die spätromanische Euchariuskapelle, die in der Nachfolge der Burgkapelle steht.

Die Jakobskirche war Teil der Nürnberger Deutschordenskommende. Die Ordensritter errichteten für ihr Chorgebet einen gotischen Langchor.

## Pilger-Ausrüstung

Da Wallfahrten meist zu Fuß durchgeführt wurden, waren gute Schuhe sowie Ersatzsohlen dringend erforderlich. Ein weiter, dicker Wollmantel schützte tagsüber vor Nässe und Kälte. Nachts diente er oft als Decke. Die Pelerine unserer Tage erinnert nicht nur in der Form, sondern auch im Namen an den Pilgermantel. Ein möglichst breitkrempiger Hut war Sonnen- und Regenschutz zugleich. An ihm befestigten Pilger stolz Plaketten der besuchten Wallfahrtsorte. An einem Umhängegurt trug der Pilger die lebensnotwendige Wasserflasche. Da sie möglichst leicht sein sollte bestand sie aus Leder oder aus einem Flaschenkürbis (Kalebasse). In einer meist hirschledernen, wasserdichten Umhängetasche konnte etwas Proviant mitgeführt werden. Zur Stütze und manchmal auch zur Verteidigung führte der Pilger einen langen Holzstab mit. Im breiten Gürtel verbarg er das mitgeführte Bargeld. Am Gürtel hingen Messer und Löffel. Kleidung zum Wechseln dürfte der Pilger nicht mitgeführt haben, da er mit möglichst wenig Gepäck unterwegs war. Waren Hemd und Hose zerschlissen, so musste er auf mildtätige Gaben der Klöster und Spitäler hoffen oder sich vor Ort neue kaufen. Durch die festgelegte Kleiderordnung, die für alle Pilger zwingend war, waren sie als solche zu erkennen und von ihren Mitmenschen entsprechend barmherzig zu behandeln.

Mitte des 14. Jahrhunderts entstanden durch zahl-reiche Stiftungen Nürnberger Patrizier zwei zusätz-liche, eigens für Pilger errichtete Hospitäler. Während vom Heilig-Kreuz-Hospital an der Ecke Johannis-straße/St. Johannis-Mühlgasse seit 1945 nur noch be-scheidene Ruinenreste der Kapelle vorhanden sind, steht die gotische Kirche des Martha-Hospitals an der Königstraße bis heute aufrecht. Letzteres war auf die von Regensburg her in die Stadt kommenden Pilger ausgerichtet. In den mittelalterlichen Glasfenstern des Chores findet sich auch eine Jakobus-Darstel-lung.

Ein Besuch des Germanischen Nationalmuseums in den Räumen des Kartäuserklosters ist auch für Ja-kobus-Interessierte lohnend. Denn hier ist die gut er-haltene Pilgerkleidung und -ausrüstung des Nürn-berger Patriziers Stefan III. Praun ausgestellt, der sich um 1570 nach Santiago aufmachte.

◄ An die Gastfreund-schaft der Zisterzien-serabtei Heilsbronn erinnert die frühgoti-sche Hospitalkapelle, die nach der Auflösung des Klosters in der Reformation in ein Wohnhaus umgewan-delt wurde.

## VON NÜRNBERG NACH ROTHENBURG

Wohl wichtigstes Etappenziel zwischen Nürnberg und Rothenburg ob der Tauber war die Zisterzienserabtei **Heilsbronn**. 1132 durch den heiligen Bischof Otto von Bamberg gegründet, erhielt die Klosterkirche daher nicht nur das im Zisterzienserorden vorgeschriebene Marien- sondern auch ein Jakobus-Patrozinium. Trotz Auflösung in der Reformation blieb hier ein Großteil der hervorragenden mittelalterlichen Altarausstattung erhalten. Daher ist das Münster ein wahres Schatzhaus Nürnberger Mal- und Schnitzkunst. Nicht nur bei den fränkischen Hohenzollern, sondern beim gesamten Adel des Umlandes war die Abtei als Grabstätte äußerst beliebt, was den Mönchen zusätzlich große Einkünfte brachte.

An den Pilgerverkehr nach Santiago erinnert in der romanischen Heidecker-Kapelle eine spätgotische Statue des hl. Jakobus. Überbaut mit einem Fachwerkhaus blieb im stark zerstörten und verbauten Klosterbereich die schöne Kapelle des Klosterhospizes aus der Zeit um 1230/40 erhalten. Auf ihre einstige Funktion weist noch der Straßenname Spitalgasse hin. Sicherlich durften sich die Pilger hier auch am Lebkuchen laben, den das Heilsbronner Kloster noch vor Nürnberg massenhaft produzierte.

► Die Werktagsseite des Hochaltars in der Rothenburger Jakobskirche war ganz dem Pilgerpatron gewidmet. Die Darstellung der Pilgerkleidung gehört zu den genauesten des Mittelalters.

Von der mittelalterlichen Jakobuskirche in **Weihenzell**, das am Weg in Richtung Rothenburg liegt, blieb nur der Turm erhalten, während der ansbachische Hofbaumeister Gabriel de Gabrieli das Langhaus im frühen 18. Jh. als evangelischen Predigt-Raum neu erbaute. Kurz vor Lehrberg ragt die Turmruine der gotischen Kapelle St. Jobst (Jodokus) auf, die 1430 durch einen Herrn von Birkenfels errichtet wurde. Nach der Zerstörung im Dreißigjährigen Krieg verfiel sie, zumal die Gegend evangelisch war. **Lehrberg** selbst unterstand dem Hochstift Eichstätt. Bischof Gundekar II. brachte zur Weihe der Kirche St. Margaretha 1059 bedeutende Passionsreliquien (ein Nagel und Holz vom Kreuz Christi) hierher, wodurch sich der Ort zum Wallfahrtsziel entwickelte. Die 1528 auf Druck des Markgrafen von Ansbach eingeführte Reformation beendete die Reliquienverehrung allerdings abrupt. Durch den barocken Neubau blieb von der mittelalterlichen Kirche auch hier nur der Turm übrig. Im nahen **Häslabronn** findet sich bei der Jakobuskirche dieselbe Kombination wieder. Auch hier bestand bis zur Reformation eine Wallfahrt. Über Binzwangen und Stettberg zogen die Pilger auf die Jakobus-Stadt Rothenburg ob der Tauber zu, deren turmreiche Silhouette schon von weitem lockte.

## ROTHENBURG OB DER TAUBER

Rothenburg ob der Tauber war nicht nur bedeutende Reichsstadt, sondern bildete auch einen Kreuzungspunkt wichtiger Handels- und Jakobswege. Über Bad Windsheim kamen Pilger aus dem Bamberger Raum, über Ochsenfurt aus Würzburg bzw. Frankfurt und nach Süden zogen sie über Ulm. Daher verwundert es nicht, dass die Stadtpfarrkirche dem hl. Jakobus geweiht ist. 1258 übernahm sie der Deutsche Orden, der hier eine Kommende einrichtete. Während der hoch aufragende Ostchor im frühen 14. Jh. nach dem Vorbild der Würzburger Deutschhauskirche errichtet wurde und Stätte des Chorgebetes der Ordenspriester war, initiierte den 1373 begonnenen Neubau des Langhauses der Rat der Stadt. Die Reichsstadt, die am Ende des 14. Jh. unter ihrem bedeutendsten Bürgermeister Heinrich Toppler ihre größte Stärke besaß und ein Territorium von 400 km² zusammenkaufen

konnte, dokumentierte in ihrem Stadtheiligtum das gestiegene Prestige. Das Langhaus zeigt durch seine enorme Höhe sowie durch die Verwendung von Strebebögen und maßwerkdurchbrochenen Turmspitzen kathedralhafte Züge. Sogar der Abt des reichen Zisterzienserklosters Heilsbronn ließ 1436 bewundernd bei der Stadt anfragen, wie sie ohne fremde Hilfe eine solche prachtvolle Kirche errichten konnte. Trotz des Übertritts Rothenburgs zur Reformation 1544 sind noch bedeutende Teile der mittelalterlichen Ausstattung vorhanden.

## MONUMENT DES JAKOBUSKULTES

Zu den bedeutendsten Altarschöpfungen der Spätgotik gehört der Hochaltar, der beträchtliche Ausma-

ße erreicht (Höhe 10 m, Breite 7,35 m). Die mittelalterlichen Pilger werden ihn wohl an Werktagen und damit meist geschlossen erlebt haben. Dann bildeten die 1466 vom Nördlinger Maler Friedrich Herlin geschaffenen Tafelbilder mit der Jakobus-Legende auf den Außenseiten der Flügel die Ansichtsseite. Herlin hat als frühes Zeugnis künstlerischen Selbstbewusstseins zwischen den Tafeln nicht nur seinen Namen und das Entstehungsdatum hinterlassen, sondern auch die Bitte an den hl. Jakobus, für ihn bei Gott einzustehen. Drei Szenen der oberen Reihe schildern detailreich Predigt, Gefangennahme und Hinrichtung des Kirchenpatrons. Am eindrucksvollsten ist die Darstellung des Transports des heiligen Leichnams nach Santiago. Anstelle der spanischen Stadt ist hier allerdings Rothenburg in einer verblüffend

▲ Die schönste Ansicht auf das einmalige mittelalterliche Ensemble von Rothenburg ob der Tauber bietet sich von der mittelalterlichen Tauberbrücke aus.

rechten Seite der Kreuzigung den Ehrenplatz unter den Schreinfiguren ein. Interessanterweise sind die übrigen drei dargestellten Heiligen Leonhard, Antonius der Einsiedler und Elisabeth alle Patrone der Kranken-, Armen- und Pilgerfürsorge, wobei die hl. Elisabeth zudem Schutzheilige des Deutschen Ordens ist.

### PILGERATTRAKTION HEILIGES BLUT

Den Hochaltar rahmen drei riesige, farbenprächtige Glasfenster der Zeit um 1330/50. Das Mittelfenster zeigt ganz unten Jakobus mit einem Pilger und die hl. Elisabeth mit einem Deutschordensritter als Stifter. Das südliche Fenster ist ganz der Eucharistie gewidmet und verweist damit auf die kostbare Heilig-Blut-Reliquie. Schon 1266 ist eine eigene Heilig-Blut-Kapelle erwähnt, die Ziel von Wallfahrern war. Die Verehrung galt einem Leinwandstückchen eines Korporale, auf das Messwein verschüttet worden war, der sich in Blut Christi verwandelte. 1453–1471 ließ der Rat der Stadt den spätgotischen Westchor für die kostbare Reliquie anfügen. Während das Obergeschoss als Heilig-Blut-Kapelle zum Mittelschiff geöffnet ist, ist das Erdgeschoss als Tunnel für die Klingengasse angelegt, die hier überbaut wurde. Damit trug man aber nicht nur praktischen Erfordernissen Rechnung, sondern konnte diesen Durchgang auch für Pilger nutzen, die so das über ihnen befindliche Heiltum verehren konnten. Nicht ausgebaut wurde der durch zwei Türen zugängliche, chorartige Erdgeschossraum, dem sicherlich auch eine Funktion im Wallfahrtsgeschehen zukommen sollte. Die obere Kapelle ist durch zwei Treppen in den Seitenschiffen zugänglich, sodass die Pilger im Einbahnsystem an der Reliquie vorbeigeleitet werden konnten. 1501 bestellte der Rat beim Würzburger Meister Tilman Riemenschneider einen Altar zur würdigen Präsentation der Reliquie, der vier Jahre später aufgestellt werden konnte. Mit der Einführung der Reformation endete zwar der Wallfahrtsbetrieb, doch kam es wie in Nürnberg aufgrund der lutherischen Ausrichtung nicht zu einem Bildersturm. Daher ist auch noch das Reliquiar in Kreuzform aus der Zeit um 1270 erhalten, das das Heiltum unter einem zentralen Bergkristall präsentiert. Ein weiterer Altar im Westchor war dem hl. Jodokus geweiht.

▲ Bedeutendes Wallfahrtsziel war die Heilig-Blut-Reliquie. Der 1505 im Westchor aufgestellte Schnitzaltar Tilman Riemenschneiders war als kostbare Fassung gedacht.

► Gesamtansicht des 1466 aufgestellten Hochaltares der Rothenburger Jakobskirche. Links von der Kreuzigung findet sich eine Figur des Kirchenpatrons in der typischen Pilgertracht.

realistischen Ansicht des Marktplatzes zu sehen. Im Hintergrund zeigt Herlin zusätzlich, wie der Ochsenkarren in das Rathaustor einfährt. Auf sehr eindringliche Art und Weise wurde damit das Selbstverständnis Rothenburgs als Jakobusstadt zum Ausdruck gebracht. Die übrigen fünf Szenen gingen durch Darstellung des Hühnerwunders auf die Angst der Pilger vor der gefahrvollen Reise und ihre Hoffnung auf Hilfe ihres Patrons ein. Die Pilgergruppen dieser Legende stellte Herlin derart realistisch dar, dass sie zu den wichtigsten bildlichen Zeugnissen mittelalterlicher Wallfahrer zählen. 1582 ließ der evangelische Rat der Stadt die Legendenbilder mit Passionsszenen übermalen. Erst 1922 wurden sie wieder freigelegt.

Bei der Feiertagsöffnung des Altars nimmt Jakobus, erkennbar an seinen Pilgerattributen, auf der

## HOSPITÄLER

Rothenburg bietet dank seiner außergewöhnlich gut erhaltenen mittelalterlichen Stadtgestalt auch noch zwei Hospitalbauten. 1227 wird erstmals das Spital der Johanniter neben der Kommende genannt. Es befand sich am später abgerissenen südlichen Stadttor, das im Obergeschoss eine Nikolauskapelle enthielt. Hinter der gotischen Kirche und den anschließenden Gebäuden ist noch der Stadtgraben sichtbar, der nach der Stadterweiterung im 14. Jh. seine Funktion verlor. Um 1280 gründete der Rat der Stadt 500 m weiter südlich ein neues, bedeutend größeres Hospital, das nicht nur für die Bürger, sondern ausdrücklich auch zur Aufnahme von Pilgern vorgesehen war. Erst im späten 14. Jh. wurde es in die vergrößerte Stadtbefestigung miteinbezogen. Im ausgedehnten Spitalbezirk steht noch die 1308 geweihte Kirche mit dem später angefügten seitlichen Glockenturm aufrecht. Ein Altarpatrozinium mit Jakobus, Maria Magdalena und Nikolaus war speziell auf Pilger ausgerichtet. Die übrigen Gebäude wurden später stark verändert. Ursprünglich schlossen sich nördlich an die Kirche zwei große Kranken- und Schlafsäle an, deren Reste in der Mauer zur Straße hin sichtbar sind.

## KOBOLZELL

Unterhalb Rothenburgs führt noch heute die mittelalterliche Steinbrücke über die Tauber, die ungewöhnlicherweise aus einer doppelten Bogenreihe besteht. Am Aufstieg der Straße zur Stadt liegt ganz in der Nähe der Brücke die spätgotische Kirche von Kobolzell. Der Blick von hier hinauf zu den Türmen und Giebeln Rothenburgs gehört zum Schönsten, was Deutschland für Mittelalterfreunde bereithält. Auch die Pilger werden von der imposanten Lage des Stadtprospektes beeindruckt gewesen sein. Der seltsame Name Kobolzell ist wohl eine Umformung von „Jacobi cella". Die heutige Kirche, die 1472 begonnen wurde, wie der Grundstein vermeldet, war damals allerdings schon ein Marienwallfahrtsort. Stolz verkündet eine weitere Inschrift neben dem Südportal die Ablasssumme von 140 Tagen, die hier erworben werden konnte. Im Bauernkrieg 1525 wurde die sicherlich wertvolle Ausstattung zerstört und in die

Tauber geworfen. Allein die qualitätvolle spätgotische Architektur kündet noch von der einstigen Bedeutung des Ortes.

 # VON ROTHENBURG NACH SPEYER

Quer über die Hohenloher Ebene mit den tief eingeschnittenen Tälern von Jagst und Kocher wanderten die Pilger nach Südwesten über Künzelsau nach **Öhringen**. Hier stiftete Adelheid, Mutter Kaiser Konrads II., 1037 zusammen mit ihrem Sohn Bischof Gebhard von Regensburg ein Kollegiatstift. Durch Konrad konnte sie aus Byzanz wertvolle Reliquien für ihre Gründung erwerben, darunter ein Teil des Kreuzesholzes, sodass Öhringen bis zur Reformation Wallfahrtsort war. Auch der Stifterin wurde nach ihrem Tod kultische Verehrung zuteil. In der Krypta hat sich noch ihr schöner spätstaufischer Sarkophag erhalten, der 1241 wohl im Zuge einer gesteigerten Verehrung Adelheids entstand. Die Kirche, ein Hauptwerk der hochstehenden württembergischen Spätgotik, dokumentiert den Aufstieg der Grafen von Hohenlohe, deren Grabmäler den Chor füllen. Von der prachtvollen Ausstattung haben sich mit dem spätgotischen Hochaltar und einigen Glasfenstern geringe Reste erhalten, deren Qualität den Verlust umso schmerzlicher empfinden lässt.

Auf einer seit römischer Zeit bis um 1300 bestehenden Brücke, danach mittels einer Fähre, überquerten die Pilger bei **Wimpfen** den Neckar. In der Talstadt gründeten die Bischöfe von Worms in den Ruinen einer größeren römischen Siedlung ein Stift, dessen Kirche des 11. Jh. ein Zentralbau nach dem Vorbild der Aachener Pfalzkapelle war, wie die noch erhaltene Westfassade zeigt. 1269 begannen die Stiftsherren einen ambitionierten Neubau in den Formen französischer Kathedralgotik, geplant von einem aus Paris berufenen Steinmetzen. Auch wenn der Bau bescheidener als geplant vollendet werden musste, stand den Wallfahrern hier ein Musterbeispiel der neuen, aus Frankreich kommenden Baukunst der Gotik vor Augen. Die mittelalterliche Ausstattung des Chores hat sich in seltener Geschlossenheit erhalten, darunter eine der ältesten Figuren der Bettelordensgründer Franziskus und Dominikus. Der auf-

In der gotischen Krypta der ehem. Stiftskirche von Öhringen ruhen bis heute in einem Hochgrab von 1241 die Gebeine der Gründerin Adelheid, Mutter Kaiser Konrads II.

fallend große Block des gotischen Hochaltars enthält eine begehbare Reliquienkammer. Das Stift unterhielt natürlich auch ein Spital.

Die einmalige Silhouette der Bergstadt Wimpfens wird bestimmt durch die beiden Bergfriede der staufischen Königspfalz, die zu den größten Anlagen ihrer Art zählt. Eindrucksvoll ist der Blick durch die romanischen Arkaden des Palas in das weite, burgenbekrönte Flusstal. Die wiederhergestellte romanische Pfalzkapelle war dem hl. Nikolaus geweiht. Neben der Stadtpfarrkirche, die eines der schönsten spätgotischen Netzrippengewölbe Württembergs besitzt, steht noch der repräsentative Hof des Wormser Bischofs aus dem frühen 13. Jh. aufrecht. Inner-

▲ Die ehem. Domini-
kanerinnenkirche in
Lambrecht war durch
ihren Heiltumsschatz
auch ein Anlaufziel für
Pilger.

► Wimpfen, Neckar-
front der Bergstadt.
Links erheben sich
Türme und Mau-
ern der staufischen
Königspfalz, rechts die
spätgotische Stadt-
pfarrkirche und der
Bischofshof des frühen
13. Jh.

halb der wohl erhaltenen Fachwerkbebauung der
Reichsstadt erheben sich an der Hauptstraße die Gebäude des vor 1230 gegründeten Hospitals in seltener Geschlossenheit. Neben einem frühgotischen
Wohnturm und der barockisierten Heilig-Geist-Ka-
pelle ist der große, um 1500 entstandene Fachwerk-
trakt bemerkenswert. Er wurde von der Stadt errichtet, nachdem diese sich die Hälfte des anfänglich von
den Johannitern, später von Heilig-Geist-Brüdern betreuten Spitals sichern konnte.

Von Öhringen aus bot sich für Pilger auch eine südliche Wegvariante an. Über die Johanniterniederlassung Affaltrach konnten sie in **Heilbronn** den
Neckar überqueren. Die Reichsstadt bot mit ihrer

großen Deutschordenskomturei ausreichend Unterkunft. Zudem bestand hier seit 1439 ein Sondersie-
chenhaus St. Jakob. In **Sinsheim** mit der Benediktinerabtei St. Michael und einer 1133 bezeugten Jakobus-
Kirche traf man dann wieder auf den über Wimpfen
führenden Weg und erreichte bald die berühmte
Domstadt **Speyer**, von der ausführlich im Kapitel
zum Streckenabschnitt zwischen Köln und Speyer die
Rede ist.

## ❀ DURCH KATHOLISCHE DÖRFER

Durch das Altpörtel, das monumentale Stadttor als
Abschluss der achsial auf den Dom ausgerichteten
platzartigen Straße, zogen die Pilger nach Westen
durch die Rheinebene in Richtung Haardtrand. Der
Weg führte anfangs weitgehend durch Orte des
Hochstiftes Speyer, die auch nach der Reformation
der Kurpfalz katholisch blieben. Vorbei an Hanhofen
mit der bischöflichen Burg Marientraut wurde
Geinsheim erreicht. Vom mittelalterlichen Bau der
Pfarrkirche St. Peter und Paul wurden Turm und Chor
der Spätgotik in die neugotische Erweiterung mit
übernommen. Ein Nebenaltar war dem hl. Jodokus
geweiht. Dieser Pilgerheilige besaß auch in der Dorfkirche von **Kirrweiler** einen Altar. Im barocken Neubau, der den romanischen Chorturm mit einbezieht,
befindet sich auf einem der Seitenaltäre eine barocke Kopie des Speyerer Gnadenbildes. Sie überliefert
recht genau das Aussehen dieser in den Französischen Revolutionskriegen 1794 verbrannten Figur
und erinnert daran, dass vor der Zerstörung Speyers
durch die Franzosen 1689 das Gnadenbild hierher ge-
flüchtet worden war. Die barocke Wallfahrtskapelle
„Mater dolorosa" am Ortsrand wurde anstelle einer
1399 geweihten Feldkapelle für ein auch von durchziehenden Pilgern verehrtes spätgotisches Vesperbild errichtet.

Direkt am Haardtrand erreichten die Pilger **Hambach**, heute ein Ortsteil von Neustadt an der Weinstraße. Hier kreuzte sich unser Weg mit der Nord-
Süd-Strecke entlang des Haardtrandes. Überragt
wird der Ort von der seit dem 11. Jh. nachgewiesenen
wichtigsten Burg der Speyerer Bischöfe, in deren Ruinen 1832 das Hambacher Fest als erste demokrati-

## ✦ KULTSTÄTTEN IM PFÄLZER WALD

Von Hambach aus konnten die Pilger zum Übernachten nach Neustadt hinunter gehen oder aber dem Höhenweg in den Pfälzer Wald hinein nach Lambrecht folgen. Noch heute wird dieser Waldweg Jakobspfad genannt. **Lambrecht** mit seinem Dominikanerinnenkloster war wohl das erste Etappenziel nach Speyer. Daher befand sich am Ortsrand im Mittelalter ein größeres Hospital mit angeschlossenem Friedhof. Die Dominikanerinnen bezogen 1244 auf Initiative des Speyerer Bischofs Konrad von Eberstein ein bisher von Benediktinern bewohntes Kloster, das 977 vom einem Salier und Enkel Kaiser Ottos I., Herzog Otto von Kärnten, gegründet worden war. Es war dem hl. Lambertus (Lambrecht) geweiht. Die Nonnen errichteten anstelle der romanischen Basilika in der ersten Hälfte des 14. Jh. eine lang gestreckte einschiffige Kirche, die bis auf die im späten 18. Jh. abgebrochenen drei westlichen Joche als ein Musterbeispiel einer hochgotischen Bettelordenskirche des weiblichen Zweiges erhalten ist. Da die Nonnen ihren Gebetsraum auf der Westempore hatten, blieben Chor und Langhaus für Besucher und Pilger geöffnet. Eine Wand des mit Fresken der Erbauungszeit ausgestatteten Chores zeigt eine Doppelreihe von jeweils zehn Heiligen unter gotischen Arkaden in der Art eines gemalten Altarretabels. Die Heiligendarstellungen waren ungewöhnlicherweise nicht nur durch ihre Attribute, sondern zusätzlich durch Schrifttafeln namentlich gekennzeichnet, von denen aber nur noch wenige lesbar sind. Eine Inschrift besagt, dass Reliquien dieser Heiligen und noch vieler mehr im Hochaltar geborgen waren. St. Lambrecht besaß demnach bis zur Reformation einen recht beachtlichen Heiltumsschatz, der bei den zahlreichen Pilgern auf dieser Hauptroute sicherlich entsprechende Verehrung fand. Auch in Zeiten, in denen die Nonnen den Reliquienschatz vorzeigten, wurde mit diesem Wandfresko wie mit einer Werbetafel vor Augen geführt, welche Fülle von Heiligen hier angerufen werden konnte. Zumindest für das Jahr 1517 ist überliefert, dass das St. Lambrechter Heiltum feierlich nach Neustadt gebracht wurde, um dort in der Stiftskirche den Gläubigen gezeigt zu werden. 1553 löste Kurfürst Friedrich II. von der Pfalz als Schutzherr St. Lambrecht

⬩ Die spätgotische Turmruine von Appenthal war einst Teil einer bedeutenden Marienwallfahrtskirche, die in der Reformation geschlossen wurde.

sche Großkundgebung Deutschlands stattfand. Die Pfarrkirche St. Jakobus wurde Mitte des 18. Jh. durch einen Neubau des fürstbischöflichen Baumeisters Johann Georg Stahl ersetzt. Beeindruckend ist die qualitätvolle Rokoko-Ausstattung. Dem Mittelalter entstammt noch der Chorturm, der im Inneren interessante Fresken aufweist.

auf und zog mit dem Vermögen auch die Reliquien mit ihren kostbaren Behältnissen ein. Damit entfiel zugleich die Möglichkeit für Pilger, hier unterzukommen. Eine Pilgergasse bei der ehemaligen Klosterkirche erinnert noch an diese Zeit.

Kurz hinter Lambrecht bog der Weg in das Elmsteiner Tal ein, dessen einstige Bedeutung als Handelsweg durch die Burgruinen Erfenstein, Spangenberg, Breitenstein und Elmstein dokumentiert wird. Die Pilger bewegten sich demnach unter sicherem Geleit. Kurz vor Elmstein ragt über den Dächern des Dörfchens **Appenthal** eine mächtige spätgotische Turmruine auf. Der Glockenturm gehörte einst zur Wallfahrtskirche Unserer Lieben Frau, die wohl 1488 vollendet war. Größe und Anspruch des Bauwerks mitten im dünn besiedelten Pfälzer Wald erklären sich vor allem durch die Lage an einem viel begangenen Jakobsweg. Der Neubau, der allein aus den Spenden der Wallfahrer und Pilger finanziert werden konnte, ersetzte eine ältere Kapelle. Da sich in ihr Wunder ereignet hatten, blieb sie im Kirchenschiff durch eine Treppe zugänglich. Kurfürst Philipp der Aufrichtige (1478–1508), der Burg Elmstein gerne als Jagdschloss nutzte, finanzierte zum Seelenheil seiner Familie und zur Betreuung der Wallfahrt eine zweite Kaplansstelle und richtete eine Salve-Regina-Stiftung ein. Auch sein Nachfolger Ludwig V. (1508–1544) bedachte das Marienheiligtum. Doch schon unter dem calvinistischen Kurfürsten Friedrich III. (1559–1576) wurden diese Stiftungen wieder eingezogen und die Wallfahrtskirche geschlossen. Ihre Ruinen wurden von der kurfürstlichen Regierung im 18. Jh. als Steinbruch freigegeben. Durch den benachbarten Burgort Elmstein mit seiner Flurbezeichnung „Auf dem Jakobsberg" zogen die Pilger über Waldleiningen schließlich nach **Kaiserslautern**. Dort vereinigte sich der Jakobsweg von Speyer mit drei von Bad Kreuznach, Mainz und Worms herbeiführenden Handels- und Pilgerstraßen zur Strecke nach Metz. Entsprechend dieser wichtigen Etappenfunktion auf dem Weg nach Santiago rief Kaiser Friedrich I. Barbarossa 1158 bzw. 1176 zeitgleich mit der Errichtung einer prächtigen Königspfalz Prämonstratenser-Chorherren zur Gründung eines Stiftes und eines Hospitals nach Kaiserslautern (vgl. Hagenau). Allein die gotische Stifts- und Pfarrkirche St. Martin und Maria mit ihrem Langchor aus der Mitte des 13. Jh. und dem dreischiffigen Hallenlanghaus aus dem frühen 14. Jh. erinnert noch an die Prämonstratenser.

Wenige Kilometer nach Westen befand sich an der Straße nach Metz die Deutschordenskommende **Einsiedlerhof**, die ein großes Hospital unterhielt. Nur noch Reste der mittelalterlichen Ringmauer und barocke Wirtschaftsgebäude halten die Erinnerung an diese große, in der ersten Hälfte des 13. Jh. von den Herren von Hohenecken gestifteten Anlage wach. Entlang des Landstuhler Bruchs führte die Straße über Landstuhl mit Leprosenhaus und Jodokus-Altar nach **Vogelbach**. Dort erhebt sich die kleine Spitalkirche St. Philippus und Jakobus minor aus der Mitte des 12. Jh. Ab dem 13. Jh. unterstand das Hospital dem Zisterzienserkloster Wörschweiler bei Homburg/Saar. Sie ist eines der seltenen Beispiele einer romanischen Hospitalkirche und zudem eines der westlichsten Vertreter der Wormser Romanik. Vermutlich diente einst ein Obergeschoss der Kapelle als zusätzliche Pilgerunterkunft.

## BESUCH BEIM HEILIGEN WENDELIN

Über Homburg, ebenfalls mit Spital ausgestattet, führte die Straße nach St. Ingbert, vor der Reformation Kultort des lokalen Missionsheiligen Ingobertus,

◄ Am gotischen Hochgrab in St. Wendel ist ein Pilger dargestellt, der dem hl. Wendelin eine große Kerze überreicht.

► Hinter dem Hochaltar von St. Wendel ist ein weiterer gotischer Steinsarkophag aufgestellt. Unter ihm konnten die Pilger außerhalb der Wallfahrtstage verehrend hindurchziehen.

der hier im 6. Jh. wirkte. Schon vor Homburg nahmen viele Pilger einen kleinen Umweg in Kauf, um mit **St. Wendel** den mit Abstand bedeutendsten mittelalterlichen Wallfahrtsort des Saarlandes zu besuchen. Der hl. Wendelin war der Legende nach ein schottischer Königssohn, der auf den Thron verzichtete und eine Pilgerfahrt ins Heilige Land und nach Rom unternahm. Auf seinem Rückweg ließ er sich hier als Einsiedler nieder und arbeitete als besonderes Zeichen seiner Demut als Hirte. Aufgrund zahlreicher Wunder wählten ihn die Mönche der nahen Benediktinerabtei Tholey zu ihrem Abt. Dort starb er vermutlich 617, wurde aber im später nach ihm benannten St. Wendel beigesetzt. Diese Legende, die sich wohl erst im Spätmittelalter entwickelte, folgt deutlich dem Vorbild der Lebensbeschreibung des hl. Jodokus, dem man hier Konkurrenz machen wollte. Vorher galt Wendelin als iroschottischer Missionar und Wandermönch. Dargestellt ist er meist als Hirte mit Pilgerhut und -stab, da er zum wichtigen mittelalterlichen Vieh- und Pilgerpatron avancierte. Die ein-

drurksvolle gotische Hallenkirche, die durch die Initiative des Trierer Kurfürsten und neuen Stadtherrn Balduin von Luxemburg (1307–1354) zur Förderung der einträglichen Wallfahrt begonnen wurde, birgt noch zwei Ausstattungsstücke des Wendelinus-Kultes: In der Mitte des 1360 geweihten Chores steht das gleichzeitig entstandene Hochgrab des Heiligen. Es ist verziert mit den Zwölf Aposteln, einer frühen Darstellung des Gnadenstuhls sowie Wendelinus als Abt mit Pilgerstab, der von einem Pilger eine große Kerze verehrt bekommt. Die bronzene Liegefigur Wendelins entstand erst 1924, da im Mittelalter an den Wallfahrtstagen die Lade mit den Gebeinen des Heiligen auf dem Hochgrab ausgestellt wurde. Nach der Vollendung der Kirche um die Mitte des 15. Jh. wurde hinter dem Hochaltar ein weiterer, ebenfalls mit Apostelreliefs geschmückter steinerner Reliquienbehälter aufgestellt, unter dem die Pilger nun aber hindurchziehen konnten. Wie hochkarätig die Verehrung des Heiligen im Mittelalter war, zeigen unter anderem die Wappen Kaiser Friedrich III. und der Kurfürsten in den Gewölbemalereien des spätgotischen Langhauses. Vor der Stadt hat sich im Wendelstal an einer Quelle eine Rokokokapelle als weitere Kultstation des Heiligen erhalten. Über Ottweiler mit seiner in der Reformation untergegangenen Benediktinerinnenabtei Neumünster gelangten die Pilger in Saarbrücken wieder auf die Hauptstrecke.

In **Saarbrücken** ermöglichte eine römische Brücke bis zu ihrem Zerfall im 13. Jh. einen bequemen Übergang über die Saar. Erst 1449 folgte der Bau der mittelalterlichen Steinbrücke zu Füßen des Schlosses. Den Pilgerverkehr betreute unter anderem eine 1227 gegründete Deutschordensniederlassung. Die der hl. Elisabeth von Thüringen geweihte Kapelle besteht aus einem flach gedeckten Schiff, das wohl als Krankensaal diente, und dem gewölbten frühgotischen Chor. Bedeutendste kirchliche Einrichtung war das Augustiner-Chorherrenstift St. Arnual, das ebenfalls Pilger beherbergte. Um 600 gründete es der hl. Arnuald, Bischof von Metz. Die gotische Stiftskirche, deren Chor und Querhaus aus der zweiten Hälfte des 13. Jh. stammen, beeindruckt noch durch die Fülle an Grabmälern des Hauses Nassau-Saarbrücken, während die Einrichtungen für den Heiligenkult in der Reformation auf landesherrlichen Befehl zerstört wurden.

## Auf dem Weg nach Süden

# VOM FRANKENLAND NACH ULM

### BAMBERG

Bambergs Altstadt, geadelt durch die Erhebung zum UNESCO-Weltkulturerbe, vermittelt auch heutigen Besuchern noch viel vom Flair einer durch und durch geistlich geprägten Bischofsstadt. Von den mit Kirchen gekrönten Hügeln zog der Domberg die Pilger magisch an. Denn hier reizte nicht nur eine monumentale Kathedrale deren Neugier, sondern auch ein ungewöhnlicher Heiligenkult.

Mit Heinrich II. (1002–1024) und Kunigunde fand ein deutsches Herrscherpaar Verehrung, das im Lau-

fe des Mittelalters zum Idealbild einer christlichen Ehe und christlicher Regentschaft hochstilisiert wurde. Beider Leben bietet historisch betrachtet wenig „heiliges", aber das private und dynastische Unglück ihrer Kinderlosigkeit deutete die Nachwelt rasch zu einer „Josefsehe" um. Zudem gründete das Kaiserpaar 1007 das Bistum Bamberg, um gleichsam Christus als ihren Erben einzusetzen. Der Bamberg eng verbundene erste König aus dem Haus der Staufer, Konrad III., betrieb infolgedessen zusammen mit Bischof und Domkapitel die 1146 erfolgte Heiligsprechung Heinrichs. Absicht war neben der Aufwertung Bambergs zum Pilgerziel vor allem die Betonung des

Bambergs Altstadt, die von der UNESCO zum Weltkulturerbe erklärt wurde, wird überragt vom staufischen Dom und der Abtei St. Michael. Beides waren viel besuchte Wallfahrtsstätten.

► Hauptanziehungspunkt im Bamberger Dom war im Mittelalter das Grab des hl. Herrscherpaares Heinrich II. und Kunigunde. 1499–1513 schuf Tilman Riemenschneider das prächtige Hochgrab.

Schüssel nehmen konnten, wie ihnen zustand, beflügelten die mittelalterliche Fantasie. Diese Szenen sind auch auf dem Hochgrab des Kaiserpaares vor dem Ostchor des Doms dargestellt, das 1499–1513 auf dem Höhepunkt mittelalterlicher Reliquienverehrung durch den Würzburger Bildhauer Tilman Riemenschneider entstand. Es ist aufgrund seiner Qualität und Erzählfreude mit Abstand das bedeutendste deutsche Heiligengrab! Hier nicht abgebildet, aber auch sehr schön ist das Handschuhwunder Kunigundes. Als sie einmal in den Dom ging, um ein Opfer darzubringen, war keine Hofdame in der Nähe, um ihren Handschuh so lange zu halten. Daher warf sie ihn einfach hinter sich, worauf ihn ein Lichtstrahl auffing und festhielt.

Leider hat die Säkularisation sowohl den romanischen Heinrich-Schrein als auch die Kopfreliquiare vernichtet. Im Domschatz erinnern die von Heinrich und Kunigunde gestifteten Gewänder, allen voran

sakralen Charakters des deutschen Königtums. Konrad bestimmte sogar, dass er neben dem Heinrich-Grab bestattet werden wollte. Sein Nachfolger, Kaiser Friedrich I. Barbarossa, setzte diesen Gedanken fort, indem er 1165 Karl den Großen als ersten „deutschen" König heilig sprechen ließ. Der Heinrich-Kult wurde aber bald nach der im Jahre 1200 erfolgten Heiligsprechung Kunigundes durch deren Verehrung überflügelt. Als jungfräuliche Königin gewann sie im Zuge der immens angewachsenen spätmittelalterlichen Marienverehrung besondere Bedeutung. Außer ihrem Eintritt als einfache Nonne in das von ihr nach dem Tod ihres Mannes gestiftete Kloster Kaufungen entsprechen alle anderen Szenen ihrer Heiligenvita nicht der Realität. Doch solche Erzählungen wie das Pflugscharwunder, als die Kaiserin unverletzt über glühende Pflugscharen ging, um ihrem eifersüchtigen Gatten ihre Keuschheit zu beweisen, oder das Bauwunder, als die an der Errichtung einer von Kunigunde gestifteten Kirche beteiligten Handwerker nur so viel Lohn aus der von der Kaiserin gehaltenen

der wunderbare blau-goldene Sternenmantel, an die überragende Stiftertätigkeit der beiden. Im Spätmittelalter fanden auch in Bamberg Heiltumsweisungen statt, teilweise auch im Aachener Sieben-Jahres-Rhythmus, bei denen der beträchtliche Reliquienschatz der Kathedrale vorgeführt wurde.

## PILGERSTÄTTEN UND -HERBERGEN

Das zweite große Pilgerziel der Stadt war der Michelsberg, dessen 1015 gegründete Benediktinerabtei als Stadtkrone die Silhouette Bambergs noch heute dominiert. Hier fand der dritte große Heilige der Stadt, Bischof Otto I. (1102–1139), sein Grab. Das spätgotische Hochgrab in der Krypta besitzt einen niedrigen Durchgang, durch den die Pilger krochen, um am Heil des Heiligen besonders teilhaftig zu werden. Nicht nur das Grab, sondern auch die in einem Schrein hinter dem Kreuzaltar aufbewahrten Berührungsreliquien (Mitra, Kasel, Stock) Ottos fanden besondere Verehrung. Unter der Orgelempore schildert eine barocke Bilderfolge wie ein Comic für Pilger ausführlich die Otto-Legende. Eine Szene zeigt vor dem Hochgrab einen Priester, der einer Pilgerin Wein aus einem Kelch reicht, in dem der Überlieferung nach ein Teil des Heiligenschädels eingearbeitet war.

Der Michelsberg war Teil eines Kirchenkreuzes aus vier Klöstern bzw. Stiften, die den Dom umgaben. Den westlichen Arm bildete das Chorherrenstift St. Jakob, das nach 1065 unmittelbar vor der Domburg gegründet wurde. 1109 konnte Bischof Otto die doppelchörige Säulenbasilika einweihen, deren romanischer Grundbestand sich bis heute erhalten hat. 1770 bekam sie zur Stadt hin eine Barockfassade, deren Jakobsfigur kein Geringerer als Ferdinand Dietz schuf.

Marienverehrer besuchten sicherlich auch die Pfarrkirche Unserer Lieben Frau, die mit ihrem 1392 begonnenen aufwendigen Umgangschor die Bamberger Stadtansicht entscheidend mitbestimmt. Sie birgt ein im Mittelalter hoch verehrtes Gnadenbild der Gottesmutter.

Bambergs Altstadt ist aufgrund der vollständigen Erhaltung nicht nur mit Gnadenstätten, sondern auch mit Hospitälern durchsetzt. Einem barocken Studentenheim musste allerdings das vom hl. Otto nahe dem Michelsberg gestiftete Ägidienspital weichen. Vom Elisabeth-, Antonius- und Sebastianspital

sind noch die zugehörigen Kapellen erhalten. Das Liebfrauensiechhaus hat daneben noch weitere Gebäude bewahrt. 1729 begann der berühmte Architekt Balthasar Neumann mit dem großen barocken Neubau des mittelalterlichen Katharinenspitals am Grünen Markt, das nun modernen Ansprüchen genügen konnte.

### VON BAMBERG NACH WÜRZBURG

Von Bamberg aus zogen die Pilger durch den Steigerwald. Dort bildete die Zisterzienserabtei Ebrach ein wichtiges Etappenziel. Schon einige Kilometer vor dem Kloster konnte im Markt **Burgwindheim**, der seit Ende des 13. Jh. zu Ebrach gehörte, im großen Amtshof der Mönche Rast eingelegt werden. Aufgrund des durchziehenden Pilgerverkehrs erhielt die Pfarrkirche nicht nur ein Jakobus-Patrozinium, son-

Als Pilgerstadt besitzt Bamberg auch ein dem hl. Jakobus geweihtes Heiligtum. Die 1109 geweihte Säulenbasilika war einst Kirche eines Chorherrenstiftes.

dern Burgwindheim wurde selbst zum Wallfahrtsort. 1465 ereignete sich bei der Fronleichnamsprozession ein Hostienwunder. Die einsetzende Verehrung wurde durch die Mönche sehr gefördert. Ein großartig geplanter Neubau durch den Architekten Leonhard Dientzenhofer kam im frühen 18. Jh. allerdings leider nicht zustande, sodass alleine die bescheidene Heilig-Blut-Kapelle erhalten blieb. Nahebei erhebt sich über einer heilkräftigen Quelle ein schöner barocker Pavillon.

In **Ebrach** stieg vor den Augen der Pilger ein wahrer Mönchsdom aus dem Wiesental auf. Der gewaltige Quaderbau der Zisterzienserabteikirche (1200–1285) zeigt eindeutig Einflüsse der französischen Mutterabteien des Ordens. Den Anspruch der Mönche illustriert am deutlichsten die gotische Fensterrose der Westfassade, die unmittelbar dem Vorbild der großen Kathedralen Frankreichs folgt. Im späten 18. Jh. erhielt der Innenraum eine frühklassizistische Verkleidung, die ungemein prachtvoll wirkt. Bis ins 16. Jh. ließen die Würzburger Bischöfe als Zeichen ihrer besonderen Verbundenheit hier ihre Herzen beisetzen. 1127 gegründet ist Ebrach die älteste Zisterzienser-Niederlassung rechts des Rheins. Die Abtei entwickelte sich

▼ Zwischen Bamberg und Würzburg bildete die Zisterzienserabtei Ebrach die Hauptattraktion für die mittelalterlichen Pilger.

dank der Stiftungsfreudigkeit des Adels für den neuen Reformorden und das kluge Wirtschaften der Mönche zu einer gewaltigen Grundherrschaft. Die riesigen Gebäude, die dem mittelalterlichen Pilger wie eine Klosterstadt vorgekommen sein müssen, wurden im späten 17. Jh. bis zur Mitte des 18. Jh. schlossartig erneuert. Bei dieser ungemein reichen Abtei wurde kein Wallfahrer abgewiesen.

Nachdem in Ebrach die Hälfte der Strecke Bamberg–Würzburg zurückgelegt war, folgten die Pilger der alten Verbindungsstraße weiter in Richtung Main. Kurz vor Erreichen des Flusses bildete die Benediktinerabtei **Münsterschwarzach** ein weiteres Etappenziel. Anstelle des großartigen barocken Neubaus, ein Hauptwerk des Architekten Balthasar Neumann, entstand nach dem Kahlschlag der Säkularisation 1935/38 ein monumentaler Kirchenbau Albert Boßlets, nachdem sich hier wieder Mönche angesiedelt hatten.

Für besondere Marienverehrer unter den Pilgern standen nun zwei große Gnadenstätten zur Auswahl. Wenige Kilometer nach Norden erhebt sich bei **Volkach** die auch heute noch sehr stimmungsvolle spätgotische Wallfahrtskirche Maria im Weingarten. Während dort heutige Kunstpilger vor allem die berühmte Rosenkranzmadonna (1512/24) von Tilman Riemenschneider verehren, bildete im Mittelalter das Vesperbild das eigentliche Gnadenbild. Wer von Münsterschwarzach gleich den Main überquerte, erreichte vor **Dettelbach** die Wallfahrtskirche Maria in den Weinbergen. Hier setzte 1505 aufgrund von wunderbaren Heilungen ebenfalls eine starke Wallfahrt zu einem Vesperbild ein, die sich zu einer der wichtigsten im Bistum Würzburg entwickelte. Fürstbischof Julius Echter förderte den Kult im Sinne der Gegenreformation sehr und ließ die 1613 geweihte Kirche in bewusst vorreformatorischen Formen neu errichten.

## ꩜ WÜRZBURG

Schon bald tauchte vor den Augen der Pilger die prächtige Ansicht der Mainmetropole auf, die sich mit ihren zahllosen Kirchtürmen an das Flussufer schmiegt. Unübersehbar ragt auf dem gegenüberliegenden Ufer die Festung Marienberg als Machtde-

monstration des bischöflichen Stadtherrn auf. Ziel der Pilger war das Neumünster neben dem Dom, das die Gräber der Heiligen Kilian, Kolonat und Totnan birgt. Sie waren besonders verehrungswürdig, da sie als iroschottische Missionare Ende des 7. Jh. hier ihren Märtyrertod gefunden hatten. Als Würzburger Bistumspatron fand insbesondere Kilian in Franken eine weit verbreitete Verehrung. Im frühen 18. Jh. erhielt der romanische Bau des Münsters den westlichen Kuppelraum, um die darunter befindliche Gruft der Heiligen unübersehbar im Stadtbild zu markieren. Nördlich der Kirche hat sich noch eine Arkadenreihe des romanischen Kreuzgangs erhalten, in der sich eine der ältesten Darstellungen Kilians befindet. Heute wird dem angeblich hier liegenden Grab Walthers von der Vogelweide mehr Beachtung geschenkt. Im benachbarten Dom konnten die Pilger seit dem Ende des 14. Jh. einen Jakobus-Altar aufsuchen. Im Schatz der Kathedrale befanden sich auch Reliquienpartikel des Heiligen. Zudem wurde das Kirchweihfest des Domes am Jakobustag gefeiert.

Im nördlichen Teil der Stadt schuf der große Erneuerer des Katholizismus zur Zeit der Gegenreformation, der unermüdliche Würzburger Bischof Julius Echter von Mespelbrunn, mit dem nach ihm benannten Julius-Spital das erste deutsche Krankenhaus im modernen Sinn. Ab 1576 entstand die großzügige, mehrflügelige Renaissance-Anlage um einen zentra-

⊿ Über die historische Mainbrücke in Würzburg zogen die Pilger zum Grab des hl. Märtyrers Kilian.

▶ Tilman Riemenschneider schuf wohl eine der schönsten deutschen Jakobs-Darstellungen. Interessant ist die detailgetreue Wiedergabe der mittelalterlichen Pilgertracht.

len Innenhof. Julius Echter ersetzte so vorausschauend mehrere kleine mittelalterliche Spitäler der Stadt. Das Stiftungsrelief (1576/78), einst über dem Hauptportal, heute im Durchgang vom Hof in den Garten, zeigt sowohl den Stifter als auch die Aufgaben des Hospitals, darunter ein Ehepaar in Pilgerkleidung, das den zusätzlichen Zweck als Herberge symbolisiert.

## Schottenkloster St. Jakobus

Auf das linke Flussufer führte seit romanischer Zeit eine Steinbrücke in der Achse des Domes, die im Spätmittelalter durch das heutige Bauwerk ersetzt wurde. In der Barockzeit erhielt sie ihren Figurenschmuck der für Würzburg wichtigen Heiligen, die gleich einem Triumphweg den Pilger an das andere Ufer geleiten. Hier erhebt sich nördlich der Festung Marienberg die dem hl. Jakobus geweihte Kirche des Schottenklosters. Auf ihrem Weg nach Rom zogen iroschottische Pilger gerne über Würzburg, um ihrem Landsmann Kilian und seinen Gefährten ihre Verehrung zu zeigen. Daher war es nahe liegend, dass 1138 Bischof Embrico auch in Würzburg ein Schottenkloster gründete und sich hierfür Mönche aus dem Regensburger Mutterkloster holte. Der erste Abt Makarius wurde als Heiliger verehrt, da er in Gegenwart des Bischofs den ihm angebotenen Wein aufgrund seines Askese-Gelübdes in Wasser verwandelte. Die Abtei besaß eine Armreliquie des hl. Jakobus, die Bischof Embrico angeblich von einer Wallfahrt nach Santiago mitgebracht hatte. 1581 wurde sie im Auftrag des bayerischen Herzogs Wilhelm V. an König Philipp II. von Spanien übergeben. Im 12. und 13. Jh. nutzten die Bischöfe die besonderen Schreibkünste der Mönche in ihrer Kanzlei. Nach der Zerstörung im Zweiten Weltkrieg blieb vom mittelalterlichen Bau nur der von zwei Türmen begleitete Chor erhalten. Eine um 1500 entstandene Darstellung des Kirchenpatrons von Tilman Riemenschneider befindet sich jetzt im Museum am Dom. Das Jakobusfest wurde in Würzburg feierlich begangen. Am Vorabend des 25. Juli zog eine Prozession aus einigen Klöstern und Stiften der Stadt hinauf zum Schottenkloster, während am Festtag die wichtigsten Stifte eine besondere Liturgie entfalteten. Die vornehme Ratsbruderschaft hatte sich neben Sebastian Jakobus als Patron gewählt.

In unmittelbarer Nachbarschaft des Schottenklosters erhebt sich die beeindruckende hochgotische Deutschhauskirche. Zwischen Turm und Kirche führte die von der Mainbrücke hochziehende Fernstraße in Richtung Frankfurt hindurch und weiter am Schottenkloster vorbei. Sowohl die um 1230 gegründete Deutschordensniederlassung als auch das Schottenkloster kümmerten sich vorrangig um Pilger.

Wer in Richtung Schwäbisch Hall seine Reise fortsetzten wollte zog vorbei an der Grabeskirche des ersten Würzburger Bischofs, des hl. Burkhard, nach Südwesten. Auf dieser Strecke bildete Bad Mergentheim mit seiner Johanniter- und vor allem der Deutschordenskomturei das wichtigste Etappenziel. 1527–1809 war Letztere sogar Sitz des Hochmeisters, nachdem Königsberg mit Preußen für den Deutschen Orden verloren gegangen war.

15. Jh. entstandenen ehemaligen Altarflügel stellt den Kirchenpatron als Nothelfer für überfallene Pilger dar, die sich mit ihren Stöcken heftig zur Wehr setzen. Die barocke Heilig-Kreuz-Kapelle am Ort, die dank reicher Ablässe ein beliebtes Wallfahrtsziel war, ging aus einer Jakobus-Kapelle hervor. **Kleinochsenfurt** besaß einst eine vom hl. Bonifatius im frühen 8. Jh. gegründete Benediktinerinnenabtei, die von der hl. Thekla geleitet wurde. Die Bedeutung des Klosters nahm schon bald ab, doch das nahe **Ochsenfurt** entwickelte sich dank seiner schon 1133 bezeugten hölzernen Mainbrücke zu einem wichtigen Verkehrsknotenpunkt. In der Nähe der im 16. Jh. in Stein erneuerten Brücke liegt hinter der mainseitigen Stadtmauer die spätgotische Spitalkirche. Im Bogenfeld des qualitätvollen Portals sind die hier verübten Werke der Nächstenliebe stellvertretend durch die hl. Elisabeth dargestellt. So heißt sie auch einen Pilger willkommen.

Wer als Wallfahrer Würzburg ganz auslassen wollte, konnte in Münsterschwarzach gleich dem Main nach Süden über Kitzingen nach Ochsenfurt folgen. **Kitzingen** war ein bedeutender Flussübergang, an dem der hl. Bonifatius vor der Mitte des 8. Jh. eine Benediktinerinnenabtei gründete. An ihrer Stelle steht heute das barocke Ursulinenkloster. Auf dem gegenüberliegenden Mainufer erhebt sich an der barock

◄ In der Pfarrkirche von Eibelstadt wurden 1965 Reste von Altartafeln gefunden. Eine Malerei stellt den hl. Nikolaus als Schutzpatron von Pilgern dar, die sich gerade eines Überfalls erwehren müssen.

▼ Das gotische Tympanon der Ochsenfurter Hospitalkirche schildert die hier verübten Werke der Barmherzigkeit, ausgeführt durch die hl. Elisabeth. Oben begrüßt sie einen Pilger.

## VON WÜRZBURG NACH ROTHENBURG OB DER TAUBER

Diejenigen Pilger, die nun den Weg nach Rothenburg ob der Tauber einschlugen, folgten zunächst dem rechten Mainufer. Die guten Weinlagen in **Randersacker**, die am Weg lagen, waren auch schon im Mittelalter heiß begehrt. Besonders begütert war in dieser Hinsicht die Zisterzienserabtei Heilsbronn, denn sie besaß hier einen großen Stadthof, von dem noch die profanierte gotische Kapelle und der Torbau erhalten sind. Dort konnten Wallfahrer Verpflegung, darunter natürlich auch Wein, erhalten. Einst gab es im Ort auch eine Jakobus-Kapelle. In **Eibelstadt** wurden 1965 in der spätgotischen Nikolauskirche drei Tafelmalereien gefunden, die als Emporendielen zweckentfremdet erhalten blieben. Einer der Ende des

## Gefahren für Pilger

Eine Fernwallfahrt war immer auch eine Abenteuerreise mit ungewissem Ausgang. Die heutige Bedeutung unseres Wortes „Elend", im Mittelalter im Sinne von „in der Fremde" gebraucht, erinnert an das damalige Grundgefühl der Fernwallfahrer. Selbst wenn die Pilger bevorzugt Frühjahr und Sommer nutzten (das Hauptfest des hl. Jakobus wurde aus diesem Grund vom 30. Dezember auf den 25. Juli verlegt), war das Wetter der große Risikofaktor. Besonders bei der Überquerung Hochwasser führender Bäche und Flüsse, die keine Brücke besaßen, kamen viele zu Tode. Trockenheit und die Gefahr des Verdurstens bestanden hingegen vor allem beim Landweg quer durch Nordspanien. Soweit es ging, versuchten Pilger, Gebirge zu umgehen, da die schmalen Wege entlang von

Abgründen alles andere als sicher waren. Die größte Gefahr ging aber von Straßenräubern aus. Durch alle Jahrhunderte finden sich zahllose Zeugnisse von Raub, Mord und Vergewaltigung. Trotzdem mussten die Pilger unbewaffnet sein, um nicht im Ausland als getarnte fremdländische Truppen zu gelten und ins Gefängnis geworfen oder hingerichtet zu werden. Der einzige Schutz bestand darin, die Reise durch gefährliche Landstriche als Gruppe durchzuführen. Ein unberechenbares Risiko waren für Pilger die vielen mittelalterlichen Fehden und Kriege (z. B. Hundertjähriger Krieg in Nordfrankreich!), bei denen sie leicht zwischen die Fronten oder in die Hände marodierender Truppen geraten konnten.

► Über dem Ort eines Hostienwunders erhebt sich in der Creglinger Herrgottskirche der wunderbare Marienaltar Tilman Riemenschneiders.

erneuerten Steinbrücke in der Vorstadt Etwashausen die Heilig-Kreuz-Kirche. Kein Geringerer als Balthasar Neumann schuf den barocken Zentralbau anstelle einer im 15. Jh. gestifteten Wallfahrtskapelle.

Die Pilger verließen Ochsenfurt nach Süden, wobei sie an der spätgotischen Wallfahrtskapelle zu Ehren des hl. Wolfgang vorbeikamen. Noch heute findet hier alle zwei Jahre eine Pferdesegnung samt anschließendem Pfingstritt statt. **Aub**, das nächste Etappenziel nach Süden, besaß ein Heilig-Geist-Spital, das Mitte des 14. Jh. durch den hohenlohischen Stadtherrn gegründet worden war. Julius Echter ließ es 1595 baulich erneuern. Die Pfarrkirche mit ihrem interessanten frühgotischen Westbau war einst eine Propstei der Benediktinerabtei St. Burkhard in Würzburg. Auch hier wurden Pilger sicherlich nicht abgewiesen. Heute lockt die Kreuzigungsgruppe Tilman Riemenschneiders Besucher hierher. Nur wenige Kilometer entfernt liegt einsam in der Nähe von **Burgerroth** die romanische Wallfahrtskirche zur hl. Kunigunde. Sie muss unmittelbar nach der Heiligsprechung der Kaiserin erbaut worden sein und ist Station des Kunigundenwegs, eines mittelalterlichen Pilgerwegs zu ihrem Grab in Bamberg. Noch etwas weiter südlich erwartete die Pilger nahe **Creglingen** mit der Herrgottskirche ein ganz besonderes Wall-

- Die Jakobus-Kirche in Hohenberg gehört in ihren Ostteilen noch dem 12. Jh. an.

fahrtsziel. An der Stelle, wo sich ein Hostienwunder zugetragen haben soll, errichteten die Herren von Hohenlohe-Brauneck eine 1399 geweihte Kirche. Schon die Außenkanzel weist auf den großen Wallfahrtsbetrieb hin. Im Innern der Kirche beeindruckt das geschlossene Ensemble von vier spätgotischen Altären. Von unnachahmlicher Schönheit ist der Marienaltar Tilman Riemenschneiders mit der Darstellung der Himmelfahrt der Gottesmutter. Seine ungewöhnliche Lage mitten im Kirchenschiff erklärt sich daraus, dass er direkt über der Stelle des Wunders errichtet wurde. Durch das Taubertal konnten die Pilger nun bequem nach **Rothenburg** wandern (Rothenburg findet im Kapitel zum Streckenabschnitt zwischen Nürnberg und Saarbrücken ausführliche Erwähnung).

## VON ROTHENBURG OB DER TAUBER NACH ULM

In Richtung Süden verließen die Pilger am Spital vorbei die alte Reichsstadt und zogen in Richtung Crailsheim. In der Nähe des Dorfes **Hausen am Bach** kamen sie an einem 1290 gegründeten Prämonstratenser-Chorfrauenstift vorbei, das sich auch ihrer annahm. Da es unter die Schutzherrschaft der nahen Reichsstadt gelangt war, wurde es nach deren Glaubenswechsel aufgelöst. Heute sind die baulichen Reste im Klosterhof aufgegangen.

Einige Kilometer weiter nach Südwesten erreichten die Pilger das Dorf **Schainbach** mit seiner Jako-

Die Abtei- und spätere Stiftskirche in Ellwangen gehört zu den schönsten Bauwerken der Stauferzeit. Die Reliquien von 16 Märtyrern lockten zahlreiche Pilger hierher.

bus-Kirche. Vom mittelalterlichen Bau ist noch der Chorturm erhalten, der im Innern einen schönen spätgotischen Flügelaltar birgt, der allerdings keinen Bezug auf den Kirchenpatron nimmt. Durch Wallhausen führte die Strecke weiter zum Kloster **Anhausen** der Pauliner-Eremiten, das 1403 anstelle einer Einsiedelei entstand. Nach der Auflösung in der Reformation 1557 wurden die Gebäude allmählich abgebrochen. Heute ragt inmitten der Felder einsam ein 18 Meter hohes Wandstück des gotischen Chores empor, in das mehrere Grabplatten der Herren von Bebenburg eingelassen sind, die hier als Schutzherren des Klosters ihre Familiengrablege hatten. Über die Stadt Crailsheim führte der Weg auf den Höhen parallel zum Jagsttal in Richtung Ellwangen. Unterwegs bot sich in **Hohenberg** für Pilger Gelegenheit, ihren Patron in der Jakobus-Kirche zu verehren. Sie war Teil einer Propstei der nahen Benediktinerabtei Ellwangen. Ein Ablassbrief von 1332 bezeugt eine Jakobus-Wallfahrt. Zudem bestand hier eine Pilgerherberge und eine Jakobusbruderschaft. Vom romanischen Bau, der im frühen 12. Jh. nach dem Vorbild der Kirche in Kleincomburg errichtet wurde, sind Teile von Chor und Querhaus erhalten, die im späten 19. Jh. in den Neubau einer dreischiffigen Pfeilerbasilika integriert wurden. Die neue Ausstattung, vor allem durch Sieger Köder, wurde ganz auf den Kirchenpatron und seine Pilger abgestimmt.

Der Besuch der Stadt **Ellwangen** ist auch heute noch ein besonderes Erlebnis. In seltener Geschlossenheit hat sich hier eine romanisch, gotisch und barock geprägte Kloster- und Stiftsstadt erhalten. Die beiden Grafensöhne Hariolf und Erlolf, die um 764 die Benediktinerabtei gründeten, waren nacheinander Bischöfe im burgundischen Langres. Von dort ließen sie ihrer Stiftung als geistliches Kapital einen reichen Reliquienschatz von Märtyrergebeinen zukommen. In karolingischer Zeit eines der bedeutendsten deutschen Klöster und unter den Staufern zur gefürsteten Reichsabtei emporgestiegen, wandelten die Mönche 1460 aufgrund ihres wenig asketischen Lebenswandels das Kloster in ein Stift um. Die wohl 1182–1233 errichtete spätromanische Abteikirche, die im frühen 19. Jh. beinahe anstelle von Rottenburg Bischofssitz geworden wäre, erhielt im Innern im 18. Jh. eine neue Raumschale in den Formen des Rokoko. Die Stuckmedaillons im Gewölbe stellen die 16 hier in ihren Reliquien anwesenden Stiftsheiligen dar. Auch ein spätgotisches Fresko im nördlichen Querhaus wies die Pilger auf diesen besonderen Heiltumsschatz hin. 1473/76 stiftete Fürstpropst Albrecht I. im Ort die überaus qualitätvolle spätgotische Wallfahrtskirche St. Wolfgang. Albrecht erbaute wenig später auch die Kapelle Unserer Lieben Frau zur Eich als Marienverehrungsstätte. Die Jesuiten, die im frühen 17. Jh. von den Fürstpröpsten zur Gegenreformation in den Stiftsstaat gerufen wurden, errichteten nicht nur neben der Stiftskirche ihr eigenes Gotteshaus, sondern ließen auf dem Schönenberg ab 1638 eine Loretokapelle als neues Wallfahrtsziel entstehen. Sie wurde in die ab 1682 erbaute große Liebfrauenkirche einbezogen, die zu den frühesten und wichtigsten Barockkirchen Südwestdeutsch-

lands zählt. In Ellwangen ist als barocker Neubau an zentraler Stelle auch das Heilig-Geist-Spital erhalten, das heute als Rathaus dient. Es bezieht Teile des Vorgängerbaus von 1486 ein.

Über Aalen durchquerten die Pilger anschließend den nordöstlichen Teil der Schwäbischen Alb durch das Brenztal. Dort, unmittelbar an der Quelle der Brenz, war die Zisterzienserabtei **Königsbronn** ein wichtiges Etappenziel. 1303 stiftete König Albrecht I. von Habsburg dieses letzte große süddeutsche Zisterzienserkloster auch aus Gründen der Territorialpolitik, um die strategisch wichtige Straßenverbindung zu kontrollieren. Auch Kaiser Karl IV. förderte die Neugründung sehr. Trotz zähen Widerstandes der Mönche wurde dieses Kloster in der Reformation aufgelöst. Nach den Zerstörungen im Dreißigjährigen Krieg verschwanden die Gebäude der großen Anlage fast vollständig.

Weiter durch das Brenztal gelangten die Pilger nach **Herbrechtingen**. Um 760 gründete hier Abt Fulrad von St. Denis bei Paris auf seinen Besitzungen eine Zelle, in die er die Gebeine des hl. Märtyrers Veranus, eines südfranzösischen Bischofs, übertragen ließ. Die Anwesenheit Kaiser Heinrichs III. bei der Weihe eines Neubaus 1046 zeugt von der einstigen Bedeutung. 1171 wandelte Kaiser Friedrich I. Barbarossa die Gemeinschaft von Weltgeistlichen in ein Augustiner-Chorherrenstift um. Diese engagierten sich nicht nur in der Seelsorge, sondern auch in der Pilgerbetreuung. Noch zwanzig Jahre vor der Auflösung in der Reformation 1536 bauten die Stiftsherren ihre Kirche spätgotisch um. An den Veranus-Kult erinnert die verstümmelte Deckplatte mit Bischofsfigur, die einst das Hochgrab bedeckte. Im benachbarten **Giengen an der Brenz**, das die gotische Kirche eines großen Spitals bis heute bewahrt hat, mündete die auch von Pilgern genutzte Handelsstraße Nürnberg–Ulm in unsere Strecke.

Entlang des Donaurieds verlief der Weg nun nach Ulm über Stetten, wo eine barocke Wallfahrtskirche mit einer Nachbildung des Einsiedler Gnadenbildes zum Besuch einlud, und Lindenau mit einer leider im 19. Jh. abgerissenen Wallfahrtskapelle, die durch Mönche der Zisterzienserabtei Kaishcim betreut wurde. Kurz vor Ulm konnte noch in dem im frühen 12. Jh. gegründeten Benediktinerkloster **Oberelchingen** Rast eingelegt werden.

# Von Ulm an den Bodensee

## Ulm

> (rechte Seite) Auch wenn der Turm des Ulmer Münsters erst im späten 19. Jh. vollendet wurde, waren die Pilger auch so vom Anblick der mittelalterlichen Großstadt beeindruckt.

Schon von weitem sahen die Pilger die Silhouette von Ulm, die vom Riesenbau der gotischen Pfarrkirche bestimmt wurde. Auch wenn die obere Hälfte des mit 161 Meter immer noch höchsten Kirchturms der Welt erst 1880/90 vollendet werden konnte, waren die Dimensionen für eine städtische Pfarrkirche von bisher nicht gekanntem Ausmaß. Mit einer Länge von 124 Meter und eine Gewölbehöhe von 41 Meter errichteten sich die Bürger der Stadt auf dem Höhepunkt ihrer Macht und ihres Reichtums ab 1377

ein Bauwerk, das mit den großen Kathedralen des Landes wetteiferte. Die überwältigende Wirkung des Außenbaus wurde für den mittelalterlichen Wallfahrer noch übertroffen durch die Pracht der Ausstattung im Innern. Über 60 Altäre, geschaffen von den besten Meistern des gotischen Kunstzentrums Ulm, Steinfiguren, Gestühle und farbenprächtige Glasfenster füllten den gewaltigen Raum. Ein entsetzlicher Verlust bedeutete der Bildersturm am 21. Juni 1531, nachdem sich die Stadt dem Calvinismus angeschlossen hatte. Daher können heutige Besucher nur noch die nackte Raumschale erleben. Das erhaltene spätgotische Chorgestühl von Jörg Syrlin dem Älteren lässt das Verlorene umso schmerzlicher vermissen. Allein vier Altäre des Münsters besaßen Jakobus als Mit-Patron.

1531 wurde auch die Jakobus-Kapelle auf dem Markt zerstört, die zeitweise dem Rat als Gottesdienstraum gedient hatte. Weitere Anlaufstelle in Ulm war das 1183 auf dem Michelsberg entstandene Augustiner-Chorherrenstift St. Michael, das 1215 auf die Blauinseln zu den Wengen und schließlich 1399 in die Stadt verlegt wurde. Es nahm sich bevorzugt der Beherbergung von Pilgern an, wie auch die Deutschherren, die in Ulm eine Kommende unterhielten. Im Ulmer Dominikanerkloster lebte bis zu seinem Tod 1502 Felix Fabri. Obwohl Mönch unternahm er zahlreiche Wallfahrten, wovon er die Pilgerfahrt nach Jerusalem literarisch verarbeitete. Für den Dominikanerinnenkonvent der Stadt schrieb er die „Sionspilgerin". Damit konnten die Nonnen die Pilgerreise, die ihnen aufgrund der strengen Klausurvorschriften verwehrt blieb, wenigstens innerlich mit den entsprechenden Gebeten nachvollziehen. Sie traten gleichsam eine „geistliche Pilgerfahrt" an, wie es Fabri nennt.

## Reisewege, Unterkunft, Finanzierung

Die Reisewege wurden individuell und wohl erst unterwegs von Etappenziel zu Etappenziel festgelegt. Wie die Perlen eines Rosenkranzes wurden so die zahlreichen Gnadenstätten abgeklappert. Nach dem Vorbild Jesu und der Apostel gingen die Wallfahrer in der Regel zu Fuß. Da die Beherbergung von Pilgern als eines der Werke der Barmherzigkeit galt und entsprechend geachtet wurde, ergaben sich zahlreiche Möglichkeiten kostenloser Unterkunft und Verpflegung in Klöstern und Spitälern. Der Pilger sollte wie Christus selbst aufgenommen werden! Aber auch Bürger und Bauern taten das ihrige, um auf diese Weise für das eigene Seelenheil zu sorgen. Trotzdem ließ sich eine Fernwallfahrt nicht ganz ohne Geld durchführen. Denn nicht immer gab es gerade dort Spitäler und Klöster, wo sich der jeweilige Tag dem Ende neigte. Gasthäuser standen im Mittelalter in einem schlechten Ruf, sei es durch die Habgier des Wirtes oder die katastrophalen hygienischen Verhältnisse, sei es durch sich prostituierende Mägde, die das Sündenkonto des männlichen Pilgers wieder auffüllten (s. Hühnerwunder). Daher stiegen Wallfahrer hier nur ab, wenn es gar nicht anders ging. Obwohl eigentlich von Brücken- und Wegezoll befreit, wurden auch Pilger kräftig zur Kasse gebeten. Freibriefe nutzten nicht immer etwas. Um das Risiko, bei einem Überfall die gesamte Reisekasse zu verlieren, zu minimieren, führten Pilger im Spätmittelalter teilweise schon Empfehlungsschreiben und Wechsel als Bargeldersatz mit.

## VON ULM NACH WEINGARTEN

Auf einer Anhöhe südlich der Stadt zog die Benediktinerabtei **Wiblingen** Pilger an. Denn die Stifter des 1093 vom Reformkloster St. Blasien im Schwarzwald besiedelten Klosters, die Grafen von Kirchberg, brachten vom I. Kreuzzug eine damals noch seltene Kreuzreliquie mit. Die 1783 geweihte frühklassizistische Kirche betont in ihren Fresken des Malers Januarius Zick deshalb besonders die Kreuzthematik. Das spätgotische Kruzifix des Bildhauers Michel Erhart retteten die Mönche während des Bildersturms aus dem Ulmer Münster hierher. Nachdem das Kloster im frühen 18. Jh. unter großen Kosten und Mühen zur Reichsabtei aufgestiegen war, entstand ein riesiger, palastartiger Neubau, der allerdings unvollendet blieb. Prunkstück der Anlage und Ziel heutiger Kunstpilger ist der 1745 vollendete Bibliothekssaal, wohl der schönste Raum, der in Deutschland je für Bücher geschaffen wurde.

In **Laupheim** erinnert die heutige Friedhofskirche St. Leonhard aus der Mitte des 15. Jh. an die durchziehenden Pilger. Sie ist außen von einer Eisenkette umspannt, ein Verweis darauf, dass der hl. Leonhard auch der Patron für den Freikauf von Christen war, die in die Hände der Osmanen gefallen waren. Auf der Nordseite ließ im frühen 17. Jh. ein Kaplan nach seiner Rückkehr von einer Jerusalem-Wallfahrt eine Nachbildung des Heiligen Grabes anbringen.

Zwischen Laupheim und Biberach bot die Zisterzienserinnenabtei **Heggbach** Verpflegung und Unterkunft. Wie so viele Frauenklöster ist sie aus einer Beginengemeinschaft hervorgegangen, die hierhin 1231 umgesiedelt und einer Ordensregel unterworfen worden war. Die Pfarrkirche in **Laupertshausen** ist neben Jakobus dem Konstanzer Münsterpatron Pelagius geweiht. Im frühen 18. Jh. ließ das Biberacher Spital als Kirchenherr den Bau neu errichten. Die Tafelbilder der Orgelempore schildern ausführlich Leben und Wundertaten des Jakobus. Das Leinwandgemälde am barocken Hochaltar zeigt sein Martyrium.

Ein wichtiges Etappenziel zwischen Ulm und Waldsee war **Biberach**. Durch das noch erhaltene Ulmer Tor zogen die Pilger in die Reichsstadt ein. Bis zur Reformation stand hier als Begrüßung ein hölzerner Jakobus-Bildstock. An der simultan genutzten Pfarrkirche St. Maria und Martin gab es eine Jakobus-Bruderschaft mit gleichnamigem Altar. Im Bildersturm 1531 gingen dort nicht nur die Figur des Heiligen, sondern auch ein Fresko mit der Pilgerkrönung verloren. Pilgerhospiz war nicht das erhaltene Heilig-Geist-

Spital, wo Wallfahrer nur im Falle einer Krankheit aufgenommen wurden, sondern das Seelhaus in der Bahnhofstraße, das der Zweite Weltkrieg zerstörte. Einst war es mit einer Jakobusfigur geschmückt.

Von Biberach aus führte ein kleiner Umweg über **Muttensweiler** mit seiner schönen barocken Pfarrkirche St. Jakobus zum Marienheiligtum in **Steinhausen**. Ausgehend vom Gnadenbild der Schmerzhaften Muttergottes aus dem frühen 15. Jh. entwickelte sich hier im Spätmittelalter eine Wallfahrt, die vom nahen

Prämonstratenser-Chorherrenstift Schussenried betreut wurde. Zwischen 1727–1733 spendierte die Abtei eine der schönsten süddeutschen Barockkirchen, errichtet vom genialen Brüderpaar Dominikus und Johann Baptist Zimmermann. Vor den Pilgern tat sich nun ein wahrer Himmel auf Erden auf.

In **Bad Waldsee** konnten Pilger sowohl im Spital des 1181 gegründeten Augustiner-Chorherrenstifts St. Peter unterkommen als auch in der städtischen Herberge. Deren spätgotisches Gebäude in der Nähe

⯅ Die Barockkirche der Benediktinerabtei Weingarten blieb bis heute ein Zentrum der Heilig-Blut-Verehrung.

des prächtigen Rathauses erhielt 1856 seine neugotische Fassade. An der Stiftskirche bestand zumindest im frühen 16. Jh. eine Jakobusbruderschaft. Auf dem Weg nach Ravensburg kamen die Pilger auch zur Frauenbergkapelle, die im späten 15. Jh. für eine wundertätige Marienfigur entstand. An den frühbarocken Altären findet sich auch ein Jakobus. Nur wenige Kilometer entfernt konnten Wallfahrer einen kurzen Abstecher zum Grab der Guten Beth in **Reute** machen. Hier lebte bis zu ihrem Tod 1420 die aus Waldsee gebürtige Elisabeth Achler. Als Mystikerin und Stigmatisierte genoss sie schon zu ihren Lebzeiten Verehrung, die ab dem 17. Jh. wieder aufgenommen wurde. Heute betreuen Franziskanerinnen das Grab der 1766 selig gesprochenen Frau.

 # WEINGARTEN

### WELFISCHES HAUSKLOSTER

Vorbei an der 1240 gegründeten Zisterzienserinnen-Reichsabtei Baindt erreichten die Pilger Weingarten, dessen Benediktinerabtei alle Blicke auf sich zog. Ein Besuch gehörte wohl zu den Höhepunkten der Strecke zwischen Ulm und Konstanz. Ihre Geschichte ist untrennbar mit den Welfen verbunden, jenem großen deutschen Adelsgeschlecht, das in ewiger Konkurrenz zu den Staufern stand. 1056 übergab Welf IV. auf dem Höhepunkt seiner Macht die Residenz seiner Familie an den aus der welfischen Gründung Altomünster hierher versetzten Mönchskonvent. Zwar bestand in Weingarten schon ein Nonnenkloster, doch die Damen mussten mit den Mönchen tauschen. Denn Welf IV. plante ein neues Hauskloster, das der gestiegenen Bedeutung seiner Familie besser gerecht werden sollte.

### WALLFAHRT ZUM HEILIGEN BLUT

Den bis heute kostbarsten Schatz, eine Heilig-Blut-Reliquie, übergab Welf IV. nach dem Tod seiner Gemahlin Judith von Flandern 1094 der Abtei. Der klostereigenen Überlieferung nach soll Longinus, der bei der Kreuzigung den Lanzenstich ausführte und durch das Blut Christi sehend wurde, dieses nach Mantua gebracht haben, wo er es vergrub. 1048 konnte es auf wundersame Weise im Beisein Kaiser Heinrich III. und Papst Leo IX. wieder aufgefunden werden. Die beiden hohen Herren teilten christlich. Während der Anteil des Papstes im St. Andreaskloster in Mantua verblieb, schenkte der Kaiser seinen Partikel als Zeichen politischer Aussöhnung an Graf Balduin von Flandern. Dieser vererbte ihn seiner Tochter Judith, die nach ihrer Heirat mit Welf IV. die Reliquie nach Oberschwaben brachte.

Schon um 1200 nahm die Verehrung enormen Aufschwung und hält bis heute an. Von den mittelalterlichen Gebräuchen rund um das Heilige Blut wie z. B. Trinken von Rotwein, in den die Reliquienampulle getaucht worden war, blieb allein der Heilig-Blut-Ritt lebendig. 1529 wird dieser Umritt erstmals erwähnt, aber schon als alter Brauch bezeichnet. Noch heute begleiten am Tag nach Christi Himmelfahrt bis zu 3000 Reiter und 30 000 Fußwallfahrer in einer großen Prozession die Reliquie, die von einem Benediktiner der 1922 wiederbesiedelten Abtei mitgeführt wird.

### GRÖSSTE BAROCKKIRCHE DEUTSCHLANDS

1715–1724 ließ der Reichsabt Sebastian Hyller, ein Pfullendorfer Bäckersohn, den gewaltigen Neubau der Klosterkirche errichten. Er sollte in seinen Maßen die Hälfte des Petersdomes in Rom betragen (Länge 106 Meter, innere Kuppelhöhe 66 Meter). Mit den umfangreichen Fresken beauftragte er mit sicherem Gespür für Qualität Cosmas Damian Asam, der mit diesem Werk endgültig seinen Durchbruch erzielte. Auch wenn damals die große Zeit der Santiago-Wallfahrt vorbei war, zeigt das Heilig-Blut-Fresko, das der Eintretende zuerst erblickt, im Zentrum der Hilfe Suchenden, die zur Reliquie flehen, zwei Jakobspilger. Unter den Altären des Langhauses ist der mittlere in der südlichen Kapellenreihe Jakobus geweiht. Nach Vollendung der Kirche wurde die Reliquie im Heilig-Blut-Altar unter der Vierungskuppel aufbewahrt. Heute befindet sie sich annähernd an der gleichen Stelle im modernen Zelebrationsaltar. Neu ist auch das Reliquiar. Als adäquaten Abschluss des barocken Bau- und Ausstattungsprogramms erschuf Joseph Gabler 1737–1750 die Hauptorgel, eines der schönsten, größten und besten historischen Instrumente Deutschlands.

# Von Weingarten nach Konstanz

**Ravensburg**, wohin die Welfen ihren Hauptsitz verlegt hatten, entwickelte sich im Mittelalter zu einer bedeutenden Handels- und Reichsstadt. Reichtum brachte vor allem der Leinwandhandel. An den Pilgerverkehr erinnert die Pfarrkirche St. Jodokus in der Unterstadt. Sie wurde 1385 als zweite Pfarrkirche der Stadt durch den Rat und die Abtei Weissenau errichtet. Der im Stil der Bettelordensgotik gestaltete Bau verlor seine mittelalterliche Ausstattung wohl während des Glaubenwechsels der Stadt 1546. 1989 ließ die Pfarrgemeinde zur Verehrung ihres Patrons ein Jodokus-Reliquiar mit Szenen aus dessen Legende schaffen. Die Reliquien erhielt sie von der Landshuter Jodokus-Pfarrei.

Unterkunft für Pilger bot das Heilig-Geist-Spital, dessen spätgotische Gebäude samt 1498 geweihter Kapelle im städtischen Krankenhaus in der Bachstraße erhalten blieben. In der Nähe befindet sich das Seelhaus, das 1408 als Spital entstand. Im barocken Umbau blieb das alte Gebäude integriert.

Gleich hinter Ravensburg erreichten die Pilger das Prämonstratenser-Chorherrenstift St. Peter und Paul in **Weissenau**. 1145 von einem welfischen Ministerialen gestiftet, erhielt es zur Weihe der romanischen Kirche 1172 Reliquien des sizilianischen Märtyrers Vitus, die in einem Schrein zur Verehrung ausgesetzt wurden. 1283 übergab König Rudolf von Habsburg den Chorherren eine Heilig-Blut-Reliquie. Die legendäre Herkunft ist zwar nicht so prominent wie in Weingarten, doch führte man die Partikel immerhin auf Maria Magdalena zurück, die unter dem Kreuz blutdurchtränkte Erde sammelte und sie nach Mar-

In der Kapelle des Markdorfer Mauritius-Spitals finden sich mittelalterliche Pilger-Graffiti.

► Auf ihrem Weg in Richtung Einsiedeln wird die Jakobspilger die Schönheit des Bodensees genau so wie heutige Touristen entzückt haben.

seille mitnahm. Von dort sollen sie durch König Dagobert nach Straßburg gebracht worden sein, wo sie schließlich Rudolf von Habsburg geschenkt bekam. Mit der Übergabe der Reliquie an Weissenau verband der König die Absicht, der Heilig-Blut-Verehrung im nahen Weingarten Konkurrenz zu machen, da sich diese Reichsabtei dem Ausbau seiner Landesherrschaft entzog. Dennoch erreichte die Weissenauer Wallfahrt bei weitem nicht die Dimensionen des Nachbarklosters. Da half auch der groß angelegte Neubau des frühen 18. Jh. nichts. Nachdem Weingarten nachgezogen hatte und seine Reliquie im Zentrum des prächtigen Wallfahrtsdomes ausstellte, ließen die Weissenauer Chorherren ihr Heiliges Blut ebenfalls in einem eigenen Altar vor dem Chor verehren.

**Markdorf**, dessen Pfarrkirche dem hl. Nikolaus geweiht ist und das spätgotische Gnadenbild der Schutzmantelmadonna aus der abgebrochenen Bildbachkirche birgt, bot mit seinen rund achtzehn Klosterhöfen genügend Herberge. Östlich vor der Stadt haben sich in barocker Gestalt Gebäude und Kapelle des Mauritius-Spitals erhalten. Der linke Seitenaltar

ist mit Jakobus, Jodokus und Rochus gleich drei Pilgerpatronen geweiht. An der Südwand finden sich mittelalterliche Graffiti von Reisenden, darunter auch Jakobsmuscheln.

Über **Ahausen** mit seiner ursprünglich romanischen Jakobuskapelle und der spätgotischen Kapelle in **Breitenbach** mit weiteren mittelalterlichen Pilger-Kritzeleien erreichte der Weg in **Meersburg** das Ufer des Bodensees. An die glanzvolle Zeit als Residenz der Konstanzer Bischöfe erinnern die mittelalterliche Burg und das barocke Schloss. Wer vor der Überfahrt nach Konstanz hier unterkommen musste, für den stand das Heilig-Geist-Hospital offen.

## KONSTANZ

### KULTSTÄTTEN VOR DER STADT

Wer sich auf dem Schiff von Osten der Stadt näherte, konnte im Morgenlicht die vergoldeten runden Kupferscheiben mit dem Weltenrichter, den Evangelistensymbolen und den beiden Münsterheiligen Konrad und Pelagius als Fürsprecher am Chorgiebel des Konstanzer Münsters aufblitzen sehen (heute Kopien, Originale in der Krypta). Die kürzere Überfahrt von Meersburg aus erreichte in Staad das gegenüberliegende Ufer. Von hier aus war es nur ein kurzer Landweg durch den Jakobswald bis zur **Benediktiner-Reichsabtei Petershausen**. 983 vom Konstanzer Bischof Gebhard II. als Reformkloster gegründet, entwickelte es sich rasch zur bedeutendsten Abtei des Bodenseeraums neben der Reichenau und St. Gallen. Die Säkularisation hat hier arg gewütet, sodass von der abgebrochenen romanischen Basilika nur noch ein Portal im Badischen Landesmuseum erhalten ist. Die barocken Klostergebäude wurden lange Zeit als Kaserne genutzt und entsprechend umgebaut. Um die Santiago-Pilger in die Kirche zu locken, hatte die Abtei zweimal Reliquien des hl. Jakobus erworben.

Wer es als Pilger nicht ganz so eilig hatte, für den lohnte sich allemal der Abstecher auf die **Klosterinsel Reichenau**, die in ihren drei Kirchen bedeutende Reliquienschätze barg. Die Oberzeller Kirche verwahrte das Haupt des hl. Georg, einem der populärsten Heiligen des Mittelalters. Die Abteikirche in Mittelzell birgt im spätgotischen Altar des Westcho-

❢ Die Krypta von Reichenau-Oberzell barg einst das Haupt des hl. Georg.

res Gebeine des hl. Evangelisten Markus in einem Schrein des frühen 14. Jh. Ein spätantikes Marmorgefäß wurde als Krug der Hochzeit von Kanaa verehrt. In Konkurrenz zum nahen Weingarten wurde besonders in der Barockzeit das byzantinische Brustkreuz mit Partikeln blutgetränkter Erde von Golgatha und des Kreuzesholzes Christi hoch verehrt.

### MITTELALTERLICHES PILGERZENTRUM

Direkt beim Kloster Petershausen befand sich die mittelalterliche Rheinbrücke hinüber nach **Konstanz**, dem bedeutendsten Pilgersammelpunkt Süddeutschlands auf dem Weg nach Rom, Jerusalem und Santiago. Die Brücke war an beiden Enden in Stein, in der Mitte aber aus Holz gebaut, damit sie nachts aus Sicherheitsgründen oder tagsüber für größere Schiffe beiseite geklappt werden konnte. Nachdem die Holzkonstruktion 1856 wieder einmal

► Am frühgotischen Heilig-Grab-Nachbau des Konstanzer Münsters fanden die Jakobspilger eine ungewöhnliche Darstellung ihres Patrons. Jakobus hält für sie symbolisch gleich mehrere Pilgertaschen und -stäbe bereit.

abgebrannt war, entschloss sich die Stadt zum Neubau in Eisen, allerdings etwas weiter östlich. Daher steht der stadtseitige Rheintorturm aus der Zeit um 1200 heute funktionslos da. Durch ihn zogen einst alle Pilger, da sich hier in Konstanz zahlreiche Wege aus dem Norden bündelten. Nach nur wenigen Schritten erreichten sie das romanische Münster, bis zur Säkularisation Kathedrale des größten deutschen Bistums und kultisches Zentrum der Stadt.

### MÜNSTER

Der 1089 geweihte Bau, in dem von 1414–1418 das Konzil tagte, verlor durch den Bildersturm 1527 seine überreiche Ausstattung aus mehr als 60 Altären. Allein die wunderbaren, von Simon Haider 1470 geschaffenen Holztüren des Hauptportals mit ihrem reichen Reliefschmuck, das ebenfalls von ihm geschnitzte Chorgestühl, die berühmte „Schnegg" sowie Orgelbrüstung und -prospekt von 1515/20 lassen noch die einstige Pracht ahnen. Im Bildersturm ging auch der Reliquienschatz zugrunde. Dennoch sind heute noch im Münster wichtige Anziehungspunkte der mittelalterlichen Pilger zu finden. Die ältere Krypta wurde im frühen 10. Jh. umgebaut, nachdem Bischof Salomon III. in Rom die Gebeine des hl. Pelagius erwerben konnte. Sie wurden in einer von der Krypta aus zugänglichen Grabkammer aufbewahrt, die sich direkt unter dem Hochaltar befand. Durch zwei stollenartige Zugänge konnten die Pilger im Einbahnsystem das Heiligengrab verehren. Bedeutendster Bischof der Stadt war Konrad I. (934–975), der 1123 heilig gesprochen wurde. Sein Grab suchten die Pilger in einem Nebenraum der Krypta auf.

### ROM UND JERUSALEM AM BODENSEE

Bischof Konrad I. wandelte sein Konstanz in ein symbolisches Abbild Roms um, indem er stellvertretend die fünf Hauptkirchen der Ewigen Stadt zwar nicht baugleich, aber in ihren Patrozinien hier wiederholte. Der der Gottesmutter geweihte Dom stand für Maria Maggiore, die heute als Hotel genutzte Johanneskirche für S. Giovanni in Laterano und die beiden profanierten Kirchen St. Lorenz und St. Paul für S. Lorenzo fuori le mure und S. Paolo fuori le mure. Sein Nachfolger schuf mit der Abteikirche St. Peter in Petershausen auf der anderen Rheinseite stellvertretend den Petersdom, der in Rom ebenfalls am anderen Flussufer liegt. Somit fanden die Rompilger in Konstanz gleichsam schon die Heilige Stadt vor.

Nach der Rückkehr von seiner zweiten Pilgerfahrt nach Jerusalem ließ Konrad hinter dem Chor seiner Kathedrale einen Nachbau der Grabeskirche errichten. Angeblich brachte er von dort auch einen kleinen Stein als Reliquie mit, den er in den Rundbau mit seinen vier Kreuzarmen einmauern ließ. Damit hatte Konrad auch Jerusalem in seine Stadt geholt. Als Kapelle ließ der Bischof sie dem ottonischen Reichsheiligen Mauritius weihen. Nach einem Großbrand der Münsterostteile 1299 wurde die Kapelle als Rundbau gotisch erneuert. Betritt man heute aus dem spätgotischen Kreuzgang den Zentralbau, ist man wie schon die mittelalterlichen Pilger von der Schönheit des frühgotischen Heiligen Grabes überrascht. Um 1260 entstand dieser filigrane, zwölfeckige Baldachin, der an Karfreitag und Ostern als Kulisse für das liturgische Nachspielen des heiligen Geschehens diente. Der Figurenschmuck schildert außen das Heilsgeschehen von der Verkündigung bis zur Anbetung der Könige, während im Innern die drei Marien am Grab mit den schlafenden Soldaten, dem Engel und sogar dem Apotheker, der ihnen die Salben verkaufte, angebracht sind. Die Jakobus-Darstellung im Apostelzyklus zwischen den Giebeln des Baldachins zählt ikonografisch zu den interessantesten überhaupt! Er hält in den Händen je sechs Pilgerstäbe und -taschen, um sie gleichsam an die vielen durchziehenden Wallfahrer zu seinem Grab zu reichen.

## JAKOBSKIRCHE UND SPITÄLER

Einst war auch in Konstanz eine Kirche dem hl. Jakobus geweiht. Sie wurde von den Mönchen des 1142 gegründeten Schottenklosters, die sich seiner Verehrung besonders angenommen hatten, nordwestlich vor der Stadtmauer erbaut. Das Kloster wurde während der kurzen Reformationsphase der Stadt allerdings aufgelöst und abgerissen. Als Erinnerung an die geweihte Stätte ließ der Rat der nun wieder katholischen Stadt 1589 dort eine Jakobuskapelle errichten (Schulhof des Humboldt-Gymnasiums). Entsprechend dem hohen Pilgeraufkommen war Konstanz auch mit zahlreichen Hospitälern ausge-

stattet. Auf halber Strecke zwischen Rheintorturm und Münster lag zwischen den Dominikanerinnenklöstern St. Katharina und St. Peter ein Pilgerhospital. Hinter dem mittelalterlichen Kaufhaus von 1388 für den Leinwandhandel („Konzilsgebäude") befand sich das von 1225–1805 bestehende städtische Heilig-Geist-Spital, das neben Armen und Kranken auch Pilger aufnahm. Die gotische Kapelle ist noch erhalten. In der Kreuzlinger Straße stehen umgebaut noch die Gebäude des Seelhauses aufrecht. Die profanierte Kapelle dieses Hospizes war dem Pilgerheiligen Jodokus geweiht. Nicht weit davon entfernt liegen in der Straße zwei historische Wohnbauten, die wohl einstmals als private Herbergen dienten (Zum Engel, Zum Pilgerstab). Vorbei am Augustiner-Chorherrenstift Kreuzlingen mit seiner Kreuzreliquie und dem wundertätigen Kruzifix zogen die Pilger dann weiter Richtung Einsiedeln.

▲ Die Jakobskirche in Pfullendorf besitzt ein Reliquiar ihres Patrons.

## ![] NEBENSTRECKE PFULLENDORF–ÜBERLINGEN

Aufgrund der besonderen Jakobus- und Pilgerspuren sei hier noch die Strecke Pfullendorf–Überlingen angeführt. Die Pilger südlich der Schwäbischen Alb und von der jungen Donau sammelten sich in **Pfullendorf**, das eine der bedeutendsten Jakobus-Kirchen in Baden-Württemberg besitzt. Die anspruchsvolle Pfarrkirche der ehemaligen Reichsstadt ist dem hl. Jakobus geweiht. Sie entwickelte sich aus einer Burgkapelle heraus, die als zusätzlichen Patron noch Christophorus hatte; eine gute Kombination für den gefahrvollen Weg nach Santiago. Während der Außenbau, vor allem der eindrucksvolle Turm mit seinem schönen Maßwerkhelm, noch gotisch geprägt ist, verwandelte sich das Innere ab 1750 in einen wahren Rokoko-Himmel. Besonders die Deckengemälde des Sigmaringer Hofmalers Meinrad von Au verherrlichen den Kirchenpatron. Im Chorfresko verehren die wichtigsten Vertreter der damaligen Pfullendorfer Bürgerschaft das Jakobus-Grab. Eine Stufe unter ihnen finden sich unter dem einfachen Volk auch Pilger. Das Fresko vor dem Choreingang zeigt die Verherrlichung des Heiligen. Über dem Chorbogen erscheint unter dem Reichsadler der zwölfzackige Ja-

► An die Bedeutung Überlingens für den Pilgerverkehr erinnert die spätgotische Kapelle des Pilgerpatrons Jodokus. Im Innern finden sich auch Fresken des Hühnerwunders des hl. Jakobus.

kobsstern. Am Hochaltar von 1717 ist Jakobus neben seinem Bruder Johannes mit gezücktem Schwert als Kämpfer gegen die Ungläubigen dargestellt. Bei der Rokoko-Renovierung der Kirche erhielt der Altar einen eleganteren Abschluss, auf dem eine Putte mit dem Jakobshut spielt. Vom frühbarocken Muttergottesaltar hat sich im nördlichen Seitenschiff auch eine Figur des Kirchenpatrons erhalten. Die Kirche besitzt als Anziehungspunkt für Santiago-Pilger ein Büstenreliquiar des Heiligen.

Mit dem Heilig-Geist-Hospital, dessen spätgotische Kapelle sich mitsamt der schönen Ausstattung noch unverändert erhalten hat, und dem Seelhof in der gleichnamigen Gasse gab es zwei ausgewiesene Pilgerherbergen. Bei Bedarf war sicher auch im Wirtschaftsbereich des Dominikanerinnen- und Franziskanerinnenklosters ein Unterkommen. Pfullendorf war auch Marienwallfahrtsort. Von der mittelalterlichen Kirche Maria Schray ist in der barocken Erweiterung noch der spätgotische Chor und das Gnadenbild der Thronenden Muttergottes erhalten. Auf dem Weg nach Süden kam der Pilger schließlich an einer heute verschwundenen Jodokus-Kapelle vorbei.

Über Taisersdorf mit einer barocken Jakobus-Darstellung in der Markuskapelle strebten die Pilger **Überlingen** zu. Durch das noch erhaltene Aufkircher Tor der mittelalterlichen Stadtbefestigung kamen sie direkt an der Jodokus-Kapelle vorbei. An der 1462 geweihten Kapelle bestand eine gleichnamige Bruderschaft, die sich Pilgern annahm. Die qualitätvollen spätgotischen Wandmalereien im Innern schildern auf der Nordseite das Hühner-Wunder des hl. Jakobus. Die Fresken der Südseite mit der Begegnung der drei Lebenden mit den drei zu ihnen sprechenden Toten ("Was ihr seid, das waren wir und was wir sind, das werdet ihr") erinnern an die Vergänglichkeit irdischen Lebens. Das fünfschiffige Münster, das den Stolz der Reichsstadt verkörpert, ist dem hl. Nikolaus geweiht, der in den Augen der Pilger für eine gute Überfahrt über den Bodensee zuständig war. Prunkstück der Kirche und ein Höhepunkt süddeutscher Altarbaukunst ist der 1613/16 entstandene Hochaltar der Bildschnitzerfamilie Zürn. Hoch oben findet sich auch der hl. Jakobus. Ein Pilgerhospiz vor den Mauern und zahlreiche Klosterhöfe boten ausreichend Unterkunft.

## Württembergischer Jakobsweg

# VON SCHWÄBISCH HALL NACH SCHAFFHAUSEN

### SCHWÄBISCH HALL

In Schwäbisch Hall trafen sich zwei von Würzburg über Bad Mergentheim und von Bamberg über Rothenburg ob der Tauber kommende Pilgerwege. Die unter den Staufern besonders geförderte Stadt gewann durch die schon von den Kelten genutzte starke Salzquelle auf der einstigen Kocherinsel enormen Reichtum. Mit 330 km² war das Haller Territorium das viertgrößte unter den deutschen Reichsstädten. Noch heute lässt das an den Talhängen beiderseits des Flusses reizvoll emporgestaffelte mittelalterliche Stadtbild die einstige Bedeutung ahnen. Die von Norden kommenden Pilger begrüßte in der Gelbinger Vorstadt die vor dem Stadttor an den Josenturm angebaute Jodokus-Kapelle. Ihr Altar war zusätzlich Jakobus geweiht. Seit 1385 war der Kapelle eine Herberge für arme Pilger angeschlossen.

◄ Auch Schwäbisch Hall war Teil eines Pilgerweges nach Santiago. Leider ist die romanische Jakobus-Kirche nicht mehr erhalten.

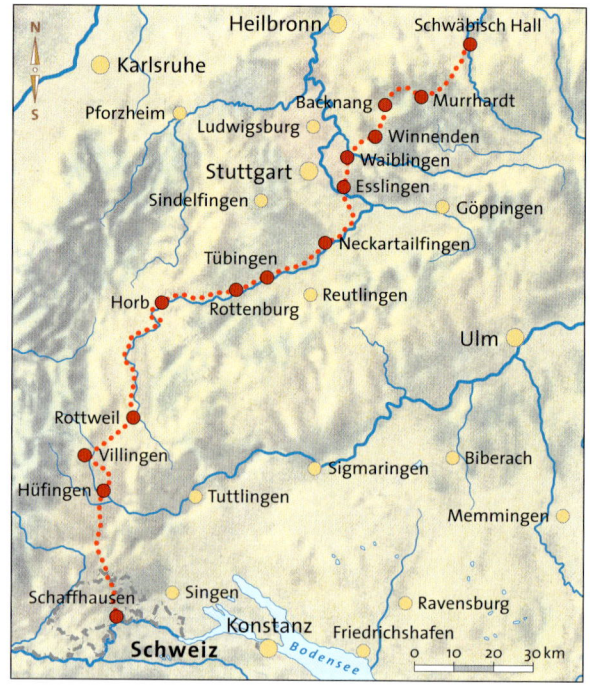

zierten Kirchtürmen aus dem frühen 13. Jh. Ein noch erhaltener Torbau des 12. Jh. mit darüber liegender Kapelle führt in den Klosterhof. Von dort aus gingen die Pilger über eine Treppe im Untergeschoss der romanischen Sechseckkapelle, die vermutlich Reliquien barg, zum Hauptportal der Abteikirche. In den barocken Neubau übernahmen die inzwischen vom Kloster zum Stift gewandelten Kanoniker die beiden kostbarsten Ausstattungsstücke des romanischen Vorgängerbaus: Das Antependium des endzeitlichen Christus zwischen den zwölf Aposteln sowie den großen Radleuchter, der auf sehr beeindruckende Weise ein Abbild des Himmlischen Jerusalem darstellt. Vom reichen Reliquienschatz der Abtei hat sich nichts erhalten. Sowohl das Nikolauspatrozinium der Abteikirche wie die Weihe der auf dem gegenüberliegenden Talhang liegenden romanischen Propsteikirche **Kleincomburg** an den hl. Ägidius verweisen auf die durchziehenden Pilger. An sie erinnert auch noch das spätmittelalterliche Spital mit Glockentürmchen im Dorf Steinbach zu Füßen der Kleincomburg.

## VOM KOCHER ZUM NECKAR

Geistlich und körperlich gestärkt zogen die Pilger durch den Mainhardter Wald über Oberrot mit einer der ältesten, Bonifatius geweihten Kirchen des Umlandes nach **Murrhardt**. Hier im Tal der Murr ließ sich Walterich, ein fränkischer Hochadeliger, um 800 als Einsiedler neben einem römischen Tempel nieder, den er zu einer christlichen Kapelle umbaute. Der Legende nach kam Kaiser Ludwig der Fromme auf der Flucht vor seinen aufständischen Söhnen hierher und gründete für Walterich 816/17 eine Benediktinerabtei im Tal. Als erster Abt fand er sein Grab, das aus römischen Spolien zusammengesetzt wurde, in seiner nun als Pfarrkirche dienenden Kirche auf dem Hügel. Bald verehrten es Pilger, weshalb seine Gebeine in die Walterichskapelle neben der Abteikirche übertragen wurden. Mit ihr entstand um 1230 ein ungemein prächtiger, wie ein steinernes Reliquiar wirkender Quaderbau. Dank einer Überfülle an Bauzier zählt er zu den Kostbarkeiten staufischer Romanik. In der Abteikirche, die zwischen den romanischen Türmen in der Zeit der Gotik als doppelchöriger

Bis zum großen Stadtbrand 1728 erhob sich unmittelbar zu Füßen der Stadtpfarrkirche St. Michael anstelle des barocken neuen Rathauses die imposanteste Jakobuskirche im südwestdeutschen Raum. Einer dreischiffigen Säulenbasilika aus der Mitte des 11. Jh. wurde im frühen 13. Jh. Rechteckchor und Querhaus angefügt, überragt von einem achteckigen Vierungsturm. Mit ihrer Gründung war der Jacobimarkt verbunden. 1236 erhielten Franziskaner die Kirche zur Nutzung überlassen. Während das älteste Spital der Stadt südwestlich der Michaelskirche am Marktplatz stand, wurde es im 14. Jh. an die heutige Stelle verlegt. Nach dem Stadtbrand von 1728 konnte es als dreiflügelige Barockanlage wieder errichtet werden. Unweit davon verbindet die Henkersbrücke von 1502 nicht nur die beiden Stadthälften, sondern führte Pilger direkt zur Niederlassung der Johanniter am Brückenkopf, die sich ihrer bevorzugt annahmen. Sowohl die heute profanierte, im 14. Jh. neu errichtete Kirche mit ihrem schönen seitlichen Turm als auch der barock überformte Wohn- und Spitaltrakt gehen noch auf die Gründungszeit im späten 12. Jh. zurück.

Durch die Vorstadt Unterlimpurg gelangten die Pilger zur Benediktinerabtei **Großcomburg**, die auf ihrem Hügel über dem Kochertal wie eine Gottesburg oder Himmelsstadt thront. Spätmittelalterliche Wehrmauern rahmen ein wohl einmaliges Ensemble aus Romanik und Barock, überragt von drei reich ver-

← Wie die ersehnte Himmelsstadt ragt hinter Schwäbisch Hall die ehem. Benediktinerabtei Großcomburg auf.

◄ Esslingens Altstadt beeindruckt noch heute durch ihre mittelalterliche Geschlossenheit.

Kirchenbau neu entstand, erinnert das Hochgrab für das Herz Ludwigs des Frommen an den kaiserlichen Gründer. Anfang des 16. Jh. in ein Chorherrenstift umgewandelt, endete der eindrucksvolle Walterich-Kult mit der Einführung der Reformation 1552. Ein noch erhaltener spätgotischer Altar von 1496 zeigt in den gemalten Flügeln eine Vielzahl von Heiligen, darunter auch Jakobus und Jodokus als Hinweis auf die durchziehenden Pilger.

Entlang der Murr bildete **Backnang** die nächste Etappe. Hier gründete Markgraf Hermann II. von Baden zur Absicherung seiner Herrschaft in Neckarschwaben im frühen 12. Jh. in seiner Burg ein Augustiner-Chorherrenstift. Vom mittelalterlichen Bau der Pankratius-Kirche blieb allein der spätgotische Chor zwischen den beiden romanischen Türmen erhalten. In der wieder ausgegrabenen Krypta befinden sich einige frühe Gräber des markgräflichen Hauses. Besonders auffällig ist der mit dem Lamm Gottes verzierte romanische Sarkophag der 1162 verstorbenen Judintha, Tochter des Stiftsgründers. Sie wurde bis zur Reformation als Selige verehrt.

In **Winnenden** übernahm 1288 der Deutsche Orden eine schon seit dem 9. Jh. bestehende, im 12. Jh. als dreischiffige Pfeilerbasilika neu errichtete Kirche, an die er den gotischen Chor anfügen ließ. Dieser wird fast ganz eingenommen von einem der schönsten deutschen Jakobus-Altäre. In der Mitte des Schreins thront der Apostel und krönt zwei Pilger. Zu beiden Seiten wird er gerahmt von Petrus und Paulus, bis Ende des 15. Jh. die ursprünglichen Patrone der

Kirche, sowie den beiden Pilgerheiligen Jodokus und Wendelin. Im Gesprenge erscheinen Maria als Deutschordenspatronin sowie die Heiligen Drei Könige als erste christliche Pilger. Die Flügel zeigen in Reliefs wie in Rothenburg ob der Tauber Szenen aus der Legende des Jakobus sowie das Hühnerwunder. Der weitgehend ungefasste Schnitzaltar entstand 1520.

In Waiblingen überquerten die Pilger die Rems und gelangten über den schönen alten Fachwerkort Strümpfelbach mit seiner größtenteils noch spätgotischen Jodokus-Kirche nach **Esslingen**. Die ehemalige Reichsstadt präsentiert sich heute als eine der besterhaltenen Altstädte Süddeutschlands. Das Patrozinium der großen gotischen Stadtpfarrkirche St. Dionys erinnert daran, dass Abt Fulrad von Saint-Denis in Paris nach der Mitte des 8. Jh. von einem alemannischen Adeligen eine Klosterzelle geschenkt bekam, in die er die Reliquien des stadtrömischen Märtyrers Vitalis und vielleicht auch des hl. Dionysius übertragen ließ. Bis zur Einführung der Reformation 1531 und dem anschließenden Bildersturm konnten sie von Pilgern verehrt werden. Auf dem großen Platz vor der Kirche erhob sich bis zum Abbruch 1811 das beeindruckende Ensemble des Katharinenspitals. Auch die zahlreichen Stadthöfe (Pfleghöfe) württembergischer Klöster, die sich in Esslingen in erstaunlicher Fülle erhalten haben, boten durchziehenden Wallfahrern Unterkunft und Verpflegung. Wichtig für den Pilgerverkehr war die innere und äußere Pliensaubrücke, die hier den mehrfach verzweigten Neckar überquerte. Für ihren Wiederaufbau wurde

◄ Die Schlosskirche in Winnenden besitzt den wohl eindrucksvollsten deutschen Jakobus-Altar.

## Hospital

Hospitäler waren die gängige mittelalterliche Pilgerunterkunft. Bei Klöstern war es Standard, dass sie jeweils eines unterhielten, betreut von einem Mönch bzw. Laienschwestern. Besonders bei den großen Benediktiner- und Zisterzienserabteien konnten die Hospitäler beträchtliche Ausmaße annehmen. Sie lagen außerhalb der Klausur im Wirtschaftshof nahe dem Eingangstor. Städtische Hospitäler entstanden meist eher zufällig aus Privatinitiative einzelner wohltätiger Bürger, die hier einen Teil ihres Kapitals für ihr Seelenheil investierten. Da in der Regel ein Privathaus hierfür gestiftet wurde, lagen sie mitten in der Stadt. Oft gehörte eine Kapelle dazu. Die Hospitäler waren nicht besonders groß und boten in der Regel meist nur ein bis zwei Dutzend Pilgern Unterkunft. Daher war generell nur eine Übernachtung möglich, es sei denn, der Pilger erkrankte und musste länger bleiben. Die Verpflegung war ausreichend, aber schlicht. Übernachtet wurde, nach Geschlechtern getrennt, oft zu mehreren in einem Bett. Betreut wurden Hospitäler in der Stadt vorwiegend von Beginen oder von Heilig-Geist-Brüdern und -Schwestern.

daher 1286 ein Ablass ausgestellt. Die gut erhaltene innere Brücke trägt noch die gotische Nikolauskapelle, während die Hälfte der äußeren Brücke der Neckarkanalisierung 1968 zum Opfer fiel.

 ## VOM NECKAR ZUM HOCHRHEIN

Über die Fildern erreichten die Pilger bald **Denkendorf**. Ein kinderloser Ritter Berthold übergab seinen Besitz in diesem Ort anlässlich einer Wallfahrt ins Heilige Land an den Orden vom Heiligen Grab, damit dieser eine Niederlassung errichtete. 1129 erfolgte die Gründung, wobei der Patriarch von Jerusalem als Ordensleiter einige Reliquien übersandte. Der zwischen 1200–1240 samt Vorhalle neu entstandene Kirchenbau, der seine mittelalterliche Außenfarbigkeit wieder erhalten hat, schiebt seinen Chor machtvoll über den steilen Hang hinaus. Dadurch konnten die Chorherren unter dem Altarraum eine eindrucksvolle Krypta anlegen. Der mit einer Spitztonne überwölbte Raum ist als Nachbau des Heiligen Grabes in Jerusalem zu verstehen, weshalb in der Mitte des Fußbodens ein offener Grabschacht zu sehen ist. Zwei Zugänge ermöglichten den Pilgerverkehr im Einbahnsystem, der aufgrund der reichen Ablässe nicht unerheblich gewesen sein muss. Denn nach dem Fall von Jerusalem und dem Ende der Kreuzfahrerstaaten wurde ein Besuch der Denkendorfer Kirche als Ersatz für eine Wallfahrt ins Heilige Land anerkannt. Als Pilgerziel und -station besaß das Stift daher einen eigenen Pilgerfriedhof oberhalb der Klostermühle.

Bald wurde wieder der Neckar erreicht, dessen Verlauf die Pilger nun in Richtung Tübingen folgten. Stationen waren **Neckartailfingen** mit seiner 1111 vollendeten, vom Kloster Hirsau errichteten Martinskirche und **Rübgarten**, ein Ortsteil von Pliezhausen. Hier bestand seit Mitte des 12. Jh. eine Jakobus-Kirche. Der Neubau aus dem frühen 19. Jh. birgt einen bedeutenden Schnitzaltar von 1519. Er zeigt im Schrein neben Maria die beiden Pilgerheiligen Wendelin und Jakobus.

**Tübingen** als Residenzstadt der gleichnamigen Pfalzgrafen und später der Grafen von Württemberg dehnt sich noch heute in seltener Geschlossenheit zu Füßen von Schloss und Stiftskirche aus. Die Santiago-Pilger suchten in der Unterstadt die Jakobus-Kirche auf. Ein kleinerer romanischer Bau wurde im frühen 16. Jh. bedeutend erweitert. Eingemauerte Reliefs verweisen mit Hahn (Hühnerwunder?) und Pilger auf die Funktion der Kirche als Etappenziel nach Spanien. Unterkunft bot neben dem noch erhaltenen großen Bebenhäuser Pfleghof hinter der Stiftskirche auch das nahe Zisterzienserkloster selbst.

Hinter Tübingen zog die hoch gelegene **Wurmlinger Kapelle**, ein uralter Kult- und Wallfahrtsort, die Pilger an. Im frühbarocken Neubau hat sich noch die kleine romanische Krypta erhalten. Im nahen **Rot-**

**tenburg** besaß die gotische Stiftskirche St. Moriz dank ihrer Mauritius-Reliquien größere Bedeutung. 1517 entstand im nahen Weggental eine Wallfahrt zur Schmerzhaften Muttergottes, die von den in Rottenburg ansässigen Jesuiten sehr gefördert wurde. Unterkunft bot seit dem frühen 14. Jh. das Heilig-Geist-Hospital.

In **Horb am Neckar** mit seinem reizvollen, mittelalterlich geprägten Stadtbild erinnert in der gotischen Liebfrauenkirche der Hochaltar an die Bedeutung als Etappenziel auf dem Weg nach Santiago. Um 1520 stifteten ihn Horber Tuchmacher für die abgebrochene Johanneskirche. Der Schrein zeigt die Krönung Mariens, die von Johannes dem Täufer und Jakobus flankiert wird. Der rechte Flügel schildert Enthauptung und Hühnerwunder des Apostels. Für Pilger war auch die Horber Stiftskirche Heilig Kreuz mit ihrem Span vom Kreuzesholz von Interesse. Bis heute hat sich im Kirchenschatz das wertvolle spätgotische Reliquiar erhalten. Die Nachbardörfer **Ihlingen** mit seiner dem hl. Jakobus geweihten Dorfkirche, die einst Mutterkirche von Horb war, und **Rexingen** mit seiner Johanniterniederlassung erinnern ebenfalls an den Pilgerweg.

Von Ihlingen konnten Pilger, die in Richtung Rheintal ziehen wollten, über das Kinzigtal einigermaßen

◢ Tübingen, mittelalterliche Jakobus-Kirche.

◢ Der spätgotische Hochaltar der Liebfrauenkirche in Horb am Neckar zeigt rechts eine Figur des hl. Jakobus und daneben als Relief Enthauptung und Hühnerwunder des Heiligen.

► Dem 13. Jh. gehört eine Jakobusfigur im Villinger Münster an. Der Heilige setzt zwei Pilgern die Krone des Ewigen Lebens auf.

bequem den Schwarzwald durchqueren. Zwischen Neckar und Kinzig erreichten sie auf halbem Weg **Leinstetten**. Die Dorfkirche geht auf testamentarische Stiftung eines adeligen Jakobus-Pilgers zurück, der 1550 auf der Wallfahrt verstarb. Zudem sollte ein Jakobus-Altar und ein Spital von seinem Vermögen errichtet werden. Sein Epitaph schildert die Geschichte. Die Kirche enthält zudem das romanische Gnadenbild der Marienwallfahrtskirche im nahen Oberbrändi, die sicherlich auch von durchziehenden Jakobus-Pilger aufgesucht wurde. Mit Alpirsbach und Gengenbach lagen am Anfang und Ende des Kinzigtals zwei bedeutende Benediktinerabteien. Ungefähr die Mitte der Strecke markiert in Wolfach eine wichtige Wallfahrtskapelle zum hl. Jakobus.

Die direkt nach Süden ziehenden Pilger folgten über Sulz und Oberndorf sowie Herrenzimmern mit seiner Jakobus-Kirche weiterhin dem Neckar nach **Rottweil**. Allein die Lage der Stadt auf einem Plateau hoch über dem Fluss dürfte die ankommenden Wallfahrer beeindruckt haben. Im spätgotischen Heilig-Kreuz-Münster war der Jakobus-Altar die erste An-

laufstelle. Zudem besaß die Kapellenkirche mit ihrem wunderbaren gotischen Turm als Marienwallfahrtskirche besondere Bedeutung. In der ersten Hälfte des 13. Jh. ließen sich hier Johanniter zur Pilgerbetreuung nieder. In Rottweil-Altstadt bestand seit Mitte des 14. Jh. bis zur Auflösung 1525 außerdem eine Jakobsklause mit Hospital.

Vorbei an der Zisterzienserinnen-Reichsabtei Rottenmünster gingen die Pilger noch ein Stück entlang des Neckars, bogen dann aber in Richtung **Villingen** ab. Kurz vor der Reichsstadt bestand in Nordstetten einst eine Kapelle der hll. Verena und Jakobus, die mit einem Ablass versehen war. Ein Brunnen bot Erfrischung. Im Dreißigjährigen Krieg zerstört erinnert allein die Figur einer Pilgerkrönung durch den hl. Jakobus aus dem 13. Jh., die sich heute im Liebfrauenmünster befindet, an sie. Hier wird zudem das Nägelinkreuz aus dem frühen 14. Jh. verehrt, das sehr drastisch den Opfertod Christi zeigt. Ursprünglich befand es sich in einer vom Rat der Stadt vor dem östlichen Stadttor errichteten Kapelle. Es galt im Mittelalter als wundertätig. In Villingen bot die 1252 von Schwenningen hierher verlegte Johanniterkommende sowie das um 1270 entstandene Heilig-Geist-Hospital Unterkunft.

**Hüfingen,** in dessen Pfarrkirche seit dem Mittelalter ein Jakobus-Altar besteht, war ein weiterer Etappenort. In Kirchenbesitz ist zudem noch ein barockes Wetterkreuz mit Jakobus-Reliquien. Von hier bot sich für Pilger Gelegenheit, durch das Höllental den Schwarzwald im Süden zu durchqueren, um bei Freiburg im Breisgau das Rheintal zu erreichen. Auch in Richtung Basel konnte hier über Waldshut abgebogen werden. Auf dieser Strecke lockte mit dem Grab des hl. Fridolin, einem frühen Missionar am Hochrhein, in der Kirche des reichsfreien und gefürsteten Damenstiftes Säckingen ein besonders attraktives Etappenziel. Auch der hl. Verena in Zurzach konnte dann ein Besuch abgestattet werden. Die meisten Wallfahrer werden aber weiter südlich nach **Schaffhausen** mit seiner Benediktinerabtei Allerheiligen gezogen sein, die im 11. Jh. von den Santiago-Pilgern Eberhard und Ita von Nellenburg als Reformkloster gegründet wurde. Von dort konnte über Einsiedeln eine südliche Route durch Frankreich eingeschlagen werden.

## Lebendige Wallfahrtsstätten

# JAKOBSWEGE DURCH OBERBAYERN

### VON PASSAU BIS MÜNCHEN

In der Dreiflüssestadt Passau konnten die aus dem Donauraum, aus Niederösterreich und Böhmen zusammenströmenden Pilger zwischen zwei großen Jakobswegen wählen: entweder weiter die Donau entlang über Regensburg und Nürnberg nach Westen (wie im Kapitel zum Streckenabschnitt zwischen Nürnberg und Saarbrücken beschrieben) oder aber innaufwärts. Folgten sie dem Inn bis zur Mündung der Salzach, erreichten die Wallfahrer kurz darauf **Burghausen**. Allein die imposante Burganlage, die

→ Namensgebendes Hauptwerk des Meisters von Rabenden ist der spätgotische Hochaltar in der dortigen Pfarrkirche. In der Mitte des Schreins ist der hl. Jakobus zu sehen.

sich über einen Kilometer auf einem Felsen über dem Fluss erstreckt, führt die Bedeutung der Stadt vor Augen. Genau 250 Jahre (1255–1505) war sie neben Landshut und Straubing Residenz der niederbayerischen Herzöge. Neben dieser zeitweisen Hauptstadtfunktion brachte vor allem das Halleiner Salz, das hier vom Fluss auf den Landweg umgeladen wurde, erheblichen Reichtum. Fast bis zur Burg hinauf ragt der mächtige Turm der gotischen Pfarrkirche St. Jakob. In der Bauhütte der Mitte des 14. Jh. begonnenen Kirche arbeitete auch der hier geborene Hans Stethaimer mit, der für den spätgotischen Sakralbau Bayerns Bahnbrechendes leistete. An den Pilgerverkehr erinnern noch zwei gotische Spitalkirchen: in der südlichen Altstadt die Kapelle des Heilig-Geist-Hospitals mit ihrem Chor aus dem frühen 14. Jh. und dem zweihundert Jahre später erneuerten Langhaus sowie außerhalb der Mauern die 1477 geweihte Kirche des Leprosenhospitals in Heiligkreuz.

Weiter salzachaufwärts gelangten die Pilger nach **Marienberg**, das als Pfarr- und Wallfahrtskirche von den Zisterziensern der benachbarten Abtei Raitenhaslach im frühen 13. Jh. errichtet wurde. Den heutigen Bau, der sich imposant über dem Flusstal erhebt, ließ Abt Emanuel II. Mayr 1760/64 auf dem Höhepunkt der Wallfahrt erbauen. Es entstand ein spätbarockes Gesamtkunstwerk höchster Qualität, das der Abteikirche nur wenig nachsteht. Die Zisterzienserabtei **Raitenhaslach**, die für die Pilger sicherlich eine beliebte Anlaufstelle bildete, verlegte Erzbischof Konrad I. von Salzburg drei Jahre nach der Gründung 1146 an die heutige Stelle. Anlässlich der 600-Jahr-Feier gönnten sich die Mönche einen grandiosen Umbau

ihrer romanischen Abteikirche (1735–1752), der den strengen Raum in einen rauschhaften Festsaal der Himmelskönigin verwandelte. Beste Kräfte wie der Stuckateur Johann Baptist Zimmermann, der Freskant Johann Zick und der Maler Johann Michael Rottmayer schufen einen der Höhepunkte spätbarocker Ausstattungskunst. Im Mittelalter erwartete die Gläubigen in der Kirche ein immenser Heiltumsschatz von 2717 Reliquienpartikeln und ein Gesamtablass von 109840 Tagen, wie eine Auflistung von 1580 penibel berichtet!

Von hier aus zogen die Pilger südwestlich durch die fruchtbare Hügellandschaft über Trostberg nach Altenmarkt an der Alz. Dort erhebt sich hoch über dem Zusammenfluss von Alz und Traun das Augustiner-Chorherrenstift **Baumburg**. Anfang des 12. Jh. wurde es durch Gräfin Adelheid von Sulzbach gegründet, deren Erinnerung noch durch die überaus qualitätvolle spätgotische Rotmarmorgrabplatte im Eingangsbereich wachgehalten wird. Anlässlich des 600-jährigen Kirchweihjubiläums verwandelten die Stiftsherren die Kirche St. Margaretha 1755/57 in einen der stimmungsvollsten Rokokoräume Oberbayerns. Kurz nachdem die Wallfahrer Baumburg nach Westen in Richtung Wasserburg am Inn verlassen hatten, grüßte sie von einem sanften Höhenzug die kleine, zum Stift gehörende Wallfahrtskirche **St. Wolfgang**. Der schindelgedeckte gotische Bau mit romanischem Turm wurde angeblich an der Stelle errichtet, an der der hl. Bischof Wolfgang auf seinem Weg von Regensburg ins Exil am Wolfgangsee Rast gemacht hatte. Der Heilige wollte sich bei seinen Bußübungen an einem Stein Kopf und Hände blutig

► Burghausen an der Salzach wird von der größten Burganlage Deutschlands beherrscht. Inmitten der Altstadt erhebt sich die gotische Jakobus-Kirche.

schlagen, wobei dieser weich wie Wachs wurde und nachgab. Noch heute verehren Pilger den vor dem Hochaltar im Boden eingelassenen Felsbrocken mit seiner merkwürdigen Eintiefung, indem sie durch eine Öffnung in der Marmorbalustrade darüber hinwegkriechen. Daher erklärt sich der Name „Schlupfstein". Diese Kirche war auch Teil eines Pilgerweges vom Grab des hl. Wolfgang in Regensburg zur Wallfahrtskirche St. Wolfgang am gleichnamigen See.

Schon in Sichtweite der Wallfahrtskirche liegt das Dorf **Rabenden**, dessen äußerlich unscheinbare gotische Pfarrkirche den schönsten Jakobusaltar in ganz Bayern enthält. Als Stiftung eines kunstsinnigen Baumburger Propstes schuf ein unbekannter, nach seinem Hauptwerk „Meister von Rabenden" genannter Bildhauer zu Anfang des 16. Jh. den beeindruckenden Hochaltar. Jakobus steht in Pilgertracht als Hauptfigur im maßwerkgeschmückten Schrein neben zwei weiteren Aposteln, während die Innenflügel dem Marienleben gewidmet sind. Auch bei geschlossenen Flügeln konnten die Pilger seine Darstellung verehren, da er zusätzlich in einem Tafelgemälde erscheint. Ein spätgotischer Seitenaltar, der im 19. Jh. ein Pendant erhielt, sowie eine weitere Jakobusfigur aus der Werkstatt des Meisters ergänzen den mittelalterlichen Raumeindruck vortrefflich. Von Rabenden lohnte sich auch für die mittelalterlichen Pilger ein kurzer Abstecher nach Süden zur wunderschön in einem

See gelegenen Benediktinerabtei **Seeon**. Hier fanden sie nicht nur Unterkunft und Verpflegung, sondern auch geistliche Stärkung durch die Reliquien des hl. Lambertus, Märtyrerbischof von Maastricht, die angeblich hier gefunden wurden. An Seeons Funktion als Durchgangsstation am Jakobsweg erinnert die Rotmarmorgrabplatte für den seligen Pilger Eberhard, der in der Nähe des Klosters von Räubern erschlagen wurde.

Weiter auf der Hauptstrecke nach Wasserburg können in der 1491 geweihten Pfarrkirche von **Obing** im neugotischen Hochaltar drei lebensgroße Schnitzfiguren des Meisters von Rabenden bewundert werden. Sie stammen aus dem leider nicht mehr erhaltenen Hochaltar, den die Abtei Seeon spendierte. Die Gottesmutter wird nicht nur vom Kirchenpatron Laurentius, sondern auch vom hl. Jakobus begleitet. Über Albertaich und Schönberg mit ihren spätgotischen, im Barock modernisierten Jakobskirchen gelangten die Pilger bald nach **Wasserburg**. Die wohlerhaltene mittelalterliche Altstadt, die vom Inn in einer engen Schleife umflossen und von einer herzoglichen Burg bekrönt wird, gehört zu den schönsten süddeutschen Städtebildern überhaupt. Gleich hinter dem Brucktor gelangten die Pilger in das noch mitsamt seiner Kirche erhaltene Heilig-Geist-Spital. Auch die drei übrigen Kirchen der Altstadt verweisen auf den mittelalterlichen Pilgerverkehr: Die Burgkapelle ist dem Pilgerpatron Ägidius geweiht, die Liebfrauenkirche wurde als Wallfahrtskirche für ein Gnadenbild Mariens errichtet und die Stadtpfarrkirche erhielt Jakobus als Patron. Letztere ist ein Bau der ersten Hälfte des 15. Jh., für dessen Qualität die Namen der beteiligten Architekten Hans Stethaimer von Burghausen (Langhaus) und Stephan Krummenauer (Chor) bürgen. Von großer Eleganz sind die fantasievollen Netzrippengewölbe.

Von Wasserburg aus bot sich die Möglichkeit innaufwärts über die Benediktinerabteien Attel und Rott zum von Salzburg kommenden Jakobsweg zu gelangen oder aber dem Fluss weiter durch das Gebirge zu folgen, um so nach Einsiedeln zu kommen. Die meisten Pilger werden von hier aus aber weiter westwärts nach München gereist sein. Auf dem Weg in die bayerische Hauptstadt bildete die Benediktinerabtei **Ebersberg** eine bedeutende Station. Wohl im 10. Jh. innerhalb einer Burganlage zunächst für

Sicherlich vorchristlichen Ursprungs ist der von Wallfahrern durchkrochene Schlupfstein in der Wallfahrtskirche St. Wolfgang bei Baumburg.

Stiftsherren gegründet, mussten diese aber am Ende des Jahrhunderts schon wieder Benediktinern weichen. Diese wiederum wurden 1596 von Jesuiten abgelöst, denen 1781 Malteser-Ordensritter folgten. Kultzentrum der geistlichen Gemeinschaft und Ziel eines bedeutenden überregionalen Pilgerverkehrs blieb aber durch alle Jahrhunderte die Hirnschale des hl. Sebastian. Der Überlieferung nach brachte sie 931 der erste Vorsteher des Stiftes von Rom hierher, der damit einen bedeutenden Teil eines der wichtigsten Heiligen der Christenheit erwerben konnte. Ihre Echtheit wurde bis in jüngste Zeit mehrmals von Rom bestätigt, da das Ebersberger Schädelstück genau mit der Hauptreliquie in SS. Quattro Coronati zusammenpasst. Mitte des 15. Jh. erhielt sie ihre bis heute in der Sebastianskapelle erhaltene kostbare Silberbüste. Die Kopfbedeckung des Reliquiars ist abnehmbar, sodass die Pilger den Schädelteil berühren

konnten bzw. aus ihm Wein tranken, um so am Heil des Heiligen teilhaftig zu werden. Im Eingangsbereich steht eines der bedeutendsten spätmittelalterlichen Grabmäler Süddeutschlands. Ende des 15. Jh. ließ es die Abtei für das gräfliche Stifterpaar Ulrich und Richardis von Ebersberg, die beide als Selige verehrt wurden, vom Bildhauer Wolfgang Leb aus Rotmarmor meißeln.

Nun war es nicht mehr weit nach **München**, wo die Pilger die Isar überquerten. Die Brücke, die der Stadtgründer Heinrich der Löwe 1158 in Konkurrenz zum benachbarten Freisinger Bischof hierher verlegen ließ, war zugleich Ursprung und Grund für den Aufstieg der Stadt. Ein Jahrhundert später wurde München von der oberbayerischen Linie der Wittelsbacher zur Residenz erkoren. Für die mittelalterlichen Wallfahrer war die von einem zweifachen Mauerring geschützte und dem riesigen Dach sowie den Türmen

► Schon von weitem grüßte der hohe Turm der Benediktinerabtei Andechs die heranziehenden Pilger.

▼ Die Altöttinger Gnadenkapelle ist bis heute Ziel einer der wichtigsten deutschen Wallfahrten geblieben.

der Frauenkirche dominierte Stadt sicherlich ein imponierender Anblick. Aus der Frühzeit Münchens stammte die Jakobskapelle am Anger, die noch außerhalb der ersten Stadtmauer lag. Um die Mitte des 13. Jh. ließen sich hier Franziskaner nieder, die eine neue Jakobskirche errichteten. 1284 wurden sie bereits von den Klarissinnen abgelöst. Nach der Säkularisation zog 1843 schließlich mit den Armen Schulschwestern Unserer Lieben Frau wieder neues Leben in die alten Mauern ein. Nach den schweren Zerstörungen des Zweiten Weltkriegs entstand anstelle der mittelalterlichen Kirche ein moderner Neubau.

## SPÄTMITTELALTERLICHE PILGERWEG-VARIANTE

Im 15. Jh. entwickelte sich eine für Pilger höchst attraktive Alternative zum beschriebenen Weg vom Inn nach München. Denn auf einen Schlag stieg **Altötting** durch die wunderbare Wiederbelebung eines ertrunkenen Kindes 1489 zu einem der bedeutendsten mitteleuropäischen Marienwallfahrtsorte auf. Doch schon vorher war der Ort eine wichtige historische Stätte. Das Ziel der Wallfahrer, die Heilige Kapelle, gehört im Baubestand wohl noch zur einst hier befindlichen karolingischen Pfalz. Ihre größte Bedeutung erlangte sie unter dem Enkel Karls des Großen, König Ludwig dem Deutschen (843–876) und dessen Sohn Karlmann (876–880). Karlmann stiftete innerhalb der Pfalz das Maria und Philipp geweihte Stift, in dem er auch begraben wurde. Er besorgte als Grundausstattung wichtige Reliquien, darunter den Arm des Apostels Philipp und die Gebeine der Märtyrer Maximilian und Felicitas. Im frühen 13. Jh. gründeten die neuen wittelsbachischen Landesherrn das Stift neu. Mit dem plötzlichen Aufblühen der Marienwallfahrt waren sowohl Stiftskirche als auch Heilige Kapelle rasch zu klein. Doch während die Stiftsherren ihre Kirche ab 1499 neu bauten, blieb die Kapelle erhalten und wurde nur durch ein Langhaus mit Umgang erweitert. Im Umgang führen oberhalb der unzähligen Votivtafeln 57 um 1510 entstandene, großformatige Mirakelbilder die ersten wichtigen Wunder vor Augen. Gedruckte Verzeichnisse der hier geschehenen Wunder trugen zur raschen Bekanntheit Altöttings bei. Die Wittelsbacher machten die Kapelle gleichsam zum Staatsheiligtum, indem sie hierher wallfahrten und nach ihrem Tod ihre Herzen dort beisetzen ließen. Dass die Landesherrn das immense Vermögen der Gnadenstätte gerne auch als mehr oder weniger freiwilligen Kredit benutzten, führte das kostbarste Stück der Schatzkammer, das so genannte Goldene Rössl, nach Altötting. Einst Neujahrsgabe der bayerischen Prinzessin Isabeau an ihren Gemahl, König Karl VI. von Frankreich, verpfändete es Herzog Georg der Reiche für ausgeliehene Kapitalien hierher. Die besondere Atmosphäre in der Heiligen Kapelle und auf dem Kapellenplatz ist vielleicht der einzige Ort in Süddeutschland, der noch

etwas vom mittelalterlichen Pilger-Erleben bis in unsere Zeit hinübergerettet hat.

Nächste Station war die Wallfahrtskirche **St. Wolfgang** bei Dorfen. Hier ließ der hl. Bischof Wolfgang von Regensburg in großer Trockenheit eine heilkräftige Quelle entspringen, die immer mehr Pilger anzog. Um die immer größeren Wallfahrerscharen zu fassen, entstand neben der alten Kapelle im 15. Jh. die schöne spätgotische Kirche, die zusammen mit den teilweise noch erhaltenen Altarresten der Erbauungszeit zu den unbekannten Schätzen Bayerns zählt. Noch heute schöpfen Pilger Wasser aus der Quelle unter dem Wolfgangsaltar. Marienverehrer werden von hier aus nicht den kleinen Umweg über Dorfen gescheut haben, das sich im Mittelalter zu einer bedeutenden Marienwallfahrt entwickelte. Über **Lappach**, in dessen qualitätvoller spätgotischer Kirche das große Wandbild eines Christophorus die Erinnerung an die durchziehenden Wallfahrer wachhält, kamen die Pilger nach **Isen**. Dort erhebt sich die romanische Kirche des Chorherrenstiftes St. Zeno, die im späten 12. Jh. entstand. Die Krypta mit ihrer umlaufenden Mauerbank lässt auf einen Reliquienkult schließen. Von hier aus war es noch eine Tagesreise bis München.

##  VON MÜNCHEN ZUM BODENSEE

Ganz in der Nähe der Jakobskirche verließen die Pilger München durch das Sendlinger Tor Richtung Starnberger See. Unterwegs kamen sie an der spätgotischen Heilig-Kreuz-Kirche von **Forstenried** vorbei. Sie enthält das einst hoch verehrte, wundertätige Kreuz aus dem frühen 13. Jh., das angeblich aus Andechs stammt. In Starnberg lohnt ein kurzer Abstecher ins südöstlich gelegene **Mörlbach**. Die spätgotische Kirche bewahrt einen 1515/20 entstandenen Schnitzaltar des Meisters von Rabenden, der zur Rechten des Kirchenpatrons Stephanus nochmals eine schöne Jakobsfigur zeigt. Von Starnberg aus gelangten die Wallfahrer über eine kurze Wegstrecke durch schönes Hügelland zum Kloster **Andechs**, dessen hoher Turm ihnen schon von weitem den Weg wies. Die Lage hoch über dem Ammersee erinnert daran, dass hier einst die Burg der mächtigen Grafen

von Andechs-Meranien stand, die am gegenüberliegenden Seeufer als Hauskloster und Grablege Stift Dießen gründeten. Nach dem Aussterben des Geschlechtes blieb wohl allein die Burgkapelle noch bestehen. Der Legende nach kroch während einer Messe 1388 eine Maus mit einem Zettelchen zwischen den Altarstufen hervor. Da hierauf eine Reliquie verzeichnet war, konnte so im Altar der reiche Heiltumsschatz des gräflichen Hauses, darunter drei Wunderhostien, „entdeckt" werden. Die Kunde von dem Sensationsfund verbreitete sich wie ein Lauffeuer. Auf herzoglichen Befehl wurden die Reliquien für einige Jahre nach München gebracht, was ihren Bekanntheits- und Verehrungsgrad erheblich steigerte. Nachdem der Schatz nach Andechs zurücküberführt und dort 1455 das noch bestehende Benediktinerkloster gegründet worden war, entwickelte sich der Ort zum Heiligen Berg Bayerns. Zehntausende strömten an den Wallfahrtstagen hier zusammen, sodass die Mönche die Reliquien von einem Erker aus der vor der Kirche versammelten Menge zeigten. Heute lässt eher das klostereigene Bier die Massen zusammenströmen, auch ein bayerisches Kulturgut.

Für Jakobspilger ist am Ammersee jedoch nicht nur Andechs als der neben Altötting wichtigste bayerische Wallfahrtsort von Bedeutung, sondern auch die kleine Kirche von **Schondorf** am nordwestlichen Seeufer. Hier hat sich in unverfälschter Schlichtheit eine romanische Jakobskapelle erhalten, deren genaue Funktion allerdings noch unbekannt ist. Vielleicht diente das Obergeschoss als Pilgerherberge. Der Hochaltar mit Jakobus als Pilger entstand im 17. Jh.

Nächste Station war die nach der Säkularisation 1803 größtenteils abgebrochene Benediktinerabtei **Wessobrunn**. Ihr Name glänzt vor allem durch das um 800 entstandene Wessobrunner Gebet, einem der ältesten Texte in althochdeutscher Sprache, und die so genannte Wessobrunner Schule, deren Stuckateure im 17. und 18. Jh. wesentlich zur barocken Pracht Bayerns beitrugen. Die Pilger erfrischten sich an den noch heute vorhandenen drei Quellen, die nach einem Traum Herzog Tassilos hier wundersam aufgefunden wurden und den Ort der Klostergründung bestimmten. Unweit der Abtei erinnert die Kreuzbergkapelle an hier angeblich von den Ungarn im 10. Jh. erschlagene Märtyrer-Mönche. Über die von Wessobrunn aus betreute Wallfahrtskirche

## Ende der Fernwallfahrten

Ausgerechnet auf dem absoluten Höhepunkt der Fernwallfahrten im frühen 16. Jh. brachte die Reformation mit ihrer völligen Ablehnung des Reliquienkultes den größten Einbruch. Aber auch in katholisch gebliebenen Gebieten gerieten Pilger in der frühen Neuzeit in einen üblen Ruf als Bettler und Nichtstuer. Denn unter die wirklich frommen Wallfahrer mischten sich immer mehr Schmarotzer, die sich dank des Pilgergewandes kostenlos in Klöstern und Spitälern durchfüttern ließen. Viele Städte gingen daher dazu über, die Stadttore für Pilger zu sperren. Die Jesuiten versuchten in der Zeit der Gegenreformation zwar, den Reliquienkult für ihre Zwecke zu nutzen, aber nur noch für Wallfahrten, die innerhalb eines Tages oder einer kurzen Frist durchgeführt werden konnten. Im 18. Jh. kamen Amtskirche und die deutschen Kleinstaaten überein, dass Fernwallfahrten abzuschaffen seien. Die Kirche nahm vor allem am ausgelassenen Treiben an den Wallfahrtsorten mit Musik, Tanz und Feiern Anstoß, wie es ihr überhaupt moralisch verdächtig war, dass sich Gemeindemitglieder beiderlei Geschlechts aus der Kontrolle ihres Ortspfarrers entfernten. Für die Kleinstaaten spielten wirtschaftliche Gründe eine Rolle, Fernwallfahrten abzulehnen. Denn die Menschen waren in ihren Augen dazu da, zu arbeiten und Steuern zu zahlen und nicht, um wochenlang durch fremde Länder zu ziehen und dort ihr Geld auszugeben. Daher förderten auch sie im 17. und 18. Jh. vorrangig lokale Wallfahrtsstätten. Ende des 18. Jh. wurden im Zuge der Aufklärung Wallfahrten immer mehr eingeschränkt bzw. verboten, bis Französische Revolution und Säkularisation schließlich den völligen Zusammenbruch brachten. Erst mit dem Wiedererstarken des Katholizismus im 19. Jh. blühte das Wallfahrtswesen wieder auf, nun aber fast ausschließlich zu Gnadenstätten der kirchlich „einwandfreien" Gottesmutter.

St. Leonhard im Forst gingen die Pilger weiter zum **Hohen Peißenberg**. So wie heutige Besucher werden auch die mittelalterlichen Menschen den prachtvollen Rundblick ins Voralpenland genossen haben. Seit 1514 besteht eine Marienwallfahrt. Hier vereint sich der Münchner mit dem Salzburger Jakobsweg.

Über **Peiting**, dessen barocke Wallfahrtskirche Maria unter dem Egg eine Szenenfolge des so genannten Hühnerwunders aus der Jakobus-Legende enthält, gelangten die Pilger zum Augustiner-Chorherrenstift **Rottenbuch**. Hoch über dem Steilufer des Ammertales gründete 1073 Herzog Welf IV. ein Stift, das zum süddeutschen Vorreiter der Kanonikerreform des 11. und 12. Jh. werden sollte. Für die durchziehenden Jakobspilger war der bedeutende Heiltumsschatz des Stiftes, den die Gründerfamilie der Welfen zusammentrug, ein wichtiger Anziehungspunkt. Beiderseits ruhen in barocken Glasschreinen die effektvoll ausstaffierten Gebeine der hll. römischen Märtyrer Primus und Felician, die hier seit dem 13. Jh. nachgewiesen sind. Kurz vor der Mitte des 18. Jh. verwandelte ein geniales Künstlerteam den mittelalterlichen Kirchenraum in ein Meisterwerk bayerischen Rokokos.

Über die Marienwallfahrtskirche Ilgen wurde bald eine weitere Welfengründung erreicht, das Prämonstratenser-Chorherrenstift **Steingaden**. 1147 stiftete es Herzog Welf VI. vor seiner Teilnahme am Kreuzzug. An seine Fahrt ins Heilige Land erinnert der romanische Rundbau der Johanneskapelle, die ein vereinfachter Nachbau der Grabeskirche in Jerusalem ist. Zum 600-jährigen Gründungsjubiläum 1747 ließ das Stift seine romanische Klosterkirche innen auf großartige Weise neu fassen. Die Neudekoration war gleichsam Vorübung zur Errichtung der Wallfahrtskirche in der Wies (1744–1754), die das Stift leider finanziell ruinierte. Dominikus und Johann Baptist Zimmermann schufen hier das überwältigende Hauptwerk süddeutschen Rokokos, das als UNESCO-Weltkulturerbe und Hauptanziehungspunkt oberbayerischer Touristenströme bis heute nichts von seiner Wirkung eingebüßt hat.

Von Steingaden aus gingen die Pilger südwestlich nach Füssen. Kurz vor der Stadt konnten sie in der

Wallfahrtskirche **St. Koloman** den gleichnamigen Pilgerheiligen verehren. Denn Koloman war der Legende nach ein schottischer Prinz, der bei der Rückkehr von seiner Pilgerfahrt ins Heilige Land 1012 in Niederösterreich gehängt wurde, da ihn die Bevölkerung für einen ungarischen Spion hielt. Nachdem Wunder seine Unschuld bewiesen hatten, überführte man den Leichnam in die Benediktinerabtei Melk an der Donau. Von dort verbreitete sich seine Verehrung im österreichisch-bayerischen Raum. Heute ist die Wallfahrtskirche vor allem bekannt als Vordergrundmotiv von Neuschwanstein-Ansichten.

Die Altstadt von **Füssen**, die sich vom Lechufer auf höchst malerische Weise zum spätgotischen Residenzschloss der Augsburger Fürstbischöfe emporstaffelt, entstand aus einer Zelle des hl. Magnus. Dieser kam im frühen 8. Jh. von St. Gallen hierher, um das Allgäu zu missionieren. Aus der Zelle entwickelte sich die Benediktinerabtei St. Magnus, die die Verehrung ihres Gründers durch die Jahrhunderte förderte. Mit der aus dem 10. Jh. stammenden Ostkrypta hat sich unter der im frühen 18. Jh. von Johann Jakob Herkomer nach venezianischen Vorbildern neu errichteten Klosterkirche die ursprüngliche Verehrungsstätte des Heiligen erhalten. Beim barocken Neubau schuf man Magnus in der Westkrypta eine neue Verehrungsstätte. Auch die Spitalkirche Heilig Geist an der Lechbrücke wandelte sich im 18. Jh. zu einer Perle bayerischer Baukunst. An die durchziehenden Pilger erinnert die prächtige Fassadenmalerei des hl. Christophorus. Von Füssen aus führte die Strecke weiter durch das Allgäu über Wertach, Rettenberg, Immenstadt und Oberstaufen nach Bregenz am Bodensee, von wo aus der Weg nach Einsiedeln eingeschlagen wurde.

## ⬤ VON SALZBURG DURCH DAS VORALPENLAND

Wer als Pilger nach dem Besuch des kirchen- und reliquienreichen Salzburg noch Sinn für einen Abstecher hatte, zog zunächst südwestlich über **Gois** mit seiner mittelalterlichen Jakobskirche nach **Bad Reichenhall**. Dort galt es, die Gebeine des hl. Zeno in der gleichnamigen Kirche des Augustiner-Chorherren-

stiftes zu verehren, die aus Verona über die Alpen geholt worden waren. Mit einer Länge von 90 Metern ist St. Zeno nicht nur das größte romanische Bauwerk Oberbayerns, sondern bewahrt mit dem kleinen Kreuzgang des 12. Jh. ein besonderes Kleinod dieser Zeit. Auch die Reichenhaller Spitalkirche St. Johann und die dem Reisepatron Nikolaus geweihte Stadtpfarrkirche sind im Kern noch romanisch. Von hier aus zogen die Pilger über **Aufham** mit seiner gotischen Jakobskirche nach **Höglwörth**, wo das romantisch auf einer Halbinsel gelegene Augustiner-Chorherrenstift Möglichkeit zur Rast bot. Wie Reichenhall gründete es der mächtige Salzburger Erzbischof Konrad I. im frühen 12. Jh.

Dem Verlauf der heutigen A 8 folgend bildete **Bernhaupten** mit seiner mittelalterlichen Jakobskirche ein weiteres Etappenziel. Eine kunsthistorische Kostbarkeit ist der spätgotische Flügelaltar aus der Salzburger Schule, dessen linker Flügel innen Jodokus und außen Christophorus zeigt. Von hier aus erreichten die Pilger rasch das Ufer des Chiemsees, den sie südlich passierten. Wer Zeit und das nötige Kleingeld hatte, leistete sich eine Überfahrt zur wunderbar gelegenen **Fraueninsel**. Die im späten 8. Jh. von Herzog Tassilo III. gegründete Benediktinerinnenabtei ist das älteste noch bestehende Nonnenkloster in Deutschland. Kultzentrum war das Grab der seligen Irmgard, Tochter König Ludwigs des Deutschen, die hier im Jahre 866 als Äbtissin verstarb. Aus ihrer Zeit stammt noch die karolingische Torhalle, während die Kirche im 11. Jh. einen Neubau erhielt. Bevor die spätgotischen Gewölbe eingezogen wurden, blickten auf die Pilger in großer Strenge Gestalten des Alten Testaments herab. Die Fresken, die oberhalb der Gewölbe erhalten geblieben sind, entstanden durch eine Salzburger Werkstatt im 12. Jh.

Nahe Prien erhebt sich in **Urschalling** auf einem Wiesenhügel die wohl schönste Jakobskapelle in Deutschland. Im späten 12. Jh. entstand der kleine, einschiffige Gewölbebau als Burgkapelle der Grafen von Falkenstein, die eine Vorliebe für den Pilgerheiligen besaßen. Ihre überragende Bedeutung verdankt sie der fast vollständig und in seltener Frische erhaltenen Ausmalung, deren Freilegung erst 1941/42 erfolgte. Eine Ausmalung der Erbauungszeit war Ende des 14. Jh. vollständig übermalt worden, wobei die Themen gleich blieben. So klein der Raum war, versammelten die Maler dennoch die gesamte Heils-geschichte und einen ganzen Heiligenhimmel an Gewölben und Wänden. Jakobus erscheint nur als Beisitzer des Jüngsten Gerichts unter den Zwölf Aposteln in der Apsis. Nahe dem Eingang deutet die Figur eines Gehängten aber immerhin auf eine Dar-stellung des Hühnerwunders hin.

Über Umratshausen, dessen 1472 geweihte Kirche zur Verehrung einer Heilig-Blut-Reliquie entstand, und die einsam gelegene Wallfahrtskirche St. Florian bei Frasdorf mit ihrem schönen spätgotischen Flü-gelaltar und wundertätiger Quelle steuerten die Pil-ger **Rohrdorf** als nächstes Etappenziel an. Die Kirche der bereits in karolingischer Zeit bestehenden Ur-pfarrei gehörte im 12. Jh. den Grafen von Falkenstein, was das Jakobus-Patrozinium erklären könnte. Prunk-stück der spätbarocken Kirche ist die durch alle Brän-de gerettete Figur des thronenden Jakobus in Pilger-tracht. Um 1510 schuf sie der Meister von Rabenden als Mittelteil des einstigen Hochaltars. In Neubeuern mit seiner seit dem Ende des 15. Jh. bestehenden Ma-rienwallfahrt oder aber über die Rosenheimer Brücke überquerten die Pilger anschließend den Inn.

Hier bestand die Möglichkeit, weiter durch das Inn-tal quer durch die Alpen nach Einsiedeln in der Schweiz zu gehen. Noch auf bayerischem Boden fin-den sich in der auf dem Kleinen Madron bei Flints-bach gelegenen **Petersbergkirche** Jakobsspuren auf dieser Streckenführung. Die Wallfahrtskirche hoch über dem Stammsitz der Falkensteiner Grafen wur-de angeblich durch den hl. Rasso gegründet, der sie mit Reliquien, die er aus dem Heiligen Land mitge-bracht hatte, versah. Benediktiner betreuten die Pil-ger, für die seit 1388 ein Nebenaltar dem hl. Jakobus geweiht war. Beeindruckend ist das romanische Por-tal mit seinem rätselhaften Figurenschmuck.

Wer nach der Innüberquerung weiter auf der Hauptstrecke über **Dettendorf**, wo angeblich auf dem Leichenzug des hl. Korbinian nach Freising das Blut des Heiligen vergraben und später wunderbar aufgefunden wurde, nach Westen zog, erreichte bald **Wilparting**. Dort bestand ein lokales Kultzentrum der iroschottischen Einsiedler und Missionare Mari-nus und Anianus. Kurz nach der Mitte des 18. Jh. ent-stand die heutige Kirche, deren Deckenfresken ihre Legende schildert. Spätbarock ist auch das Marmor-grabmal der beiden. Ganz in der Nähe erhebt sich in

Alb an der Stätte des Martyriums des hl. Anianus eine weitere Barockkirche. Die Reliquien der Heiligen beanspruchte auch die Abtei Rott am Inn. Nächstes Etappenziel war das 1133 anstelle einer Burg, von der die Jakobuskapelle erhalten blieb, gegründete Au-gustiner-Chorherrenstift **Weyarn**. Heutige Kunstpil-ger bewundern hier vor allem die virtuosen Rokoko-plastiken des Ignaz Günther. Am anderen Ufer des Mangfalls hat sich weiter südlich in Gotzing eben-falls eine romanische Jakobskapelle erhalten, die im 18. Jh. umgestaltet wurde.

Von Weyarn aus steuerten die Pilger das Augusti-ner-Chorherrenstift **Dietramszell** an. Namensge-bend war der selige Tegernseer Mönch Dietram, der sich hier im 12. Jh. als Einsiedler niederließ. Kunstken-ner besuchen die Kirche heute aufgrund ihrer quali-tätvollen Rokoko-Ausstattung. Kein Geringerer als Johann Baptist Zimmermann schuf hier Fresken und Stuck. Das Stift ließ in der Nähe auch dem beliebten Bauernheiligen Leonhard eine seiner schönsten

▲ Die romanische Jakobus-Kapelle in Ur-schalling ist dank ihres einmaligen Fresken-schmucks Ziel heutiger Kunst-Pilger.

▴ Hoch verehrtes Heiligtum von Stift Polling war das romanische Wunder-Kreuz, das vom prächtigen barocken Hochaltar gerahmt wird.

und den Armen, Kranken und Pilgern half, wurde sie im Stift als Selige verehrt. Neben ihrem Grab konnten die Pilger in der benachbarten Pfarrkirche das Gnadenbild einer gotischen Pietà verehren. Die schlichte Figur zeigt vor ihrer Brust eine Öffnung für Reliquien, die den Realitätsgrad für die Gläubigen steigerte.

Ein weiteres wichtiges Etappenziel war das Augustiner-Chorherrenstift **Polling**. Der Legende nach setzte Herzog Tassilo III. einst bei der Jagd einer Hirschkuh nach, die ein Kreuz freischarrte. Aufgrund dieses wunderbaren Ereignisses gründete er hier 757 ein Kloster. Nachdem es in den Ungarn-Kriegen des 10. Jh. untergegangen war, konnte es durch Kaiser Heinrich II. im frühen 11. Jh. an anderer Stelle neu als Stift errichtet werden. Bis 1805 erinnerte eine dem hl. Jakobus geweihte Kapelle an den Ort der ersten Klostergründung. Eine moderne Flurkapelle ist wiederum ihre Nachfolgerin. Nicht nur die Jakobs-, sondern auch die Rompilger, die hier durchzogen, verehrten das wundertätige Kreuz der Gründungslegende. Der barocke Hochaltar bildet einen prachtvollen Rahmen um eines der ältesten deutschen Groß-Kreuze. Neuere Untersuchungen haben festgestellt, dass das Holz noch aus dem 10. oder frühen 11. Jh. stammt, während die Malerei auf Pergament, die Christus lebensgroß darstellt, um 1230/40 entstand. Aufgrund des großen Pilgerverkehrs bemühte sich das Stift, eine Vielzahl von Reliquien zu erwerben, um noch mehr Anreize zu bieten, Polling zu besuchen. Mit Ausnahme ihrer kostbaren Einfassungen, die nach der Säkularisation eingeschmolzen wurden, sind sie in der barock ausgestalteten Reliquienkapelle zu sehen. Die Stiftskirche, die nach einem Brand 1414 als spätgotische Hallenkirche neu entstand und im frühen 17. Jh. ihre Stuckaturen erhielt, gehört zu den großen Bauleistungen im bayerischen Voralpenland. Beim **Hohen Peißenberg** traf der Salzburger Jakobsweg schließlich auf den von München kommenden.

Wallfahrtskirchen errichten. Über das Augustiner-Chorherrenstift Beuerberg wanderten die Pilger dann am Südufer des Starnberger Sees vorbei. Wer am See kostenlose Unterkunft suchte, wandte sich an das 1120 gegründete Augustiner-Chorherrenstift **Bernried** am westlichen Ufer. 1127 verstarb hier Herkula als Reklusin. Da sie seherische Fähigkeiten besaß

# LITERATURAUSWAHL

Aretz, Erich u. a. (Hg.), Der Heilige Rock zu Trier, Trier 1996.

Arnold, Klaus, Wallfahrten in Nürnberg um 1500, Pirckheimer Jahrbuch für Renaissance- und Humanismusforschung 17, Wiesbaden 2002.

Baierl, Erich u. a., Auf dem Jakobsweg von Würzburg über Rothenburg ob der Tauber und Hohenberg nach Ulm, Uffenheim ²2004.

Beaugrand, Günter (Hg.), Sankt Liborius – Schutzpatron im Strom der Zeit, Paderborn 1997.

Beck, Rudolf, Ein Jakobsweg durch das Fuldaer Land, Petersberg 1999.

Berghaus, Günter u. a. (Hg.), Herrschaft, Bildung und Gebet. Gründung und Anfänge des Frauenstifts Essen, Essen ²2002.

Bernard, Birgit, Kleine Geschichte der Wallfahrt nach St. Matthias in Trier, Heidelberg 1993.

Böckel, Annamaria, Heilig-Geist in Nürnberg. Spitalstiftung und Aufbewahrungsort der Reichskleinodien, Nürnberg 1990.

Bogner, Maximilian, Auf dem Jakobsweg durch Südost-Bayern, Innsbruck 2004.

Bursch, Wiltrud und Horst, Santiago liegt bei Bonn. Auf den Spuren des Apostels Jakobus im Rheinland, Bonn 2001.

Candels, Heinrich, Das Prämonstratenserinnenstift Wenau, Mönchengladbach ²1975.

Erftkreis (Hg.), Klöster und Stifte im Erftkreis, Brauweiler 1988.

Flachenecker, Helmut, Schottenklöster. Irische Benediktinerkonvente im hochmittelalterlichen Deutschland, Paderborn 1995.

Ganz-Blättler, Ursula, Andacht und Abenteuer. Berichte europäischer Jerusalem- und Santiago-Pilger, Jakobus-Studien 4, Tübingen 1990.

Gatz, Erwin, St. Anna in Düren, Mönchengladbach 1972.

Gedeon, Luitgard, Spuren der Jakobusverehrung und das Zusammentreffen alter Pilgerwege in Frankfurt am Main, in: Herbers, Klaus (Hg.), Stadt und Pilger, Jakobus-Studien 10, Tübingen 1999, S. 141-160.

Gerchow, Jan (Hg.), Das Jahrtausend der Mönche. Werden 799–1999, Katalog zur Ausstellung, Köln 1999.

Germania Sacra, N. F. 2, Die Bistümer der Kirchenprovinz Köln, Das Erzbistum Köln 1, Die Cistercienserabtei Altenberg, Berlin 1965.

Germania Sacra, N. F. 14, Erzbistum Trier 2, Die Stifte St. Severus in Boppard, St. Germania Sacra, N. F. 29, Das Erzbistum Köln 5, Die Benediktinerabtei Brauweiler, Berlin-New York 1992.

Goar in St. Goar, Liebfrauen in Oberwesel, St. Martin in Oberwesel, bearb. von Ferdinand Pauly, Berlin-New York 1980.

Fleischer, Gerhilde, Jakobusweg Nürnberg-Ulm-Konstanz, Heft I–III, Ostfildern 1997/1999.

Fränkischer Albverein (Hg.), Auf dem Jakobsweg von Nürnberg über Heilsbronn nach Rothenburg ob der Tauber, Uffenheim 1995.

Graf, Bernhard, Oberdeutsche Jakobsliteratur, München 1991.

Grimme, Ernst Günther, Kirchenschätze der ehemaligen Abteikirche St. Johann und der Pfarrkirche St. Michael in Aachen-Burtscheid, Aachen-Leipzig-Paris 1996.

Guth, Klaus, Kaiser Heinrich II. und Kaiserin Kunigunde, Petersberg ²2002.

Hanna, Monika, Der Münchner Jakobsweg, München 2004.

Herbers, Klaus (Hg.), Deutsche Jakobspilger und ihre Berichte, Jakobus-Studien 1, Tübingen 1988.

Ders. u. a., Pilgerwege im Mittelalter, Stuttgart 2005.

Ders. und Bauer, Dieter R., Der Jakobuskult in Süddeutschland, Jakobus-Studien 7, Tübingen 1995.

Kaiser, Jürgen, Das Bonner Münster. Geschichte-Architektur-Kunst-Kult, Regensburg 2002.

Ders., Klöster in Bayern, Stuttgart 2005.

Kniffki, Klaus-Dieter (Hg.), Jakobus in Franken, Würzburg 1992.

Landschaftsverband Rheinland (Hg.), Jakobswege. Wege der Jakobspilger im Rheinland, 3 Bde., Köln 2001–2004.

Legner, Anton, Kölner Heilige und Heiligtümer, Köln 2003.

Lehmann-Brauns, Elke, Die alten Dorfkirchen der Eifel, Köln 1994.

Leinweber, Josef, Die Santiago-Wallfahrt und ihre Auswirkungen auf das ehem. Hochstift Fulda, in: Fuldaer Geschichtsblätter 52,1976, S. 134–155.

Mathis, Hans Peter (Hg.), Pilgerwege der Schweiz: Schwabenweg Konstanz-Einsiedeln, Frauenfeld 1993.

Meyer, Wolfgang W., Jakobswege Württemberg-Baden-Franken-Schweiz, Tübingen 2000.

Militzer, Klaus, Jakobusbruderschaften in Köln, in: Rheinische Vierteljahrsblätter 55, 1991, S. 84–135.

Müllejans, Hans (Hg.), Karl der Große und sein Schrein in Aachen, Aachen 1988.

Ohlert, Joseph Matthias, Wallfahrten nach, von und durch Münstereifel im Laufe der 1100jährigen Geschichte dieser Wallfahrtsstadt, in: Eifel-Jahrbuch 1990, S. 160–169.

Rheinischer Verein für Denkmalpflege und Landschaftsschutz (Hg.), Klosterführer Rheinland, Köln 2003.

Plötz, Robert und Rückert, Peter (Hg.), Jakobskult im Rheinland, Jakobus-Studien 13, Tübingen 2004.

Ohler, Norbert, Pilgerstab und Jakobsmuschel, Zürich 2000.

Saucken, Paolo Caucci von, Santiago de Compostela. Pilgerwege, Augsburg 1996.

Scheckmann, Johannes, Der Heilige Rock von Trier, Trier 1996 (Heiltumsbüchlein von 1513).

Schilp, Thomas und Weifenbach, Beate (Hg.), Reinoldus und die Dortmunder Bürgergemeinde, Essen 2000.

Schmoranzer, Annemarie, Wege der Jakobspilger im kurkölnischen Sauerland, Volkach/Main 1995.

Schwarz, Hubertus und Deus, Wolf-Herbert (Hg.), Der heilige Patroklus, Soest 1964.

Tauch, Max (Hg.), Quirinus von Neuss. Beiträge zur Heiligen-, Stifts- und Münstergeschichte, Köln 2000.

Teichmann, E., Zur Heiligtumsfahrt des Philipp von Vigneulles im Jahre 1510, in: Zeitschrift des Aachener Geschichtsvereins 22, 1900, S. 121–187.

Töpner, Walter, Wege der Jakobspilger. Rheinland, Eifel, Lothringen, Burgund, Trier 2003.

Wagner, Friedrich Ludwig und Wolff, Arnold, Die Werner-kapelle in Bacharach am Rhein, Neuss o. J.

Wallfahrt kennt keine Grenzen, Katalog zur Ausstel-lung, München 1984 und gleichnamiger Aufsatzband, München-Zürich 1984.

Weifenbach, Beate (Hg.), Reinold. Ein Ritter für Europa, Berlin 2004.

Westfälisches Klosterbuch, Bd. 1–3, Münster 1992–2003.

Winands, Klaus, Das Aachener Münster. Geschichte und Architektur des Chores und der Kapellenbauten, Reckling-hausen 1989.

Wynands, Dieter P. J. (Hg.), Der Aachener Marienschrein, Aachen 2000.

Grundlegend waren die jeweiligen Kunstdenkmäler-Inventare und Dehio-Handbücher.

# BILDNACHWEIS